어린이 ——
마음치료 사례집

어린이
마음치료 사례집

맑은 눈의 사람들 지음

맑은 눈의 사람들은 정혜자 선생님께
놀이치료 수퍼비전을 받는 놀이치료사들의 모임입니다.

정혜자 선생님과 인연이 되어 놀이치료를 배우고 선생님을 스승으로 수퍼비전을 받은 인연이 19년을 이어 오고 있습니다. 그동안 많은 아이들의 아픔과 성장을 지켜보면서 개인적으로 뿌듯함과 감사함을 느꼈고, 집단으로 다른 선생님들과 사례를 나누면서는 너무나 귀하고 아름다운 치료 사례들을 많이 보았습니다.

이런 과정에서 우리만 알고 넘어가기에는 아까운 사례들도 만났는데 그럴 때마다 우리는 아이들의 심리적 성장과 발달에 대한 공감의 저변이 확대되면 좋겠다는 염원을 갖게 되었습니다. 그동안의 염원을 모아서 이제야 이 책을 출간하게 되었습니다. 이 사례집은 조촐하기 그지없고 아주 작은 씨앗을 심는 데에 불과하지만, 현장에서 놀이치료를 하는 치료사 선생님들과 현재 놀이치료를 받고 있는 아동과 학부모님들 모두의 놀이치료 이해에 도움이 되면 좋겠습니다.

맑은 눈 사람들 심리상담센터 소장

이선아

아동기와 청소년기의 심리적 문제는 어떻게 하여 생기는지 그리고 그 문제들을 해결하는 상담은 어떤 것인지, 구체적으로 그 속사정을 미처 헤아리지 못한 사람들은 종종 다음과 같은 이야기들을 한다. "어린 나이에 세상을 얼마나 알기에 애들 마음속이 그리 복잡하겠어?" 또는 "그들과의 상담이 세상 경험 많은 어른이면 족하지 뭐 그리 대단한 전문적 소양이 필요하겠어?"라고. 또, 문제해결의 시간이 오래 걸릴 것이 예측되는 심각한 경우의 상담현장에서, 상담자가 내담자의 보호자에게 상담과정의 상세한 안내와 전문적 조언을 건네주는데도 불구하고, 상담자의 전문성이나 상담과정의 안내를 미덥게 여기지 못하는 반응을 보일 때도 많다.

특히 아동 심리치료의 여러 가지 치료적 기법 중에서 놀이를 선택하여 실시하는 놀이치료에 대해서는 더욱더 실망스런 반응을 보이기도 한다. 즉, "노는 게 무슨 치료인가요?" "집에서 부모가 잘 놀아 주면 되겠네요." "함께 놀아 주는 일에 무슨 전문적 지식과 훈련과 소양이 필요한가요?" "어른이라면 몰라도 애들을 상대로 상담을 하는 것이니 상담자의 전문적 소양도 그렇게 많이 필요한 건 아니겠네요." 등등이다.

그러나 종종 접하게 되는 이런 반응들은 실제로 아동이나 청소년들 곁에서 그들의 아픈 마음을 함께 나누는 치료자들의 성의를 많이 깎아내리는 반응들이다. 아마도 놀이치료실에서 진행되는 그들의 변화과정을 눈여겨 지켜보면 결코 위에서와 같은 간단한 표현으로 아동기와 청소년기의 심리적 문제와 해결에 대해 스치듯 보고 넘기게 되지는 않을 것이다. 오히려 놀이행동에 내포된 아주 진지하고 치열한 노력과 인내가 자양분이 되어 새로운 한 개인이 태어나는 것임을 알게 될 것이다.

　이 책에 소개된 사례들도, 단순히 활자로 표기된 내용보다 그것을 뛰어넘어 존재하는 전체적 사례 분위기를 느끼면서 천천히 읽어 내려가면, 내담아동 청소년은 물론 치료자 자신까지도 시간이라는 벽돌을 하나씩 둘씩 차곡차곡 쌓아 올리면서 얼마나 멋지게 마음에 드는 집을 함께 건설해 가는지를 엿볼 수 있을 것이다. 치료자가 초심자이건 아니건 그것과 무관하게, 처음 방문했을 때의 내담 청소년의 모습과 치료가 진행되며 보이는 내담 청소년의 모습에 나타난 변화에는 분명히 긍정적인 차이가 드러나고 있다. 그 긍정적인 변화는 내담 청소년의 자발적이고 본성적인 성장 잠재력과 그것을 존중하고 신뢰하고 수용하는 치료자의 따뜻한 마음의 결합이 없으면 기대하기 어렵다. 그리고 그 결합의 근저에는 다시 치료자의 전문적 지식과 훈련과 소양과 따스한 인격이 필수적으로 갖춰져 있음도 어렵지 않게 파악할 수 있을 것이다.

　여기에 실린 각각의 사례는 내담 청소년에게서 발견되는 문제와 그것의 배경과 그것을 이해하고 해결해 나가는 치료자의 책략이 모두 다르게 소개되고 있다. 그것은 아동의 성향과 치료자의 성향과 또 그 관계에서 빚어지는 정황이 모두 다르게 전개되고 있음을 고려해야 한다는 뜻이기도 하다. 어쩌면 '놀이치료가 어떤 것이지?' 하는 의문과, '놀이 치료의 흐름은 어떻게 전개되는 것이지?' 하는 의문에 대한 해답을 찾을 수도 있다. 저마다 다르게 보이지만 공유하는 어떤 의미와 가치가 있는 전문적 활동인 점도 찾아볼 수 있을 것이다. 어느 한 사례에서 얻는 교훈이 살피는 사람에 따라 그 견해가 많을 수도 있고 적을 수도 있겠지만 우리에게 하소연하고 싶었던 사례 주인공의 마음을 함께 느낄 수 있었으면 좋겠다.

2019년 5월에, 추천인

정혜자

CONTENTS

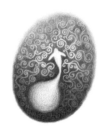

미세한 씨앗이 자라서 거목이 되기까지 오랜 시간이 필요하듯이 이 과정 (놀이치료)도 서두름 없이 매우 진지하고 경건하게 진행되는 과정이다. 어린이가 치료과정에서 보이는 다양한 반응들을 면밀히 살피고 오류 없이 받아들이는 것은 거의 온전히 치료자의 안목과 성품에 속하는 것이므로 치료자가 결코 방임할 수 없는 몫이다.   - 어린이 마음치료 p.103

하늘로 떠난 엄마가 그리운 아동

강수진(희망가득의원)

내담자는 연년생 형 하나를 둔 초등학교 1학년 남아다. 1년 전 자살한 엄마 대신 할머니의 보호를 받고 있다. 아동은 엄마를 잃은 후 엄마에 대한 언급이 전혀 없고 돌봐 주는 할머니에게 까칠하여 상담자를 만나게 되었다.

엄마는 결혼 후 우울증에 시달렸고, 엄마가 두 형제를 돌보는 것이 힘들다는 이유로 아동은 갓 태어나 1년가량 할머니에게 맡겨져 자랐으며, 대부분의 유아시절을 할머니와 함께 보냈다. 산만해서 주변인으로부터 자주 질책당하는 형 때문에 생전의 모는 양육 스트레스가 심했는데, 이로 인해 아동이 받았을 심적 고통이 예상되었고, 깐깐하고 엄격한 할머니의 양육방식으로 아동은 스트레스를 받고 있었다.

심리평가에 의하면 지능이 보통상의 위치에 놓여 있고 자존감은 낮으며 인정과 애정의 욕구가 강하다. 또, 엄마에 대한 그리움이 있다. 그리고 아동 이해를 위한 면담을 통해 치료자가 주목한 사실들은 대략 다음과 같다.

1. 엄마를 잃은 슬픔으로 정서적이고 사회적인 활동에서 많이 위축되어 있다.
2. 산후 우울증인 엄마와 영아시절부터 헤어져 있어서 안정된 애착관계가 형성되기 어려웠다.
3. 엄마의 우울과 아빠의 무관심은 부부 갈등으로 이어지고, 아동의 불안과 불안정감은 점점 커졌다.
4. 부모의 애정결핍 때문에 아동은 분노를 키운 반면, 욕구지연능력과 감정조절능력은 취약한 상태였다.
5. 절도 없는 생활습관 때문에 주변인들과 마찰이 생기고, 그로 인한 부정적인 피드백으로 자존감은 낮은 상태다.
6. 통제적인 할머니 양육방식에 의해 생기는 아동의 심리적 압박과 좌절에 대한 해결의 출구를 찾도록 도움이 필요하다.
7. 엄마에 대한 상실감 극복과 긍정적 애도과정이 필요하다.
8. 어른의 도움이 없어도 지낼 수 있는 자율성과 유능감을 길러야 한다.

아동의 놀이치료과정을 중심 언어로 요약하여 표를 작성하면 다음과 같다.

회기	일시	놀이 주제	회기	일시	놀이 주제
1회	17.3.	개 조심 → 볼링 → 치료자와 축구 게임 → 다트 → 기찻길 만들기	-	17.4.	종합심리평가
2회	17 4	배고픈 개구리 → 풍선 → 큰레이 (여우사막, 귀신, 늑대 얼굴, 똥)	3회	17.4.	클레이(늑대) → '강아지 똥' 게임

4회	17.5.	텐트로 볼풀공, 투석기 골인 → 굴삭기 조립과 수리 → 트러블게임	5회	17.5.	젠가로 탑, 피라미드 → 집 2개 가구 배치
6회	17.5.	하늘로 가는 기차 만들고 땅으로 내려옴. 아동이 텐트로 들어감.	7회	17.6.	강아지에게 뼈다귀 먹이고 재움 → 공기
8회	17.6.	종이로 사진기 접음 → 체스 게임	9회	17.6.	축구 게임 → 리버시 게임
10회	17.6.	굴삭기 조립 → 보물 캐기 게임	11회	17.7.	텐트 무너뜨리고 세우기 → 게임 놀이
12~14회	17.7.	낚시, 배고픈 개구리, 체스	15회	17.8.	체스
16~18회	17.8.	축구, 체스, 개 조심	19~27회	17.10.~12.	여러 게임 놀이

그리고 상담내용을 약술하면 아래와 같다.

1회기

불편한 자세가 긴장되어 보였다. 개 조심 게임을 꺼냈지만 어떻게 놀아야 할지 모르겠다고 혼자 말했다. 볼링을 못할 것 같다고 걱정스럽게 혼자 말했지만, 예전에 스트라이크를 한 적이 있다고 자랑했다.

축구 게임을 치료자와 같이 하자고 어색하게 말했다. 게임 내내 혼잣말을 중얼거리며 감정이 없어 보이게 습관적으로 웃었다. '조준' '연속' 등 치료자가 사용한 어휘를 따라서 사용해 보기도 했다.

공의 회전에 관심을 가졌다.

치료자와 풍선치기를 함께하자고 제안했다.

다트에 어지럽게 붙어 있던 자석 화살들을 다트판 정 가운데로 모이도록 다 옮겨 놓고는 '하늘에서 꽃이 왔어요.'라고 말했다.

기차를 꺼내 기찻길 위로 올려본다. 기찻길이 원형이 되도록 만들며 '회전'이라고 반복해서 말했다. 기차가 이탈하여 사고가 나도록 하였다. 놀이가 끝나고 급하게 소변을 봤다.

치료자 소감

치료자와 빨리 친밀해지고 싶어 하는 욕구를 보였고, 자신에게 익숙한 놀이를 먼저 선택하여 적응해 나가는 것으로 여겨졌다. 공의 회전과 더불어 회전이라는 어휘에 관심이 머물렀고, 다트를 과녁의 중심에 모이게 하여 하늘에서 온 꽃이라고 언급한 점, 기찻길 만들기 등의 놀이 내용으로 미루어 보았을 때, 아동이 새롭게 태어나려는 마음을 치료자에게 표한 것처럼 느껴졌다.

2회기

분화된 감정이 보이지 않는 습관적인 듯한 웃음을 짓고 얼굴을 마주했다. 배고픈 개구리 게임을 꺼내서 파란색 개구리가 알을 다 먹게 하며 '내가 먹을 거야.' '맛있겠다.'라고 말했다.

치료자에게 바짝 붙어서 얼굴에 대고 풍선의 바람을 내뿜으며 '바람 공격.' '선생님 공격.'이라고 했다. 중간에 갑자기 '야구는 안 되죠?' 하더니, 풍선이 있는 곳으로 되돌아와 '도전.' 하고는 풍선 8개를 불고 그중 한 개를 치료자에게 줬다.

클레이를 꺼내 이미 알고 있는 것도 되물어 가며, 처음 해 본다면서 클레이 만드는 방법을 혼잣말로 묻는다. 클레이가 손에 묻어 못 하겠다고 하면서도 만들기를 멈추지 않았다. 클레이 상자에 그려져 있는 사막여우를 보고 따라서 만들며 여우가 죽은 것 같다고 하였다. 그리고 여우를 귀부터 만들었기 때문에 귀신이 될 거 같다고 했다. 클레이 상자에 들어있던 설명서에 그려진 사람의 손을 보며, 손이 하얀색이라면서 '귀신 아니에요?'라고 물었다. 다시 사람을 만들다가 늑대 얼굴을 만들었다. 검은색을 만들기 위해 여러 색을 섞었다. 섞은 클레이를 만들어 놓은 얼굴에 덮어씌우며 '못생긴 엄마.' '엄마한테 똥 묻혔어요.'라고 말했다.

3회기

클레이 상자에 그려진 늑대를 만들겠다고 했다. 눈을 어떻게 표현할지 어려워하기에 격려했더니, '여러 방법들을 시도해 보며 해결해.'라고 스스로를 달래 주었다. '오리' 같다고 하다가 눈 때문에 귀신이 되었다고도 하고, 다시 '오징어' 같다고도 했다. 다시 늑대를 만들다가 회색이 없다며 중단했다.

아이언맨을 꺼내 주먹펀치를 날렸다.

'강아지 똥' 게임을 꺼내서 온 힘을 기울여 강아지가 똥을 싸도록 했다. 놀이에 몰입하고 감정은 고조되었다. 강아지에게 먹이를 많이 먹여서 똥을 많이 싸게 하려고 매우 공을 들였다. 그리고 그 똥을 치료자가 받으라는 듯 치료자에게 쌌다.

4회기

풍선을 불어 '발사!' 하면서 치료자 가까이에 대고 바람 공격을 시도했다.

볼풀 공을 텐트 안에 넣으라고 치료자에게 주면서 '선생님 이거 다 골인 해 봐요.'라고 말했다. 그러다가 아동 스스로 텐트에 공을 던져 골인시켰다. 나중에는 텐트에 올라타서 텐트를 무너뜨렸다.

펀치백을 세게 치며 '선생님한테 죽어.'라고 말하고는 치료자 쪽으로 쓰러지게 했다. 펀치백으로 텐트를 무너뜨리며 '집이 망가졌다.'라고 말했다. 그러다가 다시 세우고 '다시 살아났네.' 했다.

엘리베이터가 있는 2층 회전도로를 꺼냈다. 자동차를 엘리베이터에서 떨어뜨렸다가 다시 살았다고 했다. 고장 난 차를 수리한 뒤, 치료자에게 다리를 벌리라고 요청하고는 그 사이로 차를 들여보냈다. 이어서 조립 공구를 이용하여 굴삭기를 수리했다.

총을 꺼내서 텐트를 향해 쏘고 치료자에게도 쏘았다. 그리고는 퍼즐을 맞췄다. 치료자에게 구슬을 던져 제한했고, 트러블 게임을 할 때는 규칙을 어기며 놀았고 말이 잡히지 않기를 바라며 '지나쳐.' '잡아먹히기 싫어요.'라고 외쳤다. 돌아갈 시간이 되었어도 놀이를 연장시키려 했다.

> **치료자 소감**
>
> 풍선의 발사, 텐트에 공을 집어넣는 것, 펀치를 치료자에게 쓰러지게 하는 것, 치료자 다리 사이로 자동차를 굴린 것, 텐트와 치료자에게 총을 겨눈 것, 퍼즐 맞추기, 치료자 와의 게임 공유 등의 놀이 내용으로 미루어 보았을 때, 이번 회기의 놀이에서 아동은 음양의 결합에 의해 사궁에 안착한 태아가 태내기 발달의 국면에까지 이르는 일련의

5회기

아동은 종이를 이용하여 풍선을 만들었다. 그리고 젠가를 꺼내 음률을 붙여 가며 자기만의 게임 방식을 노래하듯 설명했다. 놀이 방식은 계속 바뀌었고 젠가로 탑을 쌓았다. 무너지지 않게 '보호막'을 만든다면서 맨 아래층 주위에 나무 조각을 울타리처럼 더 배치했다. '집 짓기 할까?'라고 말하며 피라미드도 세웠다. 피라미드를 쌓으면서 무너뜨리기를 반복하다가 치료자와 함께 각자의 탑을 쌓자고 제안했다.

아동이 가져온 펜으로 '선생님.'이라고 쓰면서 자랑스레 보여 줬다. '선생님 괴물이다. 맞다.'라고도 썼다.

집 모형 두 개를 꺼내 합체하고 싶다고 했다. 집 모형 문이 닫히는지, 사람이 있는지 물었다. 그리고 각각의 집에 사다리와 가구를 배치했다.

놀이실 도장을 가져간다고 하여 치료자는 반짝이 풀을 대신 가져가게 하였다. 대기실에서는 과자를 달라고도 요청했다.

치료자 소감

아동은 풍선으로 임신한 엄마 배를 상징했고, 보호막을 갖춘 튼튼한 집을 지어 자신이 자라는 자궁 환경을 더 좋게 만든 것 같다. 또, 선생님이라는 글씨를 씀으로써 엄마와 자신에 대한 밀착관계를 견고히 조성해 나가는 듯했다.

6회기

회전하여 올라가는 기찻길을 만들며 어렵다고 하소연했지만, 문제를 해결하기 위한 새로운 방법을 생각해 내지는 못하였다. 그렇지만 치료자의 격려를 받으며 아동은 스스로 정성스럽게 열심히 만들어 나갔다. 기찻길이 치료자에게 가는 것 같다고 말했다. 기찻길 위로 기차를 움직이게 한다. 그리고 다시 기찻길을 이으며 '하나님이 가래요. 천사 나라로 출발.' 했다. 2층이 되도록 기찻길을 더 연결시키고 그 위로 기차를 굴리며 '하나님께 가고 있어요.'라고 했다. 그러다가 기차를 기찻길의 출발 지점으로 다시 되돌아가게 하며 '생일 축합니다. 망치. 도끼.' 하고는 '저도 들어가야 합니다.'라며 아동은 직접 텐트 안으로 들어갔다.

> **치료자 소감**
>
> 아동은 하늘나라의 엄마에게 갔다가 다시 땅으로 내려와 자신이 새로 자랄 자궁으로 들어간 듯했다.

7회기

집에서 가져온 표창을 자랑하며 날리는 것까지 보여 줬다. 볼링을 잠시 하더니 곧이어 펀치백을 꺼냈다. 자신이 펀치백보다 더 강하다며 펀치백을 세게 쳐서 쓰러뜨리고 이내 펀치백 위에 올라타고는 일부러 치료자 쪽으로 쓰러졌다.

개 조심 게임을 꺼내서 다소 거친 동작으로 개에게 뼈다귀를 먹이고 재 웠다.

공기놀이를 하면서 자신과 치료자가 함께 나이를 먹는 것에 열중했다. 다른 때와 달리 치료자에게 애교를 부리듯 귀엽게 말하는 모습이 등장했 다. 꺾기를 하다가는 치료자와 자신의 손을 포개어 크기를 재고, '둘 다 백 점.'이라며 공기놀이를 끝냈다.

치료자 소감

아동은 태아가 되어 엄마의 배 속에서 엄마와 끈끈히 교감하면서 먹는 것도 충실히 채우고, 뱃속에서 흐르는 시간의 흐름도 인지하고 있다는 것을 알려 준 것 같다.

초기에 치료자와 맺었던 관계의 질이 달라졌음이 느껴졌는데, 아동은 치료자와의 관계에서 그동안 삼갔던 기쁨을 자유로이 표했으며 활달한 교류를 보여 주었다.

8회기

아동은 색종이로 '사진기'를 접었다. 장기를 골라 놀이 방법을 익혀 가 면서 특히 '馬'의 공격을 즐겼고, '馬'를 아꼈다. 치료자가 앞서자 규칙을 무시하고, 자기 말을 잡지 말아 달라고 요청했다. 일방적으로 이기는 게 임을 했으면서도 이겼다고 좋아했다.

9회기

대기실에서 아동은 형에게 놀이치료실의 놀잇감을 자랑했다. 그리고 치료자와 축구 게임을 했는데, 치료자에게는 방어를 못하게 하고 자신에게 유리한 게임을 벌였다. 리버시 게임도 새로 배워서 하였다. 게임 규칙을 이해하면 곧 새로운 여러 가지 방법으로 해 보는 융통성을 발휘했다. 자신이 유리한 게임을 전개하고는 '오늘은 내가 승리.' 하고 좋아했다.

치료자 소감

아동은 치료자와의 게임을 통해 자신의 유능감 향상에 대한 기쁨을 누리고, 임신 기간 중의 엄마와의 교감도 즐기는 듯 여겨졌다.

10~14회기

텐트를 무너뜨리고 세우기를 반복했다. 굴삭기 조립을 어려워하여 치료자가 한번 방법을 알려 주고 격려하자 스스로 조립 방법을 찾아내어 완벽히 조립하였다. 보물 캐는 게임을 하면서 아동은 규칙 없이 무작정 이기고 기뻐했다. 배고픈 개구리 게임을 할 때는 파란 개구리가 알을 많이 먹게 해 주었다.

자신이 새롭게 태어나기 위한 심리적인 자궁을 업그레이드하고, 보석을 캐면서 뚜렷한 자신의 존재감도 느꼈으며, 섭식과 관련된 상징 놀이를 등장시켜서 뱃속의 자기를 성장시키는 작업을 지속적으로 하였다. 뱃속에서 엄마와 교류하듯 치료자와 따뜻하게 상호작용하며 관계는 더욱 공고해졌다.

15회기

다리에 난 상처를 치료자에게 보여 주며 어리광을 부렸다. 체스 게임을 하며, 아동은 강력한 힘을 발휘하여 치료자 편의 말을 한 개도 남김없이 모두 다 잡아 버린다. 그리고 자기 말들을 게임판 중앙에 원형이 되도록 다 모아 놓고 왕을 그 한가운데 놓았다. 그리고는 축하 파티를 하겠다고 했다. 자기에게는 기발하고 멋진 계획이 있다면서 의기양양하게 말했다.

드디어 자기 존재감에 대한 확신이 단단히 세워진 것일까? 아동은 치료실 안에서 스스로를 매우 가치 있고 위대한 존재로 느끼고 있었다.

16~18회기

치료자에게 종이학을 선물했다. 강아지에게 밥을 먹이고 가슴에 품어 애정을 보여 주었다. 치료자의 눈에는 강아지를 먹이고 쓰다듬어 주는 그 모습이 영아시절에 자신이 원했던 모성애를 스스로 충족시키는 듯이 보였다. 감정이 감춰졌던 습관적인 웃음은 완전히 사라졌고 축구와 체스 게임을 하면서 마음껏 즐거워했다. 지는 것에 대한 염려 없이 시원스런 마음으로 게임을 즐겼다. 자신이 산수를 잘한다며 자랑스럽게 말하는가 하면 거침없이 분노를 표현하고 치료자를 비난하기도 했다.

19~27회기

게임에 대한 관심이 늘어서 여러 가지 게임 놀이를 했다. 규칙을 변경하지만 이전과 달리 자기 마음대로 갑자기 바뀌는 규칙이 아닌 합리적인 규칙을 세웠다. 그 규칙들은 창의적이고 새로웠다. 게임의 결말은 대체로 아동이 이겼고 매우 기뻐했다.

자신의 달라진 모습을 생각해 보는 마지막 회기에서는 형과도 덜 싸우고 할머니 말씀도 잘 듣는 점이 자신의 변화된 점이라고 했다. 치료자는 종결 축하 케이크의 촛불을 끌 때 한번 더 격려했다. 어떤 어려운 상황에서도 자신이 매우 소중하고 중요한 존재임을 잊지 말라고. 아동은 치료자의 말을 가만히 귀담아 들었다.

사례를 마치고

첫 회기부터 아동은 자신의 성장작업을 예고하는 창의적인 놀이를 시작으로 하여, 그간에 고단했던 삶을 회고하며 천천히, 멋지게, 만족스럽게 자신의 삶을 재건해 나갔다. 종결 즈음에는 할머니에 대한 까칠한 태도가 줄었고 생활태도도 많이 정돈되었다. 그리고 학교에서도 잘 지내고 있다는 추후 보고가 있었다.

한편 할머니는 손주들 미래에 대한 걱정과 불안으로 아동과 마음을 나눌 여유 없이 조급하게 학습과 생활습관 교육에만 매진하였다. 치료자는 할머니를 위한 상담이 도움이 되리라 여겨서, 본 센터의 다른 상담원에게 할머니의 개인상담을 의뢰했다. 10회기 개인상담 후 할머니는 과한 욕심을 내려놓고 아이들을 내 마음대로 하지 않고 많이 칭찬해 주고 예뻐해 주기로 결심했다고 말씀해 주셨다.

안타깝게도 아동과의 만남은 문제 해결에 도달하기에는 다소 미흡한 기간 동안 이뤄졌다. 엄마를 상실한 아픔이 좀 더 확연하게 노출되고 그 아픔을 좀 더 건강하게 극복하려면 치료자와의 관계가 더 진전되어서 깊고 단단하게 응결된 아동의 울분이 더 자유롭게 토로되었어야 했다.

만일 놀이치료의 장기적 지원이 가능했다면 아동은 그런 자신의 복잡한 아픔을 치유하고 더 나아가 자신의 보석 같은 잠재능력을 더 많이 발견하고 그 능력을 최대한으로 발휘하는 시간들도 가졌을 것이다. 그러나 치료자는 믿는다. 그 누구보다도 아동 자신이 그의 힘을 알고 있기에 훗날 자신의 고통을 거름삼아 사회에 보탬이 되는 재원이 될 것이라고.

이 아동과의 놀이기록을 정혜자 선생님께 들고 가는 길은 설레고, 매 회기 점검을 통해 아동 자신의 성장과 치유의 힘을 확인하고 돌아오는 길은 언제나 벅차고 감동적이었다. 척박한 환경에서도 굴하지 않은 삶에 대한 의지와 그 의지를 바탕으로 기발하게 자신의 삶을 성장시키는 아동이 대단하게 느껴졌다. 놀이를 기특히 여기고 그 의미를 이해하고 조언해 준 선생님이 감사했다.

치료자 머릿속에 그려진 디자인대로 정원을 꾸미는 것보다, 어린이 스스로 자연스럽게 정원을 설계해 나가는 능력을 믿고 존중해 주면 치료자의 마음이 옹색해지지 않는다.

- 놀이의 언어 pp.328~329

40대 초반의 우울증 여성 내담자

김영희 (후정초등학교 상담실)

치료를 진행할 때마다 나는 생각한다. "주차된 차는 어디로 가는 거예요?"라는 7세 아동의 질문을 받고 얼른 대답하지 못했던 그때를. 놀이 상황의 질문이 아닌 뜬금없는 질문이어서 나는 대답을 주저했다. 해답을 얻기 어려운 질문을 던진 그 내담아동과 나는 어쩌면 같은 화두에 고심하는 중이었을지도 모른다.

"멈췄다가 가고 또 멈췄다가 가는 우리는 어디서 와서 어디로 가는가?"

나를 지도해 주는 정혜자 선생님이 내게는 '은하철도 999'에 나오는 메텔처럼 생각된다. 또, 나는 내 자녀에게 메텔이고, 내가 만나는 내담아동들의 메텔이리라.

엄마를 잃고 고아가 된 철이에게 나타난 메텔은 철이의 곁을 지키며 역경을 이겨 내면서 끝없는 우주여행을 한다. 광활한 우주에 존재하는 철이는 인간의 생명에 한계가 있어서 그 생명이 더욱 아름답다고 말한다. 그

리고 은하철도 999의 마지막 자막은 '이제 소년은 어른이 된다.'이다. 자막
에서 칭하는 소년은 어쩌면 우주에 비해 아주 작은 존재인 인간을 비유한
것일 수도 있겠고 정신적으로 어리고 미성숙한 사람을 뜻할 수도 있겠다.

철이가 고난과 상처를 이기며 그 과정 속에서 깨달음을 얻어 어른이 된
순간 메텔은 철이의 곁을 떠난다. 철이와 메텔이 나눈 안녕 속에는 우리
가 본질적으로 벗어나기 어려운 외롭고 고달픈 우리네 인생이 담겨 있는
것이 아닐까. 또, 치료자와 동고동락하던 내담자의 종결 이후의 삶의 궤
적을 보여 주는 것은 아닐까 생각해 본다.

'두루미 아내'라는 일본의 옛 이야기가 있다. 겨울날 눈길에서 가난한
청년이 화살을 맞은 두루미를 보았다. 그는 두루미에게 다가가 화살을 뽑
아 주고 정성껏 간호해 주었다. 그 후 청년은 아리따운 아가씨를 아내로
맞고, 아내가 짠 신비롭고 아름다운 베 덕에 살림살이가 늘었다. 아가씨
는 청년이 구해 준 두루미다. 두루미는 청년의 친절한 마음이 그리워 청
년의 그 마음만을 기리며 사람으로 변해 청년 곁에 머무른 거였다. 결국
엔 청년에게 욕심이 생기는 바람에 두루미는 그 곁을 떠났지만. 나는 친
절하고 따뜻한 마음의 힘이 무언지 두루미를 통해 이해할 수 있다. 나는
어려운 사람 곁에서 온정을 나누는 두루미 마음을 새기며 내담자들을 만
난다.

여기에 소개하는 내담자는 이혼 상태로 딸을 키우는 여성이다. 그녀는
물리치기 어려운 번민을 술에 의존하여 잊으려 했으며 무기력과 우울에
서 벗어나고 싶어 했다. 상담을 통해 기대하는 것은 아침에 일어나면 밥

하고 청소하기, 하루 종일 늘어져 누워 있지 않고 아주 간단한 일상생활이라도 가능해지는 것이었다. 그녀의 어린 시절은 녹록하지 않았다. 경제적으로 무능한 알코올중독 아버지, 모든 것을 짊어져야 했던 어머니 밑에서 사남매 중 셋째로 존재감 없이 알아서 컸다. 쉼 없이 열심히 살아야 하는 삶을 버티다가 탈진하여 상담실에 왔다. 나는 그녀에게 술을 멀리하겠다는 최소한의 약속은 반드시 지키자고 다짐을 받고 상담을 시작했다.

정혜자 선생님에게 이 사례를 지도받으면서 나는 다음과 같은 조언을 마음에 새겼다.

첫째, 내담자의 화장실 가기, 눈물 흘리기, 하품하기 등은 내담자가 자기 삶을 참회하고 정화시키는 작업을 하고 있는 것이다.

둘째, 치료자의 눈물은 내담자의 얘기에 빠져 자기 연민과 뒤섞여 함께 허우적거리며 흘리는 눈물이어서는 안 된다. 내담자에 대한 공감에서 빚어진 자비의 눈물이 바람직하다.

셋째, 치료 진행 중에 뚜렷한 이유 없이 여기저기 나타나는 내담자의 신체 증상은 예전에 겪었던 마음의 상처에 압도당하고 삼켜 버려져서 잘 몰랐던 것이 치료자의 신뢰를 느끼게 되어 노출되는 것일 수 있다.

넷째, 내담자의 무기력은 단순히 쓰러져 가는 무기력이 아니고, 재생하기 위해 쉬면서 충전하는 시간이며 생을 일깨우기 위한 몸부림이다.

나는 내담자와 33회 만났고 햇빛을 받아들이는 내담자의 마음의 변화를 기준으로 세부분으로 나눠서 이 사례를 더듬어 봤다.

초반부는 1회부터 17회까지다. 분위기는 전반적으로 햇빛을 블라인드로 차단해 상담실이 어두컴컴했고 눈물과 한숨, 하소연이 많았다.

1회기

내담자는 말했다. "늘 살고 싶지 않았지만 살았어요. 자살하면 지옥 간다고 해서 자살하지 않았어요. 버티고 살았어요."

내담자는 창문으로 들어오는 아침 햇살이 상담실에 강하게 들어오는 것이 불편해서였는지 햇빛이 안 들어오는 쪽 의자에 앉았다. 나는 블라인드를 쳤다. 내 발이 더워 내담자에게 양말을 벗어도 되냐고 물었다. 내담자는 올 때부터 양말 안 신고 맨발로 왔다고 했다. 내담자와 나 모두 맨발이 되었다.

후감

나는 내담자를 만나고 난 후 마음이 묵직했다. 초심자 시절에 만난 내담자가 떠올랐다. 조울이 넘나들던 그녀. 좋아진 듯하면 나빠지고 나빠진 듯하면 좋아지고 널뛰듯 반복되는 그녀의 감정적 변화는 솔직히 감당하기 어려웠고 버거웠다. 지금 그녀는 어떻게 지내고 있을까? 이번에 만난 내담자도 만만찮게 무겁다. 그녀의 안전한 공간이자 맨발이 되고자 하는 나의 동조적인 노력이 얼마나 도움이 될지 한편으로 걱정하면서. 그녀를 만나고 떠오르는 노래가 있었다. "지나간 일들을 생각하거나 그리워하지 말라. 꽃잎은 시들어도 때가 되면 다시 핀다."라는 내용의 가사를 지닌 '김정호의 하얀 나비'다.

2회기

내담자는 만다라에 웃는 얼굴을 그리고 '따뜻한 사람'을 연상했다. 그리고 웃으며 말했다.

"환하게 웃으며 살았으면 좋겠어요. 따뜻한 사람."

그녀가 약을 받아 오는 정신보건 센터에서는 5분 정도 상담을 해서 마음속 얘기를 못한다고 했다. "많은 얘기를 하고 싶은데 가족에게조차 말할 수 없는 나는 왜 그럴까요?"라고 했다.

> **후감**
>
> 내담자는 자신의 얘기를 그냥 그대로 들어주는 사람이 그리웠던 것 같다. 아무 잣대 없이, 아무 걸림 없이 자신을 있는 그대로 인정해 주는 사람. 내담자에게 내가 그런 사람이어야 하나 보다. 몸과 마음은 알고 느끼지만 표현으로 다 할 수 없는 답답하고 막막한 그 기분을 나는 이해하고 수용해야 한다.
>
> 그녀에게 가장 필요한 건 뭘까? 목마른 나그네에게 버들잎을 띄워 바가지에 물을 건네주는 우물가의 여인처럼 작은 듯 큰 지혜를 가진 상담자이리라. 물 마실 때 목이 메지 않게 한숨 쉬도록 하는 자비와 배려이리라. 그녀는 나에게 온 나그네이다.

12회기

내담자는 롤 케이크를 가져와 나와 먹었다. 깊은 한숨이 낮고 짧은 한숨으로 변하고 한숨 횟수도 감소했다. 그러나 어린 시절 얘기를 할 때는 한숨도 깊어지고 침묵도 길었다.

내담자는 친정 가족들이 과거에도 지금도 자신을 배려하지 않는 것에 화가 난다고 했다. 특히 엄마가 힘들어도 자식들을 버리지 않고 키운 것에 존경심과 고마움이 생기지만, 한편으로 불쌍하고 애처로운 마음, 화나는 마음, 원망하는 마음 등이 복잡하게 얽혀서 혼란하다고 했다. 지금은 그런 감정들 가운데 자신이 방치된 것에 대해 화나는 마음이 제일 크다고 했다.

내담자의 마음이 슬퍼서였을까? 아침부터 내린 비가 상담하는 시간에는 폭우로 변하고 있었다. 하늘의 공감을 느꼈는지 내담자는 나에게 말했다. "우리 가족의 환경도 비가 오고 천둥치고 번개가 치는 날처럼 늘 무섭고 조마조마했고 해가 거의 없었어요."

후감

하늘도 울고 내담자도 울었다. 창가로 흘러내린 빗물이 그릇에 고이고 바닥에 고였다. 상담이 끝난 후 나는 고여 있는 하늘의 눈물을 마른 수건으로 문질렀다. 그 빗물은 곧 내담자의 눈물이었으며, 나는 내담자의 눈물을 담아 주는 그릇이고 눈물을 닦아 주는 수건이 되었다.

15회기

상담을 시작할 때는 하늘이 흐려 햇빛이 옅었다. 내담자는 아이의 학업 뒷바라지와 교육비 마련에 대한 고민을 이야기했다. 그러다가 상담을 마칠 시간이 가까워지면서, 앞으로 내담자 자신이 직업을 가져야겠다는 문제에 대한 고민을 털어놓았다. 나는 직업을 가져야겠다는 마음이 일어나는 것은 내담자의 삶에 해가 들기 시작하는 것이라고 말해 주면서, 우리의 상담실 창에도 흐려진 하늘이 개이면서 밝은 빛이 들어오고 있다고 알려 주었다. 나는 내담자와 헤어질 무렵에 내담자의 손을 잡았다. 그리고 우리는 서로의 눈가에 살짝 어린 눈물을 바라볼 수 있었다. 내담자는 상담이 끝난 후 화장실에 들렀다.

17회기

내담자는 그동안 애써 외면했던 현실이 결코 피할 수 없이 마주쳐야 하는 것이며 그런 현실에 희망이라는 담보가 있기 어렵다는 것도 인정하기 시작했다. 이야기를 나누면서 하품을 자주 했고 침묵의 시간도 많고 길어졌다.

나는 부담 없이 흘려듣자고 일러 주면서 내담자에게 우리가 어려서부터 익숙해진 피노키오 이야기를 해 주었다. 소나무로 만들어진 피노키오가 여러 가지 말썽을 피우고 수많은 우여곡절과 어려움을 겪은 끝에 진정한 사람이 되었다. 우리도 그처럼 수많은 어려움과 고난의 과정을 거쳐가면서 사람다운 사람이 되는 것 아니겠느냐고.

중반부는 18회기부터 27회기까지다. 내담자는 상담실에 들어오는 한 줄기 햇빛을 허용하기 시작하면서 점점 더 햇빛의 양을 늘렸고 20회기 중반부터는 상담실 가득 햇빛을 받아들였다. 그리고 모래 상자에 관심을 기울여 손가락과 손바닥을 찍어 자신의 흔적을 남기기도 하고 모래비도 뿌렸다. 마치 내담자에게는 모래 상자가 새롭게 경험할 자궁 같았다.

18회기

내담자는 어린 시절을 지나 이혼한 남편과의 시절로 한 서린 기억 속의 세월을 흘려보냈다. 남편에 대한 불만이 토로되면서 한숨과 침묵은 늘고 말수는 적어졌다. 내담자를 위로하듯 엷고 가느다란 빛줄기가 모래 상자 모서리에 걸쳐졌다. 나는 내담자에게 빛이 들어오는 게 어떤지 물었더니 괜찮다고 했다.

말로 풀어 놓은 하소연이 어지간히 해소되었을까? 내담자는 새롭게 모래 상자에 관심을 기울였다. 말 없는 상태로 30분 정도에 이르도록 모래를 만지고 흘리고 덮고 쌓으며 감촉을 즐기다가 손가락과 손바닥을 찍고 또 지웠다가는 다시 찍고 없애기를 반복했다.

20회기

모래의 경험이 내담자의 이성으로 억압시켰던 감정을 자극했을까? 내담자는 그동안 보다 더 깊어진 한숨을 내쉬었고 무겁게 침묵했다. 때때로 눈시울을 붉혔고 고인 눈물이 뺨 위로 흘러내렸다. 자신의 몸을 가누기도 힘들었는지 상담실 벽에다 머리와 어깨를 기대었다.

내담자는 자신이 살아온 세월이 너무도 힘들었으며, 결혼하고 아이 낳고 이혼하고 지금에 이르기까지 한눈팔거나 숨 돌릴 틈 없이 열심히 일했다고 했다. 정부의 혜택으로 수급자가 된 이제야 비로소 쉬어 보고 상담도 받는다고 했다. 내담자는 자신의 출생과 운명을 온통 부정하고 원망했다.

나는 내담자를 위로해야 했다. 그래서 우리 주변의 할머니들이 우리에게 흔히 들려주는 이야기를 건네줬다. 우리가 이 세상에 존재하는 것은 바다에서 표류하는 눈 먼 거북이가 부유하는 나무토막을 만나 목숨을 건지는 것과 같은 확률의 기회를 만난 것이라고. 그러면서 말했다. 지금 내 처지가 어렵다고 해서 내가 귀한 존재가 아닌 건 아니다. 그리고 그 어려움이야말로 더 큰 복의 터전을 마련하는 것 아니겠느냐고.

25회기

내담자는 새로 산 롱 점퍼를 입고 빛나는 립글로스를 바르고 왔다. 그동안 거의 보기 어려웠던 생기였다. 그리고 나의 커피와 본인의 커피를 타 왔다.

내담자는 최선을 다해서 상담 받고 우울증 약물도 성실히 복용하여 잘 견디고 스스로에게 부끄럼 없이 살 수 있으면 좋겠다고 말했다. 나는 처음에 다짐했던 금주의 약속을 흔들림 없이 꾸준히 지킨 불굴의 그 의지야말로 잘 사는 삶의 보증수표라고 격려해 주었다.

후반부 상담은 28회부터 33회까지다. 내담자는 블라인드의 사용 없이 상담실에 들어오는 햇빛을 온몸으로 쬐었다. 그래서일까? 아이러니하게도 내담자의 어린애 같은 치료적 퇴행과 저항이 본격적으로 노출되었다. 그리고 어린 시절에 감당하기 어려웠거나 자신을 압도했던 갖가지 상처들로 인해 숨겨졌던 아픔들이 여기저기에 솟아올랐다. 아프거나 날짜를 잊어서 순조롭던 상담이 껄끄럽게 진행되었다. 그뿐 아니었다. 상담치료가 아무 소용도 없고 효과도 없고 오기도 싫다며 불만 가득한 얼굴로 말을 이었다. 유년시절부터 쌓아 온 부모에 대한 원망, 화, 미움 등을 나에게 마음껏 표했다. 마치 심술 난 아이가 생떼를 부리듯.

내가 그런 마음을 있는 그대로 수용하고 상담의 종료가 가까워지자 내담자는 이윽고 기지개를 켜고 모래 상자에 바다를 만들었다. 마지막 회기에 내담자는 "세월이 흘러야 상담에서 내가 달라진 게 무엇인지 잘 알 것 같다."라는 말을 남겼다.

28회기

내담자는 모래 상자 앞으로 갔다. 상자 좌우로 움직이며 손바닥으로 모래를 쓸어서 밀어내기를 반복했다. 모래가 상자 밖으로 튀어 나가는데도 아랑곳 않고 격렬하면서도 말없이 움직였다. 여느 때처럼 손가락과 손바닥도 찍고, 눈물도 흘렸는데 눈물이 많아 코도 풀었다. 모래 작업을 멈추었을 때, 그 모습을 지켜보던 내가 깍지를 낀 채 모래가 묻어 있는 내담자의 두 손을 살그머니 잡아줬다. 그 순간 우리 손과 눈은 모두 촉촉이 젖었다.

내담자는 나의 공감에 영향을 받아서일까? 표정에 변화를 보이며 어린 시절 엄마에게 보여 주지 못했던 복잡한 감정을 나에게 쏟아 냈다. 심술 궂은 얼굴, 화난 어투, 억울한 눈물, 절망적인 한숨, 상담으로 내 인생이 뭐가 달라지냐는 불평 등등.

격렬한 감정이 잦아들고 내담자는 상담을 마칠 무렵 보일 듯 말 듯 웃음 지었다.

29회기

내담자는 허리가 아파서 3주 정도 애먹었다고 말해 주고는 모래 상자에다가 간단한 장면을 꾸몄다. 그동안 모래의 감촉을 즐기는 단순한 작업에서 장면 꾸미기로 마음의 변화를 보여 주는 순간이었다. 내담자는 크게 한숨을 쉰 후 여행을 갔던 캐나다의 바다를 꾸몄다. 더구나 한손으로만 움직이던 모래 작업에서 양손을 모아 모래를 이동하며 장면을 꾸몄다. 나는 다른 회기와 달리, 내담자의 그런 움직임을 보면서 내담자의 마음속에 어머니의 자궁, 새로운 탄생, 삶의 에너지 등의 연상들이 흐르고 있음을 감지했다.

모래 작업이 끝난 후 나는 내담자에게 약물의 효용성 못지않은 상담의 중요성을 다시 강조하고 확인시켰다. 끝날 무렵 내담자는 크고 길게 숨을 쉬고는 화장실에 갔다 오면서 말했다.

"날씨가 많이 풀렸죠?"

나도 응답했다.

"그러게요. 우리가 만날 때는 많이 추웠는데 오늘은 그렇게 춥지 않더

라구요.”

내담자가 다시 이어서 말했다.

“어제는 바람이 불었는데 오늘은 춥지 않아요.”

우리의 대화에서 나는 알아차렸다. 내담자의 얼었던 마음이 풀리고 내 마음이 그에 따라 풀리고 있는 것을.

31회기

내담자는 모래 만지기, 모래 비 내리기, 손가락과 손바닥 찍기 등 초기의 모래 작업을 되풀이했다. 마치 지나온 상담의 여정을 회고하듯이. 그리고는 딸아이에게 기울이는 자신의 노력과 정성이 뜻 같지 않다는 안타까움을 하소연했다.

종료가 가까워지자 내담자는 하늘공원에서 찍은 맑은 하늘의 아름다운 모습이 담긴 사진을 나에게 보여 줬다. 그리고 긴 호흡과 침묵 끝에 시원한 기지개를 켰다. 마무리는 화장실에 가기였다.

> **후감**
>
> 내담자의 기지개엔 안정감이 묻어 있었다. 공교롭지만 이날은 겨울잠을 자던 개구리가 깬다는 경칩이었다. 와 이렇게 놀라울 수가……. 삼라만상이 기지개를 켜는 날, 내담자도 기지개를 켠 것이다.

32회기

　내담자는 몸이 아파서 한 주를 쉬었다. 햇살은 따뜻해졌으나 꽃샘추위의 바람은 아직 쌀쌀했다. 기지개를 켠 내담자의 마음에도 아직은 바람이 나부끼고 있는 것 같았다.

　나는 내담자와 함께 그동안의 상담을 되돌아보며 변화과정에 대해 정리해 줬다.

　내담자는 모래 상자로 이동했다. 상담여정을 다시 회고하듯 초기의 모래 작업을 반복하다가 마지막에 이르러 파란 바닥을 넓게 드러내며 다시 바다를 꾸몄다. 그리고 말했다.

　"동해 바다에 가고 싶어요."

　내담자는 서너 차례 바다를 꾸몄다. 그런데 이번 회기의 바다에서는 동쪽에서 뜨는 해를 기다렸다. 마치 새롭게 태어나는 자신을 기다리고 보려는 듯. 나는 내담자가 2회기에서 그린 만다라 동그라미 속의 웃는 사람이 생각났다.

　나는 내담자에게 다음 주 상담 종결에 관해 안내했다. 그리고 안녕을 바란다고 했다. 인연이 닿으면 다시 만날 수도 있다는 것을 알려 주려고, 우리가 흔히 나누는 간단한 인사 안녕에 시작과 끝, 만남과 헤어짐 그리고 그런 것의 연속성이 담겨 있음도 곁들여 얘기해 줬다. 내담자의 눈도 아쉬운 듯 눈물에 젖었다.

상담을 마치며

내가 이 상담을 하면서 기억에 남는 것은 무기력에서 벗어나 일상생활을 하고 싶은 내담자의 절실함이다. 그리고 나는 자연의 일부분으로 만물과 천기의 움직임에 따라 살아가는 존재라는 점이다.

나는 내담자와 사계절을 만났고 햇빛, 하늘의 모습, 비 등 내담자의 정서와 천기가 맞아 떨어지는 것을 느낄 수 있었다. 내담자는 한 손으로 손가락과 손바닥을 이용해 모래를 만지다가 후반기에 두 손으로 모래 장면을 꾸미는 변화를 보였다. 세세하고 미묘하게 움직이는 작은 변화를 놓치지 않고 감지할 수 있는 상담자가 된다는 것은 눈물과 아픔, 괴로움 등을 승화시키는 수없는 수련과정의 결과물인 것 같다.

나는 내담자와 만나면서 다시 태어난 느낌이다. 중년기인 나의 인생을 되돌아볼 수 있는 계기가 되었으며 예전보다 좀 더 내 몸과 나 자신에게 너그러워지고 친절해진 것 같다.

미혼모 엄마의 모진 세월을 물려받은 청소년 내담자

김영희(후정초등학교 상담실)

이 사례는 미혼모 엄마의 모진 세월과 그 삶 속에서 자란 내담학생에게 얹어진 삶의 무게가 무거워 숙연해지는 동시에 자녀를 기르는 부모의 책임을 다각도로 생각하게 만드는 사례이기도 하다.

내담 학생은 초등학교 저학년 때부터 심리치료를 경험해 온 청소년이다. 엄마에 의하면 최근에 내담 학생이 언어로 하는 상담을 매우 힘들어하다가 상담실에 가지 않았다고 했다. 그래서 나는 내담자 중심의 놀이를 통해 내담 학생의 변화를 이끌어 내리라 계획했다. 내가 처음으로 내담 학생을 만났을 때는 중학교 3학년이었다.

내담 학생의 인생사를 대략 소개하면 다음과 같다. 엄마는 10대 중반에 내담 학생을 낳았고 곧바로 보호시설로 보내졌다. 엄마는 100일이 지난 뒤에 보호시설에서 내담 학생을 다시 데리고 왔다. 그리고 엄마와 함께 지낸 시간도 잠시, 엄마는 내담 학생이 2~3세 무렵이었을 때 24시간 돌보는 어린이집에 맡기고 일본으로 갔다. 그때부터 내담 학생은 보호시설,

이모, 외할머니의 손에 자랐고 엄마와는 초등학교 6학년 때부터 다시 합류했다.

내담 학생은 학업 부진, 가출, 무단결석, 학교에서의 말썽, 친구와의 마찰로 학교폭력위원회에 호출되고 법원의 수강명령을 받는 등 여러 문제를 가지고 나에게 의뢰되었다.

나는 치료적 틀을 벗어나서 내담학생에게 인간애를 충분히 경험시켜 주는 것이 변화를 이끄는 최선이 되리라 생각했다. 그래서 최대한으로 마음 편하게 품고 믿고 사랑해 주리라 마음먹었다. 정혜자 선생님의 조언 가운데 가장 인상적으로 기억을 맴도는 것은 "조건 없는 사랑을 받고 있다는 느낌이 생겨야만 비로소 신뢰감이 싹 튼다. 매 순간 진정한 마음으로 만나야 한다."였다.

다른 내담자와 달리 이 사례의 내담 학생은 유별나게 잠을 많이 잤다. 그런데 그 잠은 치유의 잠이고, 성장의 잠이고, 새봄을 맞이하기 위한 겨울잠이었다. 내담 학생은 여러 가지 우여곡절을 건너고 현재는 예고에 다니고 있다. 아쉬운 것은 내담 학생의 사정으로 19회기로 종결되었다는 점이다. 꼭 해야만 하는 숙제를 마치지 못한 것 같아 뒷맛이 깔끔하지 못하지만 그 회기 진행을 요약하면 다음과 같다.

1회기

내담 학생은 나와 도둑 잡기 게임을 한 뒤에, 모래 상자에 물을 넣고 모래 삽을 이용하여 마른 모래와 젖은 모래를 섞으며 말했다. 남자친구를 사귀어서 고민이 있다는 이야기와 주변에서 목소리가 곱다고 해서 노래도 하고 춤도 추는 뮤지컬 배우가 되는 꿈을 가지고 있다는 이야기였다.

2회기

내담 학생은 나에게 휴대폰에 있는 사진들을 보여 줬다. 나이가 들어가며 찍은 모습, 입원한 모습, 무용하는 모습, 친구들 모습, 생일파티 음식 등을 함께 보며 이야기 나누었다.

남자친구가 먼저 헤어지자는 말을 할까 봐 두렵고, 또 혼자 남겨지는 것이 싫다고 하소연했다. 나는 딸 가진 엄마의 걱정을 들려주면서 내담 학생이 스스로를 보호할 수 있게 성교육에 관해 알려 줬다. 엄마도 내담 학생에게 절대로 임신만은 하지 말라는 말을 많이 했기에 임신은 안 할 거라고 응답했다. 그리고 공기놀이를 했다.

3회기

생리통 때문에 배가 아프고 춥다고도 하여 담요를 덮어 주었다. 내담 학생이 자신이 하고 싶은 것을 마음껏 하고 싶다고 말했고, 나는 서로가 안전한 몇 가지 규칙을 지키는 것 이외에는 자유를 누리라고 일러 줬다.

4회기

내담 학생은 학폭위 심의결과에 따라 법원의 수강명령을 받아야 하는 상황이었다.

공기놀이를 하면서 내담 학생은 남자친구가 헤어지자고 해서 헤어졌는데 아주 많이 힘들다고 말했다. 또한 학교 지각도 잦고 수업이 너무 싫은데 빨리 행복해지고 싶다고 말했다.

놀이를 바꾸어 모래 상자에 물을 넣고 모래 삽으로 저었다. 그리고는 묵은 아픔을 토하듯 다음과 같이 이야기를 나누기 시작했다.

청: 세상에서 저보다 더 상처받은 사람이 있을까요?

상: 너는 어떻게 생각하니?

청: 저보다 상처받은 사람은 없을 거 같아요.

상: 상처라……. 예를 들면?

청: 이건 오해일지 모르겠지만, 버림받은 상처. (수강명령에서의) 상담 선생님이 오해일지도 모르니 잘 생각해 보라 했어요. (버림받은 게) 사실인 거 같아요. 언제인지 모르지만 기억 다 나요.

내담 학생은 어두운 밤에 엄마 없이 혼자 방에 남겨진 일, 엄마가 친구랑 술을 마시고 나갈 때 혼자 남겨지는 것이 매우 싫었다고 회상했다. 그리고 나로 하여금 엄마와 헤어져 있던 세월이 길어서 내담 학생이 상처를 받았을 거라는 말을 엄마에게 전해 달라고 청했다. 나는 그 사정을 엄마한테 직접 말한 적이 있냐고 물었더니 엄마가 힘들어할까 봐 말하지 않았다고 답했다. 나는 내담 학생에게 잘 견뎌 준 네가 기특하다고 얘기해 줬다. 내담 학생은 멋쩍게 웃으며 슬펐던 그 세월을 버틴 힘은 '할머니'라고 말했다.

내담 학생은 무용하는 것 외에도 사회복지사가 되어 상담을 하고 싶다고 했다. 자신이 상처를 많이 아니까 상처 입은 사람에게 공감하며 잘 들어줄 수 있다고 했다. 그러면서 나에게 사회복지사가 되려면 어떤 공부를 해야 하는지를 물었다. 나는 내심으로 내담 학생이 역경을 잘 극복해서 훌륭한 사람이 되기를 바랐다.

5회기

내담 학생이 가출하고 귀가한 다음 날이었다. 나는 내담 학생의 가출을 많이 걱정했으며 무사히 돌아와 준 것이 안심되고 고맙다고 말했다. 내담 학생은 고개를 떨어뜨린 채 눈시울을 붉히며 자신이 해야 할 작업을 시작했다. 친구에게 줄 생일 축하 문집을 만들기 위해 A4 용지에 축하 문구를 쓰고 빨간색 하트로 가득 메운 후 친구와 찍었던 사진을 뽑아서 붙이는 작업이었다. 내담 학생이 작업을 하는 동안 내가 일러 줬다.

"졸업까지 얼마 남지 않았으니 수업 일수 채워서 졸업장은 꼭 따도록 노력하자. 그래야 인생에 놓인 다음 차례의 정거장을 순조롭게 지나갈 수 있으니까."

내담 학생도 대답했다.

"중학교 졸업은 하겠다고 결심했어요."

6회기

내담 학생은 간밤에 잠을 이루지 못해 머리가 깨질 것처럼 아프다고 했다. 나는 내담 학생에게 힘들면 잠을 자도 된다고 일러 줬다. 내담 학생이 자고 싶다고 누워서 담요를 바닥에 깔아 줬다. 내담 학생이 누워 있으면서도 몸이 아프다고 했다. 내가 여기저기 마사지를 해 주었다.

내담 학생은 나에게 상담이 돈을 많이 버는 직업이냐고 물었다. 나는 마음에서 필요하다고 느끼는 돈이 얼마인가에 따라 많이 버는 직업이 될 수도 있고 적게 버는 직업이 될 수도 있는 것 아닐까 하고 반문했다. 그리고 어떠한 직업이든 자신이 선택했다면 돈이 아닌 다른 보상을 기대할 수도 있다는 설명을 덧붙여 주었다.

7회기

내담 학생은 당구놀이를 잠시 하다가 모래 상자로 이동했다. 모래로 케이크도 만들고 주먹밥도 만들고 구슬을 박은 아이스크림도 만들었다. 그리고 케이크 중앙에다가 동생과 엄마의 이름을 썼다. 나는 "네 이름은 어디 있니?"라고 물었더니 "오른쪽 위 모서리에 작게 쓸 거예요."라고 대답했다. 내담 학생은 구슬 박은 아이스크림이 만족스러웠는지 상담이 끝난 후 엄마에게 보여 줬다. 그러나 나는 이름이 없는 케이크를 보았을 때, 내담 학생의 가족 내 위상이 보잘것없으며 내담학생의 고달팠던 삶이 스쳐 지나가서 마음이 쓰라렸다. 어서 빨리 자신의 존재감과 위상이 굳건해지기를 바라는 마음이 간절했다.

9회기

내담 학생은 모래를 삽으로 뒤적거리며 말했다.
"오늘 따라 왜 마음이 무겁지? 별 생각이 없는데……."
그리고는 이어서 말했다.
"엄마가 죽는 꿈을 꿨어요."
어쩌면 현실의 엄마가 사라지고 이상적인 엄마가 눈앞에 나타나기를 바라는 마음이었을지도 모르겠다.

10회기

모래 놀이에 공을 들이던 내담 학생이 찰흙 놀이로 관심을 이동시켰다. 만두도 만들고 초콜릿도 만들었다. 그리고 컵을 만든 뒤 그 바닥에 "엄마, 사랑해."라는 글을 새겼다.

11회기

내담 학생은 예고에 입학했다. 고등학교에서는 사고 치지 않고 열심히 노력해서 예대를 입학해 최고가 되고 싶다고 했다. 그러나 자신이 여러모로 좋아졌다고는 느끼지만 아직은 자신을 사랑하지는 않는 것 같다고 말했다.

12회기

내담 학생이 춥다고 해서 따뜻한 바닥이 있는 곳에 앉으라고 권했다. 그럼에도 불구하고 여전히 춥다고 하소연하기에 상담자의 겉옷을 이불처럼 덮어 줬다. 내담 학생은 엄마와 싸웠던 이야기, 워크숍 이야기 등을 들려주며 따뜻한 바닥에 졸린 눈을 하고 누워서는 자고 싶다고 말했다. 아마도 도란도란 이야기를 나누며 마음의 추위를 녹일 따뜻한 분위기를 원했나 보다.

15회기-17회기

　연속되는 회기 내내 내담 학생은 힘들다, 진로에 대해 고민이 된다, 잠을 이루기 어렵다, 쉬고 싶다는 내용의 하소연을 했다. 그러면서 한편으로는 남자친구 이야기를 들려주고, 대변을 보고, 자신의 감정 기복이 심하다고도 염려했다. 여전히 잠을 청하기도 했다.

18회기

　내담 학생은 공연 연습으로 자신의 발에 굳은살이 생기고 어깨에 보라색 멍이 든 상처들을 보여 주면서 그 사연들을 얘기했다. 나는 그 상처가 '영광의 상처'라고 반응했다.

　내담 학생은 자신의 이야기를 이어 가면서 모래 상자에다 자신의 손바닥 두 개를 찍었다. 그리고 그동안 내비치지 않았던 남동생 이야기를 꺼냈다. 만일 남동생이 엄마를 속상하게 하고 잘못 나가게 되면 그 탓은 자신이 동생에게 모범을 보이지 못했기 때문일 수도 있다고 걱정했다.

　나는 상담 종료 전에 남겨 주고 싶은 이야기가 있는데 듣고 싶은지 물었다. 내담 학생의 허락을 얻고 나는 말했다. 상처가 많은 사람일수록 새로운 경험의 기회는 더 많이 열려 있고 성공에도 더 가깝게 갈 수 있다는 것과 동생이 걱정스럽더라도 죄책감을 갖지는 말라는 것을.

나는 내담 학생의 엄마에게 내담 학생이 모래에 손바닥을 찍었고, 그것은 내가 이 세상에 존재한다는 존재감 선언의 의미가 있는 것이라고 알려 줬다. 그때에 엄마의 눈빛은 흔들렸고 눈물이 흘러내렸다. 그리고 엄마는 말했다. 내담 학생이 어렸을 때 놀잇감이 많았냐고 물었다고.

나는 예고해 주었다. 종료 이후에라도 내담 학생은 어릴 때 받고 싶었던 사랑을 많이 요구할 수 있고 또 어릴 때 부리고 싶었던 어리광도 많이 나올 수 있으니 적절히 받아 주는 것이 필요하다는 것을.

19회기

내담 학생은 터질까 봐 무서워하면서도 7개의 풍선을 불었다. 매듭 묶는 것은 내가 도왔다. 내담 학생은 기다란 풍선을 불면서 탯줄과 애기가 생각난다고 했다. 풍선 놀이를 끝낸 다음 내담 학생은 공기놀이를 선택했다.

나는 안타까웠다. 이제 배 속 경험을 재건하는 중인데 종료해야 하다니……. 그러면서 풍선이 터질까 봐 과하게 무서워하는 이유는 무엇일까 궁금했다. 배가 불러진 임신 당시에 멸절의 공포를 경험했을까? 상담이 더 진행된다면 아마 그 상처도 해결이 가능할지도 모른다.

아쉬움을 남긴 채 나는 기도했다. 상담실 밖에서라도 내담 학생의 성장이 계속되기를…….

상담을 마치며

내담 학생을 생각하면 가슴이 뭉클하고 울렁거린다.

내담 학생이 잠을 잘 때 나는 치료실에 앉아 내담 학생을 지켜보거나 메모를 하거나 시계를 쳐다보았다. 농땡이를 피우는 사람 같은 생각이 들 때도 있었다. 그런데 뭔가를 하려고 하지 않은 그 마음이 내담 학생에게 치유적으로 다가온 거 같다.

내담 학생이 잠을 자며 성장하듯이 나도 잠을 잔 것 같다. 꿈같은 시간이었다.

어른들은 흔히 말한다. "애들이 살아온 세월은 불과 몇 년인데 그 애들이 뭘 얼마나 알겠어?" 그러나 오랜 시간 놀이치료 현장에서 어린이들과 함께 기쁨과 슬픔을 나누었던 치료자들은 이런 생각이 얼마나 큰 편견인지를 알게 된다.

- 놀이의 언어 p.38

불안한 마음으로 힘에 집착하는 혁이

김보성

혁이는 별거중인 부모 슬하의 둘째 아들로, 초등학교 2학년에 재학중인 남아다. 아빠는 무섭게 훈육했고 엄마는 불안이 높고 감정조절이 어려워 혁이와의 교감이 어려웠다. 혁이에게는 중학생인 형이 있는데 ADHD, ODD 진단 아래 심리치료를 받았고 게임에 매달리는 문제를 가지고 있었다. 혁이는 산만하고 거칠고 불안정하며, 또래와 어울리지 못하고, 먹는 것에 대한 집착이 강해 과체중이었다. 그리고 ODD와 비언어성 학습장애로 진단을 내린 병원의 권유로 약물 복용 중이었다.

혁이는 원하던 임신도 아니었고 원하던 성별도 아니었는데 전치태반이었기에 36주에 제왕절개로 출산했다. 엄마는 혁이를 임신했을 때 친정아버지의 암 선고로 충격을 받은 적이 있다. 태어난 뒤에는 수면불량으로 애먹었으며 잠투정도 심했다. 서너 살경에는 아빠의 사업으로 외국생활을 했었고, 일곱 살까지 자신이 덮은 이불에 애착을 가졌다.

나는 혁이가 자신의 문제를 해결하기 위해서는 임신기간과 출산에서 겪었을 상흔을 극복하는 노력, 적절한 수준의 섭식 조절, 사회적 규범에 맞는 행동의 습득이 필요할 것이며, 자신을 충실히 재건하기 위한 놀이에 자유롭게 몰입했으면 좋겠다고 생각했다.

아직은 진행 중에 있는 혁이의 놀이 내용을 요약하면 다음과 같다.

1회기

모래 상자에 관심을 보이면서 모래의 촉감이 부드럽다며 좋아하고 만지작거리다가 자동차와 공사장 차량들을 가지고 공사하는 놀이를 즐겼다. 모래 위에 길을 내고 트럭에다가 모래를 채웠다. 또한 두꺼비집처럼 굴도 파고 물을 부어 호수도 만들었다. 그 후 기차 놀이로 바꾸어 휘파람을 부르며 기찻길을 만들었다.

2회기

야구 놀이를 시작했는데 금방 포기하려는 기색을 보여 혁이와 협의하여 4회까지는 놀자고 격려하며 놀이를 이어 갔다. 야구 놀이를 마치고 모래 놀이를 시작했는데 조심성이 부족하여 모래를 많이 흘렸다. 중간중간 물총 쏘기 놀이도 하면서 모래 상자에 물을 부어 진흙처럼 주물럭거리기도 하고 바닷가도 만들었다.

3회기

군인과 무기들을 배치하고 나와 함께 전쟁 놀이를 했는데 혁이가 이기고 보물 상자를 쟁취했다. 그 뒤를 이어 요리사가 되어 음식을 만들었고 텐트로 들어갔다. 다시 놀이가 바뀌어 모래를 체로 거르기를 반복했다. 뒤이어서는 활쏘기 놀이를 잠시 했다. 에어하키 놀이를 할 때는 앞의 2회기에서처럼 금방 포기하려 했지만 좀 더 해 보자고 제안했다.

4회기

다트 놀이를 선택했는데 2회기, 3회기에서처럼 얼른 포기하지 않고 제법 오래도록 즐겼다. 다음으로는 미니카들이 박치기를 하며 목표지점에 골인하는 경주가 시작되었는데 그 동작이 거칠어서 놀잇감이 부서질 정도였다. 나는 혁이에게 적당히 힘을 조절해 보자고 주문했다. 그리고 난 후 혁이는 자동차 경주의 무대를 모래 상자로 옮겼다. 자동차들이 위기상황에 놓일 때는 소방차가 구조했다. 자동차 경주가 끝난 뒤에는 모래를 체로 거르고 청소도 했다.

5회기

옥수수를 가져와서 먹기를 원했기에 요리 만들기 놀이로 상황을 바꾸어 나와 함께 나눠먹었다. 그리고 놀이가 아닌 실제의 간식을 정말로 나와 함께 먹기를 원하는 마음이라면 한 달에 한 번만 허용할 것이라고 약속했다. 요리하기 놀이를 끝낸 후 혁이는 인생 게임을 선택했다. 그런데 순서를 지켜야 하는 것과 자기 할 일을 나에게 의존하지 않고 스스로 해야 하는 것을 가르쳐야 했다. 혁이는 아기를 낳고 싶어 했지만 아기 탄생 칸에 걸리지 않았다. 나는 놀이 규칙을 바꿔 혁이로 하여금 아기 낳기에 성공하도록 했다. 그리고는 이어서 나에게 총 쏘고 수갑 채우는 놀이를 하다가 방방이를 타고 종료했다. 이날 어머니와의 상담에서 나는 혁이의 식탐 해결에 도움이 되는 다음 회기 놀이를 위해 샌드위치 재료를 준비해 달라고 부탁했다.

6회기

혁이가 나와 함께 샌드위치를 만들어서 먹었는데 매우 좋아했다. 그리고 캠핑 가는 것이 꿈이며, 상담실이 집 같아서 좋다고 말했다. 요리 만들기 놀이가 재미있었는지 다음 요리 놀이에서는 피자를 만들고 싶다 했다.

7회기

모래 상자에서 공사장 놀이를 즐겼다. 굴삭기로 모래를 퍼서 큰 트럭에 담았는데 차량 조작의 손놀림이 둔했다. 이어서 사진기 놀잇감으로 놀이실 이곳저곳을 찍었다. 캠핑카 놀이도 즐겼는데 중간에 고장이 나서 경찰차와 랙커차, 소방차 등이 도와주었지만 그것들도 사고가 나는 바람에 결국은 캠핑을 포기해야 했다.

8회기

모래 상자에 물을 부어 모래로 섬을 만들고 배를 띄웠다. 그리고는 상담자에게 물총을 쏘고 싶다 하여 인형에 쏘도록 했다. 물총 놀이 뒤 많이 어질러져서 청소를 권했는데 거부감이 많이 줄었다. 그 후 풍선 불기 놀이를 했는데 여러 번 배가 고프다고 하소연했다. 이어서 기타와 북을 나와 함께 연주했고 풍선 배구로 전환했는데 과격한 동작으로 때리며 '싸다구!'라고 소리쳤다. 매우 신나게 놀고는 퇴실하는 시각이라 엄마를 만나려 '도킹 준비.'라고 말한 뒤 튀어 나갔다. 그러나 엄마는 잠시 외출하고 대기실에 없었다. 나는 혁이가 말한 도킹이 엄마와의 귀한 만남의 의미가 있는 것이니 다음부터는 대기해 주십사 부탁했다.

9회기

무기를 준비하고 판이 커진 전쟁 놀이를 시작했다. 놀이 시간보다 준비 시간이 더 많이 소요되었다. 나에게는 명령조로 말하기 시작했고 정돈이 가지런해지기 시작했다. 전 회기처럼 엄마와의 도킹으로 놀이를 마무리했다.

10회기

도미노 놀이를 시도했는데 세우기가 어려웠으나 제법 잘 참고 견뎠다. 이어서 공주를 사냥하기 위한 활쏘기를 즐겼고 모래를 체로 곱게 걸러 큰 트럭에 가득 채웠다.

11회기

방귀를 뀌며 활쏘기와 다트놀이를 했다. 이어서 기타와 북을 치며 나와 합주를 즐겼다. 이어서 놀이실 창고에서 카캐리어(엄마 차라고 지칭함)를 꺼내 미니카(아기 차라고 지칭함)들을 태우고 이곳저곳을 돌아다녔다. 또 자석 기차를 서로 연결하여 달리는 놀이도 했다. 놀이 종료에 이르러서는 놀잇감들을 쌍쌍으로 짝 맞춰 정리했고, 선반의 한곳을 자기만의 공간으로 삼아 자기 식대로 배치했다. 정성 들여 정돈한 행동에 대한 보상으로 사탕을 주었는데 '사탕 건배'를 하고 퇴실했다.

12회기

요란하게 고함을 지르며 자동차 놀이를 즐겼다. 카캐리어에 미니카를 싣기도 하고, 렉카 차와 미니카를 연결하여 돌아다니는 놀이도 등장했다. 자동차 엔진 소리를 원 없이 소리치듯이 내는 모습이 자유로워 보였다.

13회기

모래 상자 안에 각종의 차량들이 다 모였다. 새로 등장한 놀이로는 컨테이너 용량이 큰 왕트럭에다가 주로 중장비들을 탑재하는 놀이였으며, 간혹 고장 난 것이 있으면 분해하고 수리하는 모습이었다. 그 후 고무줄총으로 서바이벌 게임을 했는데 실수인 척 나를 맞추려 하였기에 주의를 주었다.

14회기

여러 가지 장애물과 난간을 헤치고 달리는 기차 놀이와 야구 놀이를 신나게 즐겼다.

15회기

자석으로 모래를 저어 철가루를 모았다. 이어서 모래에 물을 섞어 '원두커피'를 만들었다. 또, 가구를 정돈하고 배치하는 집 꾸미기와 에어하키 놀이도 즐겼다. 그 후 '도둑과 경찰 놀이'를 했는데 나에게 4중의 수갑을 채웠다.

16회기

외부에서 장난감을 가져왔다. 개구리 알처럼 생긴 총알이 발사되는 올챙이 총이다. 안전을 지키며 수차례 총을 쏘다가, 체로 모래를 걸러 트럭에 가득 채웠다. 이후 잠시 동안의 전쟁 놀이를 하면서 감옥을 등장시켰고, 배 안에 미니카도 숨겼다.

17회기

시간 내내 나와 함께 호텔왕 게임을 즐겼는데 성급하여 순서를 제대로 지키지 못했다. 때로는 내게 윽박지르기도 하고 자신의 승부욕에 마음을 기울이는 듯했다. 나는 혁이의 게임 말 선택에 주의를 기울이게 됐는데, 그는 얼굴이 회전하면서 표정을 바꾸는 '변검 푸우'를 골랐다.

18회기

혁이는 지난 시간에 이어 호텔왕 게임을 지속했다. 땅을 많이 구입했기 때문에 나를 이겼지만 서울을 구입할 때까지 게임을 끝내지 않으려 했다. 떼를 쓰고 규칙을 어기면서까지 서울을 구입하려 했지만 결국 실패했다. 나는 ODD 성향의 혁이가 정정당당한 게임을 배우도록 하기 위해 버티며 놀이를 진행해야 했다.

19회기

혁이는 서울을 사는 보드 게임에 성공했다. 내가 빈손이 되어 게임을 마치게 되었을 때 혁이는 자신이 모은 돈을 내게 나눠 주면서 게임을 이어 갔다.

20회기

재산 모으기에 재미를 붙인 듯 혁이는 나를 압도적으로 이기면서도 떼를 써 가며 호텔 짓기에 마음을 기울였다. 나는 혁이로 하여금 순서 지키기와 규칙 따르기를 엄밀히 지키게끔 하며 반칙을 허용하지 않았다. 그럴 때마다 혁이는 삐치고 도전적이었으며 때로는 내게 고압적으로 말했다.

21회기

새로운 보드 게임으로 차를 말 삼아 인생 게임을 골랐다. 호텔왕 게임에서보다는 억지가 줄었는데 중간에 한 차례 대변을 봤다.

22회기

버스를 말 삼아 인생 게임을 했다. 순서는 지키지 않으려 했고 우기기와 떼쓰기는 여전한 채 도리어 자신이 기분 상하기를 반복했다. 또 자주 그랬듯이 '배고파.'를 습관처럼 말하며 놀았다.

23회기

야구 놀이를 두 차례 했다가 기차 놀이와 도미노 놀이로 넘어갔다. 그런데 이번에는 그동안과 다르게 두 놀이 모두에서 한 가지 길이 두 갈래로 나뉘었다가 다시 합쳐졌다.

24회기

상대가 다치지 않게끔 직접 겨냥하지 않는 규칙을 비교적 잘 지키며 신나게 고무줄 총으로 싸움 놀이를 진행했다. 중간에 내가 총에 맞아 죽는 이야기로 진행되었는데 '선생님 아들이 죽었다.'라고 말했다. 이어서 혁이는 나에게 수갑을 4중으로 채웠고 팽이 놀이도 하였다.

25회기

집에서 들고 온 총을 자신의 친구라며 강력히 주장하며 놀이실에 들고 들어갔다. 나는 한쪽 구석에 놓아두도록 약속을 받았다. 놀이실에서는 활 쏘기를 시작으로 모래 놀이와 요리 놀이, 주방을 차곡차곡 정리하는 것으로 놀이를 이어 나갔다. 놀이 시간 후반에는 총 싸움을 하면서 나의 아랫도리를 공격했다. 끝날 무렵에는 상담실의 어쿠스틱기타를 연주하고 싶어 했다.

26회기

종종 그랬듯 먹거리를 들고 입실했다. 세탁기에 과일을 넣어 돌렸고, 모래 상자에서 공사 놀이에 이어 모래가 사방으로 흩어지게끔 거칠고 충동적인 전쟁 놀이도 했다. 그 후 물건을 사고파는 시장 놀이를 선택했는데 놀이에 몰두하지는 않았으며 종료 즈음에 다시 기타에 관심을 기울였다.

27회기

관심을 기울였던 기타와 건반 등을 활용하여 나와 함께 젓가락 행진곡을 합주했다. 그리고 세탁기에 과일 등의 피규어를 넣어 돌렸고, 손잡이 축구 놀이도 했다. 그런데 그동안의 요란스런 행동이 수그러들고 집중력이 향상된 모습을 보였다.

28회기

호텔왕 보드 게임을 골랐는데 여기저기 많은 땅을 구입하던 이전과 달리 주로 한국에 있는 부산과 서울의 땅을 구입하려 애썼다. 그러나 뜻을 이루지 못해 결국은 고압적인 태도와 짜증 내기, 떼쓰기를 보였다.

29회기

이전 회기에 이어 보드 게임을 선택했다. 땅을 다시 많이 구입하기 시작했는데 전략적으로 구입하는 변화를 보였다. 그리고 놀이실에 새로 마련된 건반도 눌러 봤다.

그동안 진행된 놀이에서의 혁이는 자신의 재건을 위해 새로운 잉태 경험을 시도했고, 섭식에 대한 충동 조절을 위해 노력해 나갔으며, 자신의 주장을 관철시키려는 힘 있는 모습을 보였고, 사회적 관계에서의 마찰을 줄여 나가는 데 필요한 적응능력을 키우려 노력했다. 아직은 자신의 발돋움을 위한 더 크고 긴 노력이 차후에도 이어져야겠지만 회기마다 보일 듯 말 듯 조금씩 성장하는 모습을 보여 준 것에 대해 기특한 생각이 들었다.

편애를 아파한 빈이

김보성

빈이는 중1 여학생이다. 오빠에 비해 관심을 소홀히 받고 있다는 아픔이 강하고, 또래의 평가에 예민하면서 카카오톡에 매달려 있다. 해야 할 일을 계획대로 마무리 짓지 못하며 주변 정리도 서툴다. 외모도 살은 찌는데 키는 자라지 않아 걱정하고 있다. 겉으로는 자존심이 강하나 속으로는 허약한 듯 느껴지고, 말 속도가 빠르고 성급하여 소통적 대화가 어렵다. 그리고 남자에 대해서 공격적인 편이다.

공직에 종사하는 아버지는 말없이 성실한 편인데 할머니와 원가족과의 밀착으로부터 거리를 두지 못하고 있다. 이런 특성 때문에 엄마는 서운함이 많다. 교직에 있는 엄마는 남편에 대한 이런 불만을 소통으로 해결하지 못하고 마음속에 담아 두었다가 적절치 않은 시간과 장소에서 격하고 날카롭게 분출시킨다. 그리고는 뒤늦게 후회하고 불안해한다. 따돌림 받았던 자신의 과거를 트라우마로 받아들이고 있는데, 딸도 그런 것 같아 염려하고 있다.

오빠는 재능을 인정받고 있는 것으로 보고되었는데 ADHD 문제로 병원에서 1년 넘게 놀이치료를 받았다. 빈이는 오빠에 대해 피해의식을 가지고 있으며 치료 진행 동안 나에게 오빠에 대한 전이감정을 표하곤 했다.

빈이의 이해를 돕는 발달과정을 살펴보면, 임신 시절의 자궁질환 때문에 엄마가 약을 복용했고 심리적으로는 불안이 높았다. 또, 임신 말기에 외할머니의 뇌종양으로 충격을 받았다.

엄마의 사전 상담에서, 오빠는 과거 치료를 받았지만 현재에도 여전히 엄마의 어려움이 해소되지 않아 오빠와 함께 빈이도 놀이치료를 받았으면 좋겠다고 희망했다. 나는 두 자녀가 모두 다급한 상황이 아니라면, 동시에 치료를 받는 것은 엄마의 어려움이 가중되기 쉬워서 어느 한쪽을 먼저 시작하는 것이 바람직하다고 조언했다. 엄마와 의논한 후, 오빠를 먼저 시작하고 오빠의 허락을 구해 빈이에게도 치료의 기회를 주자고 결정을 내렸다.

빈이의 놀이과정을 살펴보면 다음과 같다.

1회기

인형 집 꾸미기 놀이를 시작했다. 또래에게 거절당하는 것에 대한 불안, 자주 보는 텔레비전 프로그램 등 생활 주변 이야기를 들려주며, 계란말이, 김칫국, 밥으로 가사가 구성된 인터넷의 음식송을 불렀으며 컬러 점토로 음식도 만들었다. 엄마는 딸이 따돌림을 받을까 봐 '나서지 마라.'

라는 말을 자주 해 줬다고 했다. 상담에서 오빠 이야기로 자주 옮겨 가서, 빈이의 이야기로 화제를 전환시킬 때가 많이 생겼다.

2회기

빈이가 시청을 부탁한 프로그램과 음식송을 들었다고 이야기를 나눴는데 빈이가 많이 좋아했다. 에어하키 놀이를 했는데 승부에 대한 집착이 강했고 자신이 이겼는데도 '난 잘 못해요.'라는 말을 자주 했다. 이어서 글러브를 끼고 샌드백 치기 → 낚시 놀이 → 비눗방울 놀이 → 북 치기 → 제기 차기 → 젠가 놀이 순으로 놀이를 진행했다. 회기 내 놀이의 일부에서 남성적 성향이 느껴지기도 했다.

3회기

에어하키 놀이에서 맹렬하게 상담자를 이겼다. 모래 놀이에서 긴 막대를 모래 위에 세우고 쓰러뜨리면 지는 깃발 게임도 한참 동안 즐겼다. 모래 상자에다가 '아낌없이 주는 나무'를 그렸는데 여자 아이가 큰 나무 아래에서 성인 여성과 마주 보는 모양이었다. 그리고 이 그림을 엄마가 보기를 희망했다. 빈이는 아낌없이 주는 나무에 대해 불쌍한 감정이 들었으며, 자신은 부모가 충분히 신경 써 주지 않는다고 억울한 느낌이 든다고 진술했다. 그러는 한편, 부모가 바쁘니 자신에게 소홀해지는 것도 이해한다는 양가적인 감정을 보였다. 이어서 모래로 꽃과 성을 만들었는데, 해리 포터 시리즈의 '죽음의 성물' 이야기를 하면서 '덤블도어가 스네이프를 이용하며 희생시켰다.'라고 하며 '매우 나쁘다.'라고 분개했으며, '선생님도 해리포터 죽음의 성물 시리즈를 보세요.' 했다. 젖은 모래로 두꺼비집을 만들고 똥을 만들었다.

빈이는 이야기를 나누다가 내가 '엄마에게 서운했겠구나.'와 같이 공감적 반응을 보여 주면 자신의 입장을 이해 못 받아도 상관없으니 가족에 대해 욕하지 말라고 했다. 그리고 욕하고 싶은 상황들이 있다면서 '지랄하고 자빠졌네.'라는 대사가 나오는 드라마의 동영상을 봤다.

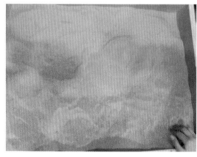 

모래 상자에 모래로 그림을 그림　　　젖은 모래로 성을 만들었음
(제목은 아낌없이 주는 나무)

엄마는 자신의 성장과정에서의 불만과 시가 식구들 사이에서의 불만을 토로했고, 빈이가 초등학교에 입학할 즈음부터 예쁘지 않았으며 어리광 부리는 딸이 부담스러워서 멀리하기 시작했다고 회고했다.

5회기

에어하키 → 권투 놀이 → 칼싸움의 순으로 놀았는데 승리를 위해 맹렬히 싸웠다. 이어서 집 꾸미기를 하며 집 안에 오빠와 자신을 배치했는데 오빠보다 자신을 더 큰 모형으로 고르고 더 커서 뿌듯하다고 했다. 그리고 뱀이 사슴을 물어 버리는 놀이를 하면서, 자신이 혼자 남았던 어린 시절에 많이 힘들었지만 힘들다고 얘기를 안 했다고 말했다. 그 후 기차가 레일을 탈선하고 밖으로 튕겨 나가는 놀이 → 똑딱퐁 놀이 → 활쏘기와 다트를 놀았는데 빈이가 이겼다.

6회기

모래 놀이를 시작했다. 바깥 소리에 신경을 쓰는 듯했으나 느긋한 태도로 모래 그림을 그렸고 이어서 장면도 꾸몄다. 모래 그림의 오른쪽은 17세 소녀이고, 왼쪽은 14세 소녀인데 엄마에게 보여 주고 싶다고 했다. 엄마는 고열에 시달리는 아픔이 있는 빈이를 남겨 두고 오빠를 치료기관에 데리고 간 과거의 일을 두고두고 얘기한다고 보고했다. 나는 '아동이 겪었을 외로움과 슬픔'에 대해 충분하고 깊이 있는 한 번의 위로가 여러 번의 건성 위로보다 중요하다고 조언했다.

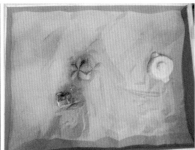

7회기

퀴즈 놀이를 했는데 빈이가 못 맞추면 망치로 때리는 벌을 주자고 제안했다. 나는 때리는 놀이는 하지 않는다고 여러 번 설득했으나 계속 비슷한 제안을 했다. 이어서 종이인형 오리기, 볼링 놀이를 즐겼다.

8회기

엄마가 오빠 수업 때문에 빈이의 놀이상담에 지각했는데 자신은 괜찮다고 했다. 에어하키, 칼싸움, 클레이 놀이를 즐겼는데 상담자가 이겼을 때는 조롱하듯 놀리며 박수를 쳐 줬다. 그리고 집에서는 오빠와 갈등을 피하려고 빈이가 많이 양보한다고 말했다.

9회기

에어하키 놀이를 하며 엄마와 함께 놀고 싶었던 마음이 거부당해서 슬펐던 기억을 떠올렸다. 그리고 클레이로 여자 사람을 만들었다.

10회기

'겨울왕국같이 눈사람 만들래.' 하고는 렛잇고 노래도 불렀다. 그리고 자신은 경찰, 발레리나, 교사가 되고 싶다고 했다. 이어서 외할머니에게 드릴 케이크와 더불어 여러 가지 음식을 만들었다. 그리고 겉과 속이 다른 대화로 놀이를 진행했다 예를 들면, '겉-어머 맛있겠다. 속-더럽게 맛없겠네.'와 같은 것들이었다. 엄마는 시어머니의 강압적 요구에 대해 속으로는 거부하고 싶은데 겉으로는 순응하는 자신을 알아차렸다.

13회기

겨울왕국 이야기를 나누며 자신은 한스 왕자에게 공감이 되었다고 했다. 이어서 젖은 모래를 원형으로 다지고, 구멍을 젓가락으로 뚫어서 두꺼비 집을 만들었는데 나의 말투가 불편하다고 트집을 잡았다.

14회기

젓가락 깃발 게임을 했는데 모래 뿌리기, 실수 뒤집어씌우기, 나의 어투를 트집 잡기 등 공격적 마음과 왈가닥스러운 성향이 노출되었다. 눈사람을 만들기도 했는데 오빠가 언니면 좋겠다는 말도 했다. 그 다음 수수깡 파괴 놀이를 이어 갔는데, 하지 말라는 것을 거역할 때 시원하다고도 말했다.

15회기

나와 함께 점토 놀이를 했는데 무엇을 만들 것인지 나를 괴롭히듯 재촉하며 물었다. 이어서 인형의 옷들을 갈아입히며 꾸며 주는 놀이를 했는데 여자 인형의 머리는 정성을 기울여 다듬어 주고 남자 인형의 머리는 잘랐다.

17회기

인형 놀이를 하면서 엄마가 자기 머리를 빗겨 줄 때 아팠다는 이야기를 했다. 남자 인형에게는 과격하게 다리 찢기를 해 줬다. 중간중간 오빠의 좋은 점과 나쁜 점도 들려줬다. 핸드폰 사용을 제한했을 때는 자신의 과잉표현을 엄마가 싫어한다는 이야기도 했다.

18회기

남녀불평등에 대해 이야기한 후 집 꾸미기 놀이와 나와 함께 공 주고받기를 즐겼다.

19회기

집 꾸미기에서 큰 침대를 부모 것이라고 정했고, 자신의 것은 혼자만 사용하는 것을 원했다. 변기에는 오빠를 앉혀 놓고 똥 싸는 모습이라 했다. 엄마는 지난주, 빈이와 오빠와 싸웠을 때 오빠 편을 들어 빈이가 서운해했다고 보고했다. 나는 엄마에게 솔직한 마음으로 필요할 때는 사과하는 것이 모녀지간의 진정한 소통에 도움이 될 것이라고 조언했다.

21회기

에어하키 놀이 → 똑딱퐁 놀이 → 칼싸움 놀이를 즐겼다. 이어서 나와 함께 손바닥과 팔을 사용해서 리듬 치는 놀이를 했는데, 매우 어려운 포즈로 자신의 지시를 내가 따르도록 요구했다. 그 후 권투 놀이를 했다. 엄마는 빈이가 나의 제한이 짜증 난다 했다고 보고했다. 나는 그런 불만을 빈이가 스스로 내게 말해도 된다고 일러 주면 좋겠다고 조언했다.

22회기

리듬치기 놀이를 즐겼고 이어서 러브스토리가 완성되지 않아 서운했다며 원령공주 만화에 관해 이야기했다. 그리고 인형 꾸미기 놀이를 한참 동안 차분하게 즐겼다.

23회기

찬바람이 쌩 불 듯 모녀가 함께 냉담한 분위기로 왔다. 빈이가 상담실에서도 말없이 나에게 무관심한 태도를 견지하며 묵묵히 그림만 그렸다. 모자를 쓴 소녀를 그렸는데 음영이 잔뜩 그려졌다. 엄마는 학교에서의 피구행사에 대해 잘 모르고 있어 야단을 쳤다고 보고했다.

26회기

피구 놀이를 했는데 빈이는 발랄하고 날렵하게 잘했다. 학교에서 서클의 대표가 되었는데, 자신이 논리적으로 잘 따져서 그리 되었다며 스스로 자랑스러워했다. 또 또래 중 하나가 가식적이어서 불편하고 경계하게 된다고 했다. 이어서 칼싸움과 에어하키 놀이를 했는데 자신은 자유로운 것이 좋고 틀에 박힌 것이 싫다고 했으며 손에다가 '상' 도장을 찍고 퇴실했다.

27회기

학교 담임이 심리학을 공부하신 분이라며 자신도 심리학에 관심이 많다고 했다. 이어서 클레이로 불가사리와 조개를 만들었는데 오빠와 함께 공부하고 싶은 마음도 표현했다.

28회기

시험 때문에 스트레스가 쌓인다며 곰돌이 인형을 때리고 칼로 심장도 찔렀다. 이어서 모래 놀이 → 에어하키 → 큐브 맞추기를 했다.

29회기

지각했다. 오빠의 핸드폰 사용이 문제가 되어 엄마와 싸웠는데 빈이의 핸드폰도 빼앗겼다. 엄마와 상담하며 나는 오빠의 행동 개선을 위해 빈이가 본보기로 혼나는 일은 삼가야 한다고 조언했다.

30회기

빈이가 지각했다. 에어하키 놀이를 했는데 승부에 대한 집착을 보이지는 않았다. 이어서 빈이는 나와 오목을 두었다. 상담자는 오빠와 함께 처벌 받는 것에 대해 이야기를 나누었는데 빈이는 오빠가 먼저 사고를 치는 바람에 자신마저도 문제를 일으키면 안 될 것이라는 생각에 그저 참으면서 살아왔다고 하소연했다. 추가로 엄마가 자기에 대해 견뎌 주지 않는 것도 서운해했다. 그런데 이런 이야기를 나누며 변화된 모습은, 내가 자신의 가족에 대한 부정적 이야기를 들먹거려도 나무라거나 회피하지 않고 함께 마음을 나누는 점이었다.

31회기

지각했다. 자신이 망신을 당하는 만화를 그렸다. 그리고 학교폭력에 대해 교육을 받았는데, 굉장히 부당한 일이고 세상이 불완전함에 대해 실망감과 분노가 크다고 했지만 자신의 일과는 상관없듯 말했다. 사탕을 받을 때는 엄마에게 골라 드리고 왔다.

32회기

나에게 둘째인 딸이 태어났는데 빈이가 더 반갑냐고 물었다. 아마도 나로부터, 둘째가 딸이어서 더 반가웠다는 대답을 듣고 싶은 듯 느껴졌다. 나는 솔직하게 둘째가 딸이어서 매우 기쁘다고 표현해 줬다. 이어서 빈이는 공주의 집 꾸미기를 놀았는데 왕자와 공주의 러브 행동을 표현했다.

33회기

똑딱퐁 주고받기 → 공 주고 받기를 한참 동안 놀았다. 뒤이어 빈이는 곰 인형을 안고 나무 그림을 그렸다. 그러면서 빈이는 자신이 좋아하는 영화와 연예인들 여럿을 말해 주었고 나는 경청하며 '선생님은 잘 모르지만 어떤 사람들인지 알고 싶어서 메모한다.'라고 말해 주었다.

34회기

나는 빈이가 추천해 준 모든 노래와 만화 영화를 다 보고 듣고 왔기에 그 감상에 대해 함께 이야기했다. 빈이의 놀이는 점점 동적인 요란함이 줄고 정적으로 변하여 그림을 많이 그리면서 대화를 하는 일이 잦아졌다. 그리고 또래 남아들에 대한 욕설과 무시하는 언사, 오락가락하는 엄마의 기분이 혼동된다고 하소연했다. 살짝 눈을 깜빡거리는 tic도 관찰되었다.

35회기

곧 생일이 다가온다며 엄마와 함께 클레이를 만들고 싶다 하여, 엄마의 양해를 구하고 놀이에 동참할 기회를 제공했다. 빈이는 핑크색 케이크를 만들었는데 상당히 정성 들여 만들었다. 빈이가 작업하는 동안, 빈이에게 나는 거의 없는 듯한 존재였다.

36회기

곧 다가오는 생일이 기대된다고 했다. 또 자신이 좋아하는 연예인, 자신이 우상화한 인물들에 대해 말했다. 말이 빠르고 흥분하듯 보였고 구체적 소통이 쉽지 않았다. 이어서 빈이는 나무를 그렸다.

37회기

귀여운 모자를 쓰고 입실했다. 나는 모자 쓰기를 허용했음에도 불구하고 빈이는 스스로 예의가 아니라고 생각하면서 불편해했다. 빈이는 자신이 만든 이모티콘들, 그중에서도 두 팔을 벌려 환호하는 귀여운 모양의 이모티콘을 주로 그려 주며 자랑했다.

39회기

지각했다. 나는 빈이가 원하던 무한도전 달력을 생일 선물로 주었다. 정말 받아도 되냐며 되묻기에 받아 주면 선생님이 기쁠 것 같다고 응답했다. 사탕도 빈이의 기호에 맞는 것으로 준비해 줬다. 노래를 함께 감상하며 사탕도 먹고 에어하키도 진행했다. 살짝 틱도 보였다.

40회기

지각했다. 까불다가 다리도 다치고 왔다. 빈이는 옛날 편지와 자신이 수집한 물건들도 보여 주며 옛 기억으로 돌아갔다. 나도 이에 관심을 보여 줬다. 빈이는 자신의 물건을 내게 주었고 나는 답으로 옛날 종이 인형 (가위로 잘라서 옷 갈아입히는)을 주었다. 빈이는, 천한 신분의 여자가 귀족과 결혼을 하고 싶지만 못하고 죽는 내용의 비극을 자신이 지었다며 말해 줬다.

41회기

나는 빈이가 갖고 싶어 했던 붓펜을 준비하고 기다렸다. 빈이는 자신만의 필체를 만드는 데 공을 들였다. 그러면서 자신은 공부를 못하지만 공부를 잘해야 뭐라도 된다는 생각과 우리나라 역사에 대해서는 알아야 한다고 말했다.

42회기

나는 빈이의 궁금증을 풀어 주려, 천민 출신이 왕족과 결혼한 예를 찾아 출력하고 빈이를 기다렸다. 숙빈최씨, 노르웨이 호콘 왕자, 스페인의 헬리페 왕자, 부탄의 케사르왕의 예를 설명해 줬다. 이어서 오랜만에 에어하키를 했고 빈이가 이겼다. 노는 동안 빈이는 어른이 되면 더 힘들어지고 살기가 더 치열해질 것이라는 불안을 표현했다. 그리고 자신이 공부를 못해 슬프다고 말했다. 나는 어른이 되기까지 아직 많은 시간이 남았으니 노력해 보자고 위로해 줬다.

43회기

게스탈트 그립 인형들을 사용하여 즉흥 인형극을 연출했다. 개구지고 장난기 어린 스토리 전개가 너무 빠르고 말도 너무 빨라서 이해하기 어려웠다. 이야기가 전개되며 근친상간, 동성애, 근친상간, 배신 등 막장드라마로 확장되었다.

44회기

아이들을 무시한다며 담임에 대해 불평했다. 이어서 별자리에 대한 이야기, 주변 사람들이 자신을 마음에 들어 하지 않는다는 이야기를 하였다. 그리고 놀잇감에 대한 관심 표현은 거의 없이 그림을 많이 그렸다.

45회기

색연필로 소녀상을 그렸다. 기이한 눈으로 그리고 싶다고 했다. 그러면서 여성부가 아이들에 대해 통제하는 정책을 편다며 마음에 들지 않는다고 술회했다. 누드빼빼로가 왜 문제냐며 답답하다고도 하고 엄마에게 뽀뽀 받는 것이 싫었으나 이제는 좋다고도 얘기했다.

46회기

생머리에 푸른 눈동자, 오른 팔을 다친 듯한 소녀상을 그렸다.

47회기

빈이는 수채화를 그리고 싶어 했지만 안 해 봐서 발전이 없다고 했다. 그리고는 소녀상을 그렸지만 망작이라고 했다. 또 엄마가 빈이에게 너무 자신의 세계에 빠진다고 말해 줬는데 빈이는 도리어 엄마가 더 상담이 필요한 것 같다고 했다.

48회기

빈이는 여러 이야기를 했다. 또래들이 자신에게 춤을 잘 춘다고 하지만 스스로는 그렇지 않다, 자신은 자존심도 세고 이기적이다, 그림을 그릴 때는 행복하다, 애니메이션을 배우고 싶다 등의 이야기다. 그러나 자신의 그림에 대해 전적으로 마음에 들지 않아 했지만 이번 회기에서는 그런대로 괜찮다고 표현했다.

49회기

노래를 들으며 그림을 그렸는데 많은 이야기를 들려주었고, 커튼 뒤에서 누군가를 기다리는 한복의 소녀상도 그렸다.

52회기

남자 연예인의 이름표를 달고 왔다. 자신의 졸업식에서도 자신이 좋아하는 메뉴가 아닌 조부모가 좋아하는 메뉴를 선택하는 것에 대해 불만을 토로했다.

56회기

    나는 '상담시간의 주인공은 너니까 뒤에 오는 아동에 대해 마음 쓰지 말고 자유롭게 놀아도 된다.'라는 격려의 글을 손 글씨로 써서 편지를 주었다. 빈이는 손 글씨 편지를 아주 좋아한다고 말했다. 이후 나와 지우개 따먹기 놀이를 했다.

57회기

    '예쁜 아이를 잘 그리는 것보다 못생긴 아이를 잘 그리는 것이 진짜 실력 좋은 것'이라며 못생긴 아이를 그리기 시작했다. 뭔가 싸늘하고 불편해 보여서 조심스럽게 질문을 했는데 쌀쌀한 태도로 '모든 일에 꼭 이유가 필요해요?'라고 까칠하게 답했다. 나는 '너를 돕고 싶어서야. 있는 그대로 듣고 그냥 바라보아 주고 싶어서 그런 거야.'라고 답해 줬다. 빈이는 '엄마가 나도 자기 마음대로 해 주기를 바란다.'라며 까칠하게 말하며 '내가 원하는 건 엄마가 그냥 내 마음을 알아주는 것'이라고 했다.

58회기 이후

    입을 닫고 침묵하며 엄마에 대한 불만을 나에게 전이시키며 저항을 보이거나 아니면 주변 사람들에게 거부당해 슬퍼하는 주인공의 이야기를

들려주곤 했다. 그런 상황들이 이어졌지만, 그런 상황을 극복하는 상담을
지속할 수 없는 사정으로 중단된 사례여서 많은 안타까움이 남아 있다.

어린이를 진정으로 이해하고 변화시키는 길은, 심리학적 전문지식이나 기교보다 사심 없이 비운 마음으로 어린이의 마음과 만나는 것이며, 그렇게 한 마음으로 만날 때라야 자유분방하고 거침없는 전문적 역량이 솟아난다는 것을 알게 되었다.   - 어린이 마음치료 p.7

아스퍼거 청소년 사례

김세정(헬로스마일 천안점)

내담자와는 대략 130회 정도의 상담회기를 가졌다.

내담자는 의뢰 당시 전문기관의 심리평가에서 낮은 지능과 사회성 결여, 자폐적 성향의 소견을 받았다. 상담자는 면접과 검사 소견을 고려한 후 내담자에게는 애착관계를 다져 정서적 안정을 얻게 하는 것과 더불어 상호적인 의사소통 능력의 함양을 위한 도움이 필요할 것으로 생각했다. 내담자와 개별적인 상담이 진행된 후, 중간점검을 위해 정신과에 의뢰하여 두 번째 심리평가를 받았을 때는 아스퍼거 성향의 소견이 나왔다. 어쩌면 개인 상담을 받으며 자폐적 성향이 경감된 결과일 수도 있겠다. 두 번째 검사 소견을 참고하여, 내담자의 사회성 발달 촉진을 위해 집단치료에 대한 안내를 했는데, 내담자의 회피로 참여하지 못했다.

내담자는 남자 중학생으로서 학교에 가기 싫어한다는 이유로 상담에 의뢰됐다. 첫인상은 평균보다 큰 체구였지만 다소 어린 모습이었다. 눈맞춤이 어려워서 상담자를 잠깐씩만 쳐다보고 창밖이나 주변으로 시선을 돌렸다. 자기관리에 속하는 수준의 청결 상태가 불량했고 목소리도 높낮이와 크기가 잘 조절되지 않는 듯 큰 편이었다. 질문에는 바로 단답형으로 대답했지만 질문의 핵심에서 비킬 때도 있었고, 자신의 심상이 흐르는 대로, 상황에서는 다소 벗어난 주제에 대해 상담자에게 설명해 주곤 했는데 아마도 상담자와의 만남에서 느끼는 중압감과 불안을 감소시키려고 그랬던 것 같다.

내담자의 이해를 돕기 위해 아스퍼거 증후군에 관한 연구들을 소개하면 다음과 같다. 아스퍼거 친구들은 사람들과의 관계 맺기와 소통에 어려움이 크다. 자신만의 일정한 관심사에 대해 집중하여 그 분야에서는 사전이라고 느껴질 만큼의 세밀한 지식을 갖고 있다. 또, 기이한 느낌의 반복된 행동을 보인다. 과거에는 전반적인 발달장애의 범주에서 따로 분류하여 진단을 내렸지만, 최근에는 고기능 자폐장애로 여겨 자폐스펙트럼에 포함시켜 진단을 내린다. 그들의 특징은 사회적 의사소통에서 의미 있고 지속적인 장애가 있기 때문에, 사회적 상호작용에서 교환되는 눈 맞춤, 미소, 얼굴 표정, 몸짓과 같은 다양한 비언어적 의사소통기술이 현저하게 떨어진다. 언어적 대화도 어색하고 상황에 맞춰 말하기가 어렵다.

Asperger는 의사소통 능력 부족, 언어 표현의 특이성, 사회 적응의 어려움, 특이한 관심, 정서발달의 어려움, 운동기능 장애, 관심 있는 주제만 계속 얘기하는 행동을 나타내는 공통적 증후를 보이는 청소년을 발견하여 이런 청소년을 위한 개념을 정립했는데, 그의 이름을 따서 임상현장에서는 Asperger 증후군으로 명명되어 왔다. 이후 영국의 소아청소년과 의사인 Lorna Wing이 Asperger가 정립한 개념을 더 연구하여, 아스퍼거 증후군이라는 진단명을 만들었다.

아스퍼거 친구들 중 27%는 비교적 좋은 예후를 보여서 친구 없이 제한된 활동이 가능하여 직업에 종사가 가능하다고 한다. 또, 아스퍼거 아동들이 심리적으로 불안하고 초조한 경우가 있는 것도 사실이지만, 때로는 일반 아동들과 마찬가지로 즐겁고 기쁘고 평안함을 보일 때도 있다고 한다.

이와 같은 연구결과들을 참고하면서, 상담자는 사회적 맥락에서 인과관계의 이해가 부족하고 낯설거나 복잡한 상황에서의 대처가 어려운 내담자를 위해 놀이치료, 언어치료, 인지치료 등의 개별적 치료를 시도한 후 소집단 사회성 증진 프로그램이 도움이 될 것으로 예상했다.

상담자가 관찰해 왔던 내담자는 낯선 사람을 만나는 게 어렵고 어떻게 대화를 시작하고 이어 가야 하는지 잘 모르고 있었다. 다른 사람의 생각, 의도, 입장을 이해하고 배려하기 힘들기 때문에 개인 심리치료와 인지행동치료를 병행하여 상담을 이어 갔다. 내담자가 자신의 가족 이외의 누군가와 대면하여 대화하는 게 거의 없었을 것으로 예상되었기에 내담자가 말하는 이야기를 중심으로 경청에 초점을 맞추면서 이야기 흐름을 명료히 정리해 주고 언어적 오류를 바로잡아 주기로 노력했다. 대부분의 회기에서 내담자의 말은 맥락 없이 엉뚱했고, 이야기의 배경이 되는 상황도 종횡무진 튀었기 때문이다. 더불어, 상담실 안에서만큼은 긴장하지 않고 안전하고 편안한 분위기를 경험하길 바랐다. 그래서 상담의 우선적인 목표를, 내담자가 자유롭게 많은 말을 하고 나는 성의껏 경청하여 말솜씨가 늘어나도록 분위기를 이끌어 가는 것으로 세웠다. 그러는 동안 상담 초반에 필요한 상담자와의 친밀감은 점차로 다져졌다. 그 다음 단계에서 상담자는 내담자의 감정 표현이 자유로워지기를 기대했고, 상대방이 어떻게 느끼는지 살피고 이해하도록 이끌어 가는 노력을 기울였다.

상담자는 아스퍼거 청소년을 처음 만났기 때문에 어떻게 개입해야 하는지 이론과 현실의 차이가 컸다. 그래서 정혜자 선생님께 여러 차례 수퍼비전을 받았다. 그 시간을 통해 '아스퍼거' 청소년에 대한 이해를 분명하게 할 수 있었다. 내담자는 가족과 소통이 부족하여 언어발달이 뒤처졌으며 발달에 필요한 자극 또한 결핍된 것으로 말씀해 주셨다. 상담자가 처음 대화하는 타인이라고 여겨 내담자를 아이처럼 달래고 천천히 경청하는 마음으로 대하라고 하셔서 상담자가 긴장보다는 여유를 느끼게 해 주셨다. 그 때문에 비지시적이고 내담자 중심의 상담을 시작했다. 4년간의 상담 중에 몇 차례 받았던 수퍼비전이 내담자가 성장하는 데 큰 도움이 되었다. 정 선생님께서 내담자가 구어를 문어체처럼 쓰는 것, 어려운 단어를 알지만 적절하게 사용하지 못하는 것, 상황에 맞게 예의를 차리거나 대화하지 못 하는 것, 지나치게 솔직하게 얘기해서 다른 사람을 당황하게 만들거나 공감, 상대방 입장에 대한 배려가 부족한 것을 상담자가 예상하게끔 해 주셨다. 한자 쓰기, 문장 완성하기, 만화처럼 스토리 짜 보기, 퍼즐 맞추기, 끝말잇기, 보드 게임, 만다라 그리기 등 내담자에게 적합한 활동을 추천해 주셨고 그중 몇 가지는 내담자가 흥미 있어 했다.

내담자와의 상담과정을 요약하면 다음과 같다.

1회기

 상담에 대해 낯설고 긴장된 모습을 보였고, 자신의 뜻보다 '엄마가 하도 가자고 해서 어쩔 수 없이 왔다. 나는 착한 아이고 소란도 안 피운다.'라고 말했다. 첫 번 만남의 대화에서부터 상담자는 내담자의 말을 거의 이해할 수 없었다. 왜냐하면 환풍기와 선풍기에 대해 여러 가지를 아냐고 묻고서 설명해 주는데 거의 알아듣기도 어려웠고, 이해하기 어려운 자신만의 개념으로 설명했기 때문이었다. 그리고 특정한 몇몇 가지에 대해서만 관심이 있는 것 같았다.

2회기

 남자가 치마를 입지 않는 이유와 자신이 사이다를 좋아하는 이유에 대해 설명하는데, 아마도 자신에 관한 무엇이든 알려 주고 싶어 하는 것으로 여겨졌다.

5회기

 '학교가 지옥이고 선생님은 무섭다. 학교에 다니지 않겠다고 하면 엄마가 화를 낼 거다.'라면서 처음으로 학교생활에 대해 언급했다. 이야기가 거듭될수록 내담자의 사회적 인지능력이 아직 자기중심성에서 벗어나지 못했음을 알게 되었다.

6-12회기

  엄마를 화나게 하는 짱구에 빗대어 자신의 마음을 표현하는 이야기, 주변에서 일어나는 일들에 관한 이야기, 자신이 알고 있는 지식에 관한 설명을 주로 이야기했다. 아마도 내담자는 자신을 짱구와 동일시하고 싶었던 마음인 것 같았다. 많은 이야기 가운데서도 내담자의 주요 관심사는 '만화' '탄산음료' '방송 프로그램' 등이었다. 그리고 일반인들이라면 관심이 없을 만한 지엽적인 부분에 대해 기억을 잘하며 그것이 매우 중요하다고 느끼면서 상담자에게도 알려 주려고 했다.

13-19회기

  내담자가 잠깐 한자를 썼는데 정자체로 잘 써서 칭찬했더니 한자 쓰기로 회기가 흘러갔다. 상담자에게 한자의 음과 훈을 알려 주면서 때로 화를 내기도 하고, 엄마를 화나게 하면 어떻게 풀어야 할지에 관해서도 이야기를 나누었다.

20-28회기

한자 쓰기, 상담자가 제시한 한글로 된 5개의 단어를 엮어 문장 만들기, 상담자가 질문지를 만들면 그에 대한 답을 써서 문답하기 등으로 회기가 흘러갔다. 또, 만화 영화의 줄거리를 상담자에게 들려줬고, 누나에 대한 질투와 불만, 엄마가 자신의 이야기에 귀를 기울이면 좋겠다는 하소연도 나눴다.

29회기

미리 예고했음에도 불구하고, 상담실 방음벽 공사 후 환경이 달라지자 다른 아스퍼거 친구들이 그렇듯 내담자도 환경 변화에 낯설고 민감해했다. 그런데도 불구하고 상담자와 만나는 요일을 변경하자고 제안했다. 상담자는 환경 변화를 싫어하는 내담자에게 일어난 변화라고 여겨져 내심 반가웠다.

30-37회기

점점 조각 수를 늘리며 퍼즐 맞추기를 즐겼다. 지진이 나면 두렵고, 9시가 두렵다는 자신의 감정에 관해서도 이야기하고, 상담자에게 영어를 가르쳐 달라고도 이야기했다. 공부라는 현실적 지각에 관한 언급이 나와서 상담자는 내심 반가웠다.

38회기

'존경하는 만화'가 있다고 일찍 끝내 달라고 했다. 고생대를 비롯한 지구의 역사를 많이 들려준 내담자가 처음으로 자신의 요구를 제안한 것이 기특했다.

39회기

화면 조정을 컬러바라고 한다면서 돼지바, 오렌지바, 아이스크림바라는 끝말잇기를 했다. 그런데 끝말잇기라기보다는 일반적으로 사용하지 않는 단어들을 자기 식으로 개념화 시키고, 그런 단어들의 조합이나 문장으로 연결시켰다.

43회기

상담이 시작되고 1년 가까이 흘렀다. 관심사에 관한 세세한 지식을 알려 주기 좋아하는 접수면접 때처럼 환풍기와 선풍기 원리에 대해 아는 바를 설명하는 데 공을 들였다.

44-45회기

만화 영화의 줄거리, 학교생활에 대한 불만과 고충, 하루 일과를 느슨하게 조정하면 좋겠다는 희망에 관해 이야기를 나눴다.

46회기

내담자의 의사와 상관없이 어머니는 내담자의 학업이 부진하여 과외를 시키려고 했다. 내담자는 어머니에게 화가 난 상태였고, 상담자에게는 과외 시간을 미뤄 주도록 어머니에게 부탁하길 원하는 것 같았다. 상담자는 상담자에 대해 의존하고 싶은 마음이 생긴 것과 동시에 문제 해결을 위해 제삼자와 의논할 줄 알게 된 것이 기뻤다.

49-51회기

크레파스로 만다라 그림의 색칠을 시작했다. 또, 눈, 배, 밤, 다리 등 동음이어의 단어에 대한 퀴즈를 즐겼다. 그리고 시험을 앞두고 긴장되는 자신의 이야기를 상담자가 어머니에게 대변해 줌으로써 자신의 긴장을 경감시키려는 마음도 이야기했다.

52회기

음악회에 갔지만 학교에 제출하는 감상문 때문에 많이 걱정했다고 말했다. 내담자의 현실감각이 점점 좋아지고 있다고 느낀 회기였다.

53회기

"내가 너무 많이 얘기해서 선생님이 힘들겠다."라고 처음으로 상담자 입장을 생각했다.

54회기

자신이 사회성이 부족하며, 엄마 머리카락의 향기에 집착한다고 말했다.

55회기

자신이 '한 말을 자꾸 반복해서 말한다. 학업에 대해 부담을 느낀다. 친구와 관계 맺기에 서툴다. 경험해 보지 않은 사회적 상황에 직면하면 어쩔 줄 모른다.'와 같은 자신의 약점에 대해 토로했다. 그리고 상담자에 대한 부정적 감정을 표현하기도 했다.

56-63회기

2학기가 시작되는 시점이라 방학숙제를 해야 해서 상담에 못 올 것이며, 계속 이어지는 숙제가 끝나면 오겠다고 얘기하며 만화 이야기로 대화를 끌어 나갔다.

64회기

내담자가 상담실에 더 자주 오면 좋겠다는 마음을 표했다. 그러나 어머니 사정으로 실행되지는 못했다. 상담자는 아직도 내담자의 그런 희망이 관철되지 못한 상황에 대해 아쉬움이 남아 있다. 그래도 상담자는 자주 오고 싶어 하는 내담자의 마음에 공감해 주고, 우리가 만나려면 날짜와 시간을 잘 챙기고, 소요되는 시간을 계산하여 미리 앞당겨 출발해야 한다고 일러 줬다. 내담자는 택시를 타면 어질어질하다며 운전기사는 멀미가 나는지 물었다. 그리고 '사람이 해골도 아니고 노선이 길어서 똥이 마려울 때는 눌 수 없다.'라는 것에 관한 불안도 표현했다. 또, 학교의 젊은 상담 선생님이나 교생실습을 나온 선생님을 '누나'라고 부르면 안 되냐고도 물었다. 상담자는 상대방의 연령과 신분에 맞게 알맞게 부르는 호칭과 예의범절이 있음을 알려 줬다. 이야기를 이어 가며 내담자는 예쁜 누나와, 형 역할을 잘해 주는 형이 있으면 좋겠다는 소원도 들려줬다.

65회기

"제가 버스 안에서 엄마 머리 냄새를 맡고 있으면 어떻게 될까요?" 또, "그런데 저희 아빠가 회사에 늦게 가면 쫓겨날까요?" 등의 질문을 던지며 어떤 결과가 일어날지에 대해 궁금해했다. 우리는 당황스런 상황이 일어 났을 때의 문제해결방법에 대해 이야기를 나눴다.

66회기

명절에 할머니 댁에 갔는데 친척들이 인사도 못하고 세배도 못한다는 등의 비난을 한다며, 자존심 상하는 이야기를 듣는 게 싫었다고 말했다.

67회기

"남자 어른들은 군대 가면 죽나요? 군대에 가지 않으면 출세할 수 없어요?"라고 물었다. 그리고 엄마와 아빠가 서로 마주치면 자신에게 안 좋은 일이 생기니까, 한쪽이 나가면 다른 쪽이 들어오는 방식으로 서로 만나지 않았으면 좋겠다고 했다.

68회기

 '오늘 정말 할 말 무지 많아요.'라고 운을 떼고는 '지난번에 얘기하려고 했어요. 아빠랑 대화했는데도 제가 위로가 되질 않아서요. 아빠가 저한테 한 소리 또 한다고…….' 그리고는 이야기가 튀어 신용불량자 공익광고를 봤다며 '신용이 사라지면 정말로 죽나요? 저희 아빠는 죽는다고 했거든요.' 했다.

69회기

 '일주일에 한 번 오는 게 아니고요. 두세 번 오고 싶어요. 왜냐하면 궁금한 게 있거든요. 선생님한테 궁금했던 모든 비밀을 다 얘기하고 싶어요. 선생님한테 오는 게 더 위로가 되고 효율적이에요.'라면서 상담자에 대한 신뢰를 표현했다. 또한 누나에 대한 인식이 바뀌어 누나에 대한 호감을 표현했다.

70회기

 상담실에 들어오며 밖에서 자기가 지른 소리가 늑대울음 같지 않느냐고 물었다. 그리고는 여자가 오빠를 형이라고 불러서 애인이 아니라는 걸 알려 준다는 기사를 보았다며 형이라고 부르는 사람의 뇌를 쪼개 보고 싶다고 말했다.

71회기

　성에 관한 관심이 생기는 듯 여겨졌다. 상담자 옷차림에 대해서도 관심을 표했고, 바나나 껍질 위로 걸으면 하이힐을 신고 가는 예쁜 여자의 굽이 빠지냐고도 물었다. 또, 일반적으로 '누나'라고 통칭되는 여성에 대한 관심을 이야기했으며 자신의 누나에 대해서도 '누나가 집에서 쫓겨나지 않았으면 좋겠다. 엄마, 아빠가 같이 있으면 음모를 꾸미고 자기와 누나에게 해를 입히기 때문에 부모님을 따로 떨어뜨려 놓아야 한다.'라고도 말했다. 상담자는 내담자가 가족 이외의 다른 사람들에 대한 관심을 표한 것이 반가웠다.

72회기

　교육청 상담실에서의 상담이 최악이고 충격적이었으며 자신을 눈치채게 되었다. 또 자기가 그동안 인터넷과 만화에 빠져 있다는 걸 알아차렸으며 아빠를 '깡패 새끼'라고 부르는 건 공상세계에 속하는 것이며, 선생님과 사회성 토론하고 싶고 오늘 정신과 병동에 갈 줄 알았다고도 술회했다.

73회기

처음으로 엄마와 동행하지 않고 혼자서 상담실에 왔다. 그리고 '누나랑 둘이서만 집 보면 행복하다. 직접 만든 햄버거를 누나에게 줄 거다.'라고 누나와 자신의 사이가 상호적으로 좋아진 관계를 들려줬다.

74회기

'내가 수련회에 다녀오면 누나가 집에 혼자 있다. 내가 혼자 수련회에 다녀오면 누나가 나에게 실컷 칭찬해 줘야 한다. 그랬으면 좋겠다.'라고 말하면서 여자도 남자를 지켜 줄 수 있는지 물었다.

75-82회기

누나의 사진을 한 장 가져왔고, 여성의 젖가슴을 비롯한 여성 관련 성 지식에 관해 물었다.

83-130회기

83회 이후부터 자료가 남아 있지 않아 대략적인 내용을 남긴다.

좋아하는 애니메이션 시청 시간, '네모네모 스폰지밥'이 방영 폐지되어 못 봐서 아쉬움, 학교생활, PC방에서 인터넷으로 관심 있는 만화를 검색했던 일, 자신은 콜라와 사이다를 좋아하지 않고 맥콜을 좋아하는데 요즘엔 단종되어 슬프다는 이야기를 반복적으로 했다.

아스퍼거의 특성을 보이면서 조금씩 성장한 내담자의 모습을 보였는데, 종료 시점을 기준으로 기술하면 다음과 같다.

1. 외부 세상에 대해 거의 관심이 없었던 내담자였으나 이성에 대한 관심이 생겼으며 상담자의 복장에 민감해지고 외모에 관해서도 평했다.
2. 본인은 여성에게 행복을 주는 존재인 남성이며, 남성으로서의 역할을 충실히 수행할 수 있으면 좋겠다는 인식을 표현했다. 군대생활에 대한 두려움과 포경수술에 대한 걱정도 토로했다.
3. 처벌 받던 과거의 기억을 떠올리며 아버지를 '깡패 새끼'라고 부르겠다고 했었지만, 그럴 만한 사유와 아버지의 언행을 이해하게 되었다. 그리고 부모를 향한 의존으로부터 점차 거리를 두고 독립적으로 행동하려는 노력이 보였다. 또한 누나에 대한 남매로서의 이해를 비롯해 자신의 위치와 역할에 대해서도 알게 되었다.
4. 상담 초반에는 거의 기대할 수 없었던 책가방 챙기기, 스스로 계절에 알맞게 옷을 챙기고 매무새 있게 옷 입기가 스스로 행해졌다. 더불어 어머니 머리카락 샴푸 향을 맡고 애착을 증진시키다가 나중에는 그런 행동을 멈췄다.
5. 등굣길에서는 사람들과의 마주침을 피하려 눈을 감고 있거나 얼굴

을 가렸는데 그런 행동도 많이 줄었다.

6. 공감과 배려가 어려웠는데, 좁은 영역에서지만 타인에 대한 관심도 생기고 표정의 변화도 알아차리게 되었다.

후기

내담자는 자신은 정상인인데 다른 사람들이 장애인으로 낙인찍어 무시한다고 억울한 마음을 가졌다. 부모 역시 내담자의 문제에 대한 검사 결과를 이해시키는 면담에서, 내담자가 아스퍼거 성향을 가지고 있다는 사실을 쉽게 받아들이지 못했다. 부모도 내담자가 유아시절에 다른 아동과 비슷한 수준의 언어발달 능력을 보였기에 자신의 아들에게 발달이상의 징후가 있다는 것을 예측하기 어려웠을 것이다. 아버지는 첫 상담에서 막막하고도 근심스러운 표정으로 상담자에게 물었다. 상담을 받으면 나중에 대학에 갈 수 있는지 그리고 결혼생활이 가능할지에 대해서. 상담자도 그 질문에 대해 명확한 응답을 알 수 없어 안타까웠다.

부모 상담 내내 상담자는 아스퍼거 성향의 극복을 반복해서 이해시켜야 했다. 하지만 현실적 여건은 부모에게 도움이 될 만한 지원체계가 부족했다. 다만, 부모를 비롯한 가족 모두 격려와 도움을 받을 수 있는 지원 공동체를 찾아 지원을 받고 희망도 절망도 경계하며 인내심을 발휘하고, 왜곡과 편견 없이 있는 그대로의 내담자를 보면서 도와주는 것이 꼭 필요하다고 조언했다.

세월이 흐르고 내담자가 청년이 되었다. 상담자와 헤어진 이후에도 복지기관 등에서 1년 정도 지속적인 치료서비스를 받고 있던 내담자는 발달장애 판정을 받아 군 입대를 면제 받았다. 어머니의 강한 요구와 복지기관의 직업훈련에 중압감을 느낀 내담자는 어머니의 보고에 따르면 현재 무기력을 느끼고 있다고 했다. 상담자는 지금도 계속하여 성인이 된 내담자를 심리적으로 도울 출구를 찾도록 알려 주었지만 어머니는 현실적인 어려움을 토로했다.

상담자는 어머니를 면담하며, 요즘은 아스퍼거 성향에 도움이 될 정보들이 과거보다 많아졌다는 것과 서울 지역에서는 발달장애인평생교육센터와 영등포구 '꿈 더하기 센터'가 있음을 알려 줬다.

또 상담을 위해서는 '서울시발달장애인지원센터(https://broso.or.kr)'를 찾으면 되며, 향후에도 발달장애인평생교육센터가 각 구마다 설치될 계획이라는 것을 안내했다.

아스퍼거 내담자를 만나는 다른 상담자와의 공유를 위해 참고 서적을 소개하면 다음과 같다. 『뇌에 스위치를 켜다』, 『비언어성 학습장애, 아스퍼거 증후군』, 『아스퍼거 증후군이 아닌 척하다』, 『아스퍼거 증후군 아이들』, 『아스퍼거 패밀리가 사는 법』, 『자폐증과 아스퍼거증후군 아동』.

만일 자율감과 자조 기술이 발달하는 시기에 어른의 불신이나 불안, 조바
심 때문에 어린이가 숙달할 일을 어른이 대신 해 주면, 어린이의 의존성
이 점점 커질 것이며 또 그 의존성은 어린이의 자존감과 홀로서기 노력에
큰 장애가 될 것이다.   - 어린이 마음치료 p.79

내가 할 수 있는 것은 내가 하고 싶어요

손혜련(이든샘 가족·아동·청소년 상담소)

아동 상담을 하면서 그리고 부모로서 자녀를 양육하면서 '과연 자녀를 사랑한다는 것이 무엇인가?' 하는 고민을 하게 된다. 우리는 태어나면서부터 부모로서 살아가는 것이 아니라 성인이 되어 자녀가 생기면서 '부모'라는 이름의 역할을 가지게 된다. 대부분의 경우 그 이전까지는 내 자신의 삶만을 책임지면서 살아왔으나 자녀가 생기면서 우리는 나 이외의 누군가를 책임지고 양육해야 하는 역할을 부여받는다. 부모가 되면 우리는 다른 무엇보다도 자녀가 행복하고 즐겁게 살기를 소망하게 된다. 아기가 부모를 보며 방긋 웃으면 부모는 아기의 이 웃음 하나에 세상이 환해지는 느낌을 받는다. 이러한 아기에게 무엇인들 안 해 주고 싶겠는가?

자녀의 문제로 고민하는 어머니와 상담할 때 '아이를 위해서라면 지옥의 불구덩이라도 들어가겠다.'라는 말을 종종 듣게 된다. 이는 그만큼 자녀를 사랑하는 마음이 지극하다는 의미일 것이다. 그러나 자녀를 사랑하고 위하는 부모의 지극한 마음이 오히려 자녀와의 관계에서 갈등을 발생시키기도 하며, 자녀가 꽃길을 걷기를 바라는 부모의 마음과 달리 오히려 자녀는 반대 방향으로 걸음을 옮기고 부모가 바라는 길이 아닌 다른 방향으로 나아가는 경우를 보게 된다.

필자의 기억을 돌이켜 보면 중학교 때 같은 반에 체격이 크고 뚱뚱한 친구가 있었는데, 착하고 순하지만 중학교 학습과정을 따라가기에는 인지능력의 발달이 느린 친구였다. 그 친구는 무남독녀로서 부모님의 지극한 보살핌을 받으며 자랐는데 부모님이 귀한 자녀가 잘 자라길 바라는 마음에 보약을 많이 먹였고 보약의 부작용으로 그 친구가 그렇게 되었다는 이야기가 반 친구들 사이에서 회자되었다. 그 친구에 대한 이야기가 진실인지 아닌지는 모르지만, 이 이야기에서와 같이 부모는 사랑하는 마음에서 자녀에게 좋은 것을 듬뿍 주지만 이것이 부작용을 일으켜서 자녀의 삶에 이롭지 않게 되는 경우가 있다. 그리고 부모는 '아이를 위해서라면 지옥의 불구덩이에라도 들어가겠다.'라고 하지만 이를 다시 생각해 보면 부모가 지옥의 불구덩이에 들어가기를 바라는 자녀가 있겠는가? 그리고 부모가 지옥의 불구덩이에 들어가는 것을 보는 자녀는 과연 행복할 수 있을까?

어느 어머니가 상담실에 들어와 한숨을 쉬며 자리에 앉았다. 그리고 잠시 가만히 있다가 기운 없는 모습으로 "사랑만 주면 되는 줄 알았어요."라고 말하였다. 그 어머니의 아들은 어려서부터 너무 잘생겼고 보는 사람마다 인물 좋다고 칭찬을 하여 아이를 데리고 다니면서 무척이나 자랑스러웠다고 한다. 그런 아이에게 듬뿍 사랑을 주며 어머니가 할 수 있는 것은 다 해 주려고 했다. 남편과는 갈등이 많고 힘들었으나 사람들이 칭찬하는 자랑스러운 아들이 있었기에 아들을 바라보며 살았다. 아들이 소풍을 가게 되면 어머니는 거의 밤을 새워서 아들과 교사들의 도시락을 쌌는데, 요리 솜씨가 좋아서 누가 봐도 감탄할 만한 호텔 도시락 세트에 버금가는 도시락을 싸서 보냈다.

　부족할 것이 없어 보이는 아이였지만 이 아이에게는 유치원을 다니면서 소망이 하나 있었는데 그건 당시 유행했던 캐릭터가 그려진 옷을 입고 싶은 거였다. 그러나 어머니에게는 그건 있을 수 없는 일이었다. 어머니는 검은색 옷만을 입었고 나풀거리는 천으로 위아래를 맞추어 입었었는데, 아들에게도 역시 검은색의 옷을 입혔으며 면으로 된 옷은 입히지 않았고 바지는 패셔너블하게 밑으로 내려갈수록 통이 넓어지는 바지였다. 아동의 어머니는 고급스럽고 우아하며 비싼 옷을 마다하고 유치한 캐릭터 옷을 입고 싶어 하는 아들이 이해가 되지 않았다. 이렇게 어머니의 기준에서 허용이 되지 않는 영역을 제외하면 아들이 원하는 것은 무엇이든 들어주려고 했고, 더 좋은 것 그리고 가능하면 최상의 것을 주려고 했다. 아들은 이런 어머니의 사랑을 받으며 자랐는데, 초등학교 고학년이 되면서 반항을 하기 시작하였고 중학교에 진학한 후에는 동급생을 의자로 때리는 등 폭력적인 행동과 비행을 하여 경찰서에 드나들기 시작하였다. 상담을 오기 전날에도 아버지가 잔소리를 한다고 눈앞에 있던 자전거를 들어서 아버지를 내려치려는 행동을 하였다고 한다. 이 어머니는 충분히, 혹은 그 이상으로 넘치도록 사랑을 주며 키웠는데, 자녀에게는 무엇이 더 필요한 것이었을까?

　부모가 된다는 것은 자녀라는 존재가 있기 때문에 가능한 것이다. 따라서 부모라는 역할은 혼자서 출 수 있는 춤이 아니라 자녀와 박자를 맞춰가며 함께 추는 춤이다. 그런데 우리 부모들은 자녀의 존재를 잊고 부모의 역할에만 충실하고 있지 않은가하는 생각이 든다. 혹은 부모가 생각하기에 좋고 바르다고 생각되는 부모의 틀에 맞게 자녀를 양육하며, 자녀의 자율성이나 개별성이라는 것에 대해서는 깜빡 잊고 지내게 되는 것은 아닌가 생각해 본다.

놀이치료를 하면서 만났던 찬혁이가 생각난다. 찬혁이는 연령에 비해 키도 크고 체격이 좋으며 잘생긴 남자 아이로, 상담자와 만나게 된 시기는 초등학교 1학년 때였다. 첫 번째 만남에서 찬혁이는 놀이치료실에 대해서 호기심을 갖고 놀고 싶어 하는 모습이었다. 그러나 막상 놀이치료실에 들어와서는 놀이를 하지 못하고 서서 멈칫거렸고 놀잇감을 선택하기 어려워하였다. 상담자가 방에 있는 놀잇감들에 대해서 차례로 소개를 해주던 중에, 레고가 들어 있는 바구니를 꺼내어 설명을 하니 찬혁이는 이 바구니를 상담자에게서 획 뺏어갔다.

이 레고는 설계도가 복잡하여 찬혁이 혼자서는 이해하기 쉽지 않았고 레고 블록의 크기가 작아서 정교한 소근육 운동 능력을 요하는 것이었다. 따라서 찬혁이 연령에서는 만들기가 어려운 것이었다. 찬혁이는 이 레고가 들어 있는 바구니를 마치 누가 뺏어 갈까 봐 걱정이 되듯이 급하고 거칠게 가지고 갔으나, 이리저리 레고 블록을 뒤적이기만 할 뿐 어떻게 해야 할지 모르는 모습이었다. 바구니에는 레고 블록을 원하는 모양으로 만들 수 있도록 도와주는 설명서가 있었으나 찬혁이는 이를 살펴보지도 않았다. 이리저리 레고 블록을 뒤적이며 만져 보다가 상담자에게 그 레고 블록들을 만들라고 지시를 하였다. 상담자가 하는 방법을 알려 줄 테니 함께해 보자고 권유하니 찬혁이는 짜증을 내며 상담자가 만들라고 반복적으로 이야기를 하였다.

상담자가 레고의 설명서를 펼쳐서 어떤 모양을 만드는 것이며 어떻게 만들어야 하는지에 대해서 설명을 하고 시범을 보이면서 찬혁이도 해 보도록 권유하였다. 이를 본 찬혁이는 재밌겠다 싶었는지 상담자가 시범을 보이던 것을 급하게 가져갔다. 그러나 금방 다음 단계에서 어떻게 해야 되는지 모르게 되자 짜증을 내면서 상담자에게 만들라고 다시 지시를 하였다. 상담자는 설명서를 아동과 함께 보면서 만드는 방법을 알려 주며 찬혁이가 해 보도록 권유를 하였고, 찬혁이가 만들다가 힘들다고 느껴질 때는 언제든지 상담자에게 도움을 요청할 수 있으며 그때마다 상담자가 도와줄 것이라는 것을 알려 주었다. 또한 레고를 만드는 것은 힘든 일이고 찬혁이가 지금 레고를 만들기 어려워하는 것은 창피한 것이 아니라 당연한 일이라는 설명도 하였다. 짜증을 내며 상담자가 만들 것을 요구하던 찬혁이는 다시 레고를 만들기 시작했다.

이후에도 레고 만들기가 잘 안되면 찬혁이는 짜증을 내며 상담자가 대신해 주길 원했고 상담자는 아동 대신에 레고를 만들어 주기보다는 문제를 해결하는 방법을 알려 주었다. 어떻게 해야 되는지 알게 되고 문제가 해결되면 찬혁이는 마치 레고를 빼앗기지 않으려는 듯이 확 채어서 가지고 갔다. 이러한 과정이 반복되면서 찬혁이는 조금씩 자신의 힘으로 레고를 완성해 가며 즐거워하였다. 상담자는 '어려울 때 선생님에게 도와달라고 하면 언제든지 도와줄 수 있다.'라고 말하고 옆에서 찬혁이의 놀이에 관심을 가지며 그 과정을 함께하고 있었다. 그러나 찬혁이가 설명서와 다르게 만들고 있거나 어떻게 해야 하는지 몰라서 고민하고 있을 때 상담자가 먼저 나서서 알려 주거나 수정해 주려 하지 않았다. 첫 만남 시간이 끝났을 때, 찬혁이는 레고를 전부 완성하지 못한 것에 대해서 불만스러워하며 놀이치료 시간이 종료되었음에도 놀이를 계속하겠다며 퇴실을 하지 않으려고 하였다.

두 번째 놀이치료 시간에도 찬혁이는 지난 시간에 가지고 놀던 레고를 선택하였는데, 지난 시간과 달리 스스로 만들려고 하는 모습을 잠시 보였다. 그러나 금세 짜증을 내며 상담자에게 만들라고 지시하였다. 또한 지난 시간에 비해 상담자에게 도움을 요청하는 것이 조금은 자연스러워졌으나 여전히 도움을 요청하는 것을 어려워하였다. 상담자가 도와주기 위해 손을 내밀면 마치 자신의 놀잇감을 뺏어갈 것처럼 레고를 확 치우는 행동도 반복되었다.

이러한 놀이 양상은 이후에도 반복되었다. 찬혁이는 놀이치료실에서 많은 시간 놀고 싶어 하였으나 놀이를 위해 놀잇감을 선택하는 것을 어려워하였고, 새로운 놀잇감을 선택하면 스스로 놀잇감을 탐색하며 즐기기보다는 무조건 상담자가 먼저 해 보라고 요구하거나 놀이 방법을 알려주기를 원했다. 상담자에게 명령을 내리듯 말을 하였고 상담자가 자신의 요구대로 하지 않으면 짜증을 내었다.

그러던 찬혁이는 놀이치료 회기가 진행되면서 점차 놀잇감을 확 채어서 가져가는 행동이 줄었고 자신의 놀이를 간섭하거나 가로챌 것같이 상담자를 대하는 태도가 줄어들었다. 또한 놀잇감을 조작하다가 어려우면 도움을 요청하는 것도 조금씩 자연스러워졌다. 아울러 찬혁이는 놀잇감을 스스로 선택하는 데 대한 어려움이 사라졌고 이전에 해 보지 않은 놀잇감은 설명서를 보거나 아동 스스로 탐색하고 조작하면서 어떻게 하는 것인지를 습득하려는 모습을 보였다.

상담에 처음 올 당시에 찬혁이 어머니가 호소한 문제는 장난감을 사고 싶다고 한번 생각을 하면 그것을 부모가 사 줄 때까지 짜증과 화를 낸다는 것이었다. 이를 견디다 못해서 부모가 24시간 영업을 하는 대형 마트에 가서 장난감을 사 줘야만 짜증을 멈췄다고 한다. 찬혁이의 이러한 행동은 놀이치료를 시작한지 3개월 정도 경과한 후 나타나지 않았다.

찬혁이 어머니가 호소한 또다른 어려움 중의 하나는 찬혁이가 가족들과 외식을 나가면 자신이 먹고 싶은 음식을 하는 식당으로 가야 하고 그러지 않으면 길에서 울고 움직이지 않는다는 것이었다. 아동이 원하는 음식점에 갔지만 쉬는 날인 경우에도 그 자리에서 짜증을 내며 울었고, 다른 식당에 가지 않기 때문에 결국 가족 외식을 포기하고 집으로 돌아오게 된다고 하였다. 놀이치료가 거의 10개월 정도 진행된 후, 아동이 가고 싶어 하는 음식점이 문을 열지 않았다거나 그 음식점까지 다녀오기에는 시간이 충분하지 않다든가 하는 등의 합리적인 이유에 대해서 받아들이고 부모가 제안하는 음식점에서 외식이 가능했다면서 아동의 어머니는 놀라워하였다. 이후 찬혁이는 점차 부모가 가자고 권유하는 식당에 대해서 거부하지 않고 가는 횟수가 증가되었고, 이전에 먹지 않았던 음식들을 먹어보기 시작하여 외식을 할 때 선택할 수 있는 메뉴도 증가하였다.

찬혁이 어머니의 초기 주 호소였던 '원하는 것이 당장 충족되지 않으면 짜증을 내며 부모를 지속적으로 괴롭히던 행동'이 사라진 후 찬혁이 어머니는 찬혁이가 시험에서 100점을 맞지 못한다는 것을 호소하기 시작하였다. 찬혁이가 다 아는 문제도 꼭 한두 개씩 틀려서 100점을 받지 못한다는 것이었다. 시험을 본 후 어머니가 속상해하면서 100점을 맞지 못한 것에 대해서 말을 하면, 찬혁이는 '○○는 3개 틀렸다.'라면서 자신보다 성적이 낮은 친구들에 대해 언급하거나 '100점을 맞고 싶지 않다'고 말한다고 하였다. 또한 시험을 볼 때 답이 맞는지 다시 한번 검토하라고 어머니가 여러 번 이야기를 하지만 아동은 답을 검토하지 않는다고 하였다. 이러한 이야기를 하면서 찬혁이 어머니는 '찬혁이가 욕심이 없어서 그렇다.'라며 속상해하였다.

찬혁이 어머니는 찬혁이가 '욕심이 없다'고 말했으나 놀이치료실에서의 찬혁이는 놀이에서 무조건 이기려 하였고 지는 것을 견디기 어려워하였다. 상담자와 게임을 하면 불안해하며 성급하게 게임을 진행하였고 조금이라도 질 것 같다고 느끼게 되면 속임수를 쓰거나 떼를 써서라도 이기려고 하는 경쟁적인 모습을 나타내었다. 이는 어머니가 '욕심이 없다.'라고 하며 불만스러워하는 찬혁이의 모습과는 대조적인 행동이다. 상담자가 보기에 찬혁이는 경쟁적이고 타인보다 잘나고 싶은 욕구가 많아 보이는 아동이었다. 놀이치료 회기가 진행되면서 자신이 게임에서 질 것에 대해서 불안해하고 조급해하며 상담자를 재촉하거나 화를 내던 찬혁이는 점차 게임 상대인 상담자를 배려하기도 하고 자신의 차례가 될 때까지 기다리는 것이 조금씩 가능해졌다. 또한 게임에서 이겨도 이를 즐거워하기보다는 다음 게임에서 질까 봐 불안해하던 모습이 줄고 게임을 이기면 즐거워하게 되었다. 게임에서 이기기 위해 반칙을 사용하거나 자신이 유리하게 게임 규칙을 정하고 싶어 하던 것에서 벗어나 게임 규칙을 지키는 것도 점차 가능해졌다. 찬혁이는 놀이치료 상황에서 충분히 자신의 의사를 존중받고 상담자와 함께 협업을 하는 경험을 통해, 그리고 게임에서 이기는 경험을 충분히 하면서 자신에 대한 개념을 긍정적으로 변화시켜 갔고 자신감을 발달시켜 나갔던 것으로 보인다.

찬혁이 어머니는 자녀가 잘 살기를 바라는 마음에 다른 사람보다 공부를 잘해야 하고 잘난 아이가 되도록 키우려고 했지만, 찬혁이는 이를 통해 다른 사람과의 관계를 상호 협력적이고 우호적이라기보다는 경쟁을 해서 이겨야 하고, 지면 못난 사람이라고 배워 나갔던 것으로 보인다. 찬혁이는 자신이 못난 사람이 되지 않기 위해 부단히 노력했으며 부족한 모습을 보이면 큰일이 난다고 생각되어 과도하게 긴장하며 불안 속에서 살아왔던 것으로 생각된다.

놀이치료에서 찬혁이가 스스로 하는 힘을 기르고 이를 통해서 즐거움을 느낄 수 있도록 하는 과정을 해 나가는 동안에 가정에서 아동의 어머니도 양육 태도를 변화시켜 나가기 시작했다. 아동의 어머니는 과제가 많고 경쟁적인 분위기의 학원을 그만두고 쉴 수 있도록 아동에게 허용하였고, 아동이 다니고 싶다고 하는 시기에 아동이 흥미를 느껴서 다니고 싶어 하는 학원에 다닐 수 있도록 하는 등 아동의 뜻을 존중해 주려는 노력들을 하였다.

이와 아울러 아동이 나타내는 행동을 그 자체로만 보고 이를 문제로 생각했던 시각에서 아동의 행동의 의미와 내재된 마음에 대해서 유추하려는 노력들을 하였다. 예를 들어, 아동의 어머니는 아동이 태권도장에 갈 때 새 도복을 놔두고 낡은 도복을 입고 간 것에 대해서 이야기를 하며 아동이 일상생활에서 무엇을 어떻게 해야 하는지 생각을 하지 않는다며 하소연을 하였다. 그러나 그 상황에 대해서 구체화를 해 보니 어머니가 알려 주지 않으면 학원을 스스로 챙겨 가지 않던 아동이 어머니가 챙기지 않았어도 스스로 시간에 맞춰서 태권도장에 가려고 했고 혼자서 도복을 찾아 입었던 것에 대해서 알게 되었다. 또한 아동 혼자 준비를 하다 보니 눈에 먼저 띈 낡은 도복을 입고 갔던 것에 대해서도 이해를 하게 되었다. 이와 같이 상황을 구체적으로 이해하고 아동의 행동을 문제로 보는 것이 아니라 그에 내재된 마음과 동기를 보게 되는 경험을 상담자와 함께하면서 아동의 어머니는 아동의 의도와 마음에 대해서 먼저 생각하게 되었다.

상담 종결을 앞둔 시점에서 아동은 시험에서 100점을 맞았다. 아동은 어머니에게 '100점을 맞고 싶어서 문제를 여러 번 검토했다.'라고 말했다고 한다. 어머니는 아동이 100점을 맞아서 좋기도 하지만 그보다는 아동 스스로 '100점을 맞고 싶었다.'라는 이야기를 한 것을 신기해하였다. 또한 아동의 어머니가 시험 볼 때 문제를 풀고 난 후 한번씩 검토를 하라고 여러 번 말해도 듣지 않던 아동이 스스로 답이 맞는지 검산을 하고 검토를 했다는 것이 감격스럽다고 하였다.

찬혁이는 자신이 원하는 것은 스스로 결정하고 이를 성취하기 위해 노력하며, 이러한 과정에서 좌절을 견디고 스스로 즐거움을 느낄 수 있는 첫 걸음을 떼어 놓은 것으로 보인다. 이와 아울러 찬혁이의 어머니도 찬혁이를 사랑하는 마음에서 어머니가 바람직하다고 생각되는 길로 가도록 하면서 간과했던 찬혁이의 의사나 즐거움에 대해서 중요성을 인식하고,

마음과 동기에 대해서 점차 이해하게 되었다. 찬혁이 어머니도 자녀의 자율성을 존중해 주고 조율해 가는 과정에 첫발을 들여 놓게 된 것으로 보인다. 이는 찬혁이와 찬혁이 어머니가 함께하는 하모니가 아닐까 싶다.

찬혁이를 보면서 사람이 얼마나 자율적으로 해 나가는 힘을 가지고 있는지, 그리고 이러한 것을 우리가 얼마나 소망하는지에 대해서 생각하게 된다. 아울러 우리가 각자 가지고 있는 자원을 스스로 활용할 수 있도록 도와주는 것이 얼마나 소중한 것인지를 느끼게 된다. 우리가 태어날 당시에는 타인의 돌봄이 없이는 생존 자체가 불가능하다. 따라서 부모의 돌봄이 중요한데, 여러 애착 실험에서 먹이를 주는 것만으로 생존하는 것이 아니라 정서적인 돌봄이 없으면 음식을 먹여 준다고 해도 충분히 잘 자라지 못하며 극단적인 경우 목숨을 잃기도 한다는 것이 발견되었다. 이와 같이 부모의 애정과 돌봄을 받으며 성장하는 것이 중요하다는 것이 근래에는 많이 알려졌으며 이에 따라 자녀가 잘 자라길 바라는 마음에서 무한한 돌봄을 주고 있다.

그러나 아기들은 부모의 돌봄이 없이는 생존이 어려운 상태에서 점차 운동 능력 및 인지 능력이 발달되면서 스스로 할 수 있는 일들이 많아진다. 우리는 무한한 실패를 반복하고 연습을 통해 뒤집기, 서기, 걷기 등의 운동 능력을 발달시킨다. 이러한 실패를 견디고 연습하는 과정을 거치지 않고는 앞서 말한 운동 능력들을 적절한 시기에 발달시키기 어렵다. 아기가 걷다가 넘어지는 것이 안쓰러워서 걷는 연습을 하지 못하게 하면 아기는 걷는 것을 배우는 데 시간이 많이 걸린다.

이와 같이 운동 발달에서만이 아니라 심리적인 발달에 있어서도 각 시기별로 성취해야 하는 과제들이 있는데, 아이의 연령이 증가하면서 부모가 해야 할 역할들이 달라진다. 마가렛 말러(Margaret Mahler)에 따르면 신생아는 타인과 심리적으로 융합된 상태에서 생을 시작한다. 즉, 생애 초기에는 아기 자신과 대상(어머니를 포함한 타인)은 분리되지 않은 상태로 지각된다. 신생아는 어머니의 젖꼭지와 자신의 손가락을 잘 구별하지 못하는데, 이러한 현상은 어머니와 자신의 경계가 아직 형성되지 않았기 때문이다. 그러나 아기는 이런 상태에 머물러 있는 것이 아니라 인지 및 운동 발달을 통해 점차 자율성을 발달시키고 독립적인 개체로서 살아갈 수 있도록 되어 간다. 즉, 아기는 정상적 자폐기(normal autism, 0-2개월)에서 출발하여 공생기(normal symbiosis, 2-6개월)를 거친 이후에 분리-개별화 과정(separation-individuation, 6-24개월)을 통해 점차 독립성을 발달시켜 나간다. 분리-개별화 과정은 부화 단계(hatching subphase), 연습 단계(practicing subphase), 재접근 단계(rapprochement subphase)로 이루어지는데, 이러한 분리-개별화 과정을 통해 아동은 대상 항상성(object constancy, 24-36개월 이상)을 발달시키게 된다. 대상 항상성의 발달은 유아가 양육자에게서 벗어나서 독립적으로 기능할 수 있고 타인과의 분리를 경험할 수 있도록 해 준다. 따라서 대상 항상성이 적절히 형성되면 스스로 기능할 수 있고 건강한 관계를 형성하는 능력이 형성된다. 즉, 대상 항상성이 형성되기 전에는 부모가 잠깐 동안이라도 눈에 보이지 않으면 울거나 안절부절못한다. 그러나 점차 대상 항상성을 발달시키는 과정을 거치면서 유아는 부모와 자신이 분리된 개별적인 존재라는 것을 인식하고 부모가 눈에 보이지 않아도 여전히 존재한다는 개념을 가지게 된다. 이와 같이 대상 항상성이 건강하게 발달할 경우, 유아는 대상에 대한 신뢰를 가지게 되며 부모로부터 실망하게 되더라도 기본적인 믿음에 상처를 받지 않고 안정된 상태를 유지할 수 있다. 또한 대상 항상성은 유아기와 아동기뿐만 아니라 성인이 된 이후에 타인과의 관계, 세상에 대한 태도 등에도 영향을 준다. 즉, 대상 항상성이 잘 형성된 사람들은 안정적이고 지속적인 관계를 유지할 수 있다.

대상 항상성이 잘 형성되기 위해서는 민감하게 유아의 신호에 반응하고 욕구를 충족시켜 주며 관계를 안정적으로 형성하는 것뿐 아니라 부모로부터 유아가 분리되고 개별화될 수 있도록 독립성과 자율성을 존중해 주는 것이 중요하다. 생후 약 6개월이 되면 유아는 자신이 독립적인 존재라는 것을 깨닫기 시작하고 점진적으로 부모에게서 떨어져 나와 외부 세계를 탐색한다. 이 시기의 유아는 개별화와 분리를 위해 노력하며, 항상 자기를 만족시켜 주는 사람인 줄 알았던 부모가 완전히 만족시켜 줄 수 없다는 것을 인식하게 된다. 이러한 경험을 통해 유아는 자율성과 독립성을 발달시켜 나간다. 따라서 어머니도 자신이 유아를 완벽하게 만족시킬 수 없다는 것을 이해하고 유아의 자유로운 탐험을 허용해 주는 것이 필요하다.

특히 유아가 자신을 조절하고 통제하는 능력을 발달시키는 데 있어서 대소변 훈련은 중요한 역할을 한다. 대소변을 보유하고 배출을 지연시키는 과정에서 유아는 만족을 연기하는 능력이 발달되고 좌절을 성공적으로 처리하는 방법도 발달시킨다. 이때 유아들은 부모로부터 독립하기 위해 부모가 제공해 주는 것을 거부하며 무엇이든지 스스로 해 보려고 한다. 유아가 혼자서 수행한 일이 긍정적 결과를 가져오게 되면 자율성이 발달하게 되는데, 자율성을 획득하기 위해서 유아는 미숙하나마 혼자 옷을 입고 밥을 먹기를 원하고 숙달될 때까지 지속적으로 시도한다. 혼자서 처리하는 것이 불가능하다고 확신할 때만 도움을 요청한다. 이때 부모는 유아가 탐색을 충분히 하고 스스로 숙달하기를 기다려 주는 것이 필요하다. 자녀가 물과 밥을 흘린다고 해서 이를 통제하거나 혼내고 먹여 주는 것은 자녀를 위한 일이 아니다. 자율성을 발달시키기 위해서는 부모가 자녀의 실수를 바라봐 주고 기다려 주는 것이 필요하다. 그러나 자녀를 사랑하는 마음에 이러한 실수를 안타까워하여 부모가 대신해 주게 되는데, 이렇게 되면 부모의 의도와 달리 자녀의 자율성 발달 과정을 제한하게 되어 버린다.

이와 아울러 아동이 자기 마음대로 무엇이든지 될 수 있다는 환상에서 벗어나서 외부 현실을 인정하고 받아들이는 것이 필요하다. 그러나 이 과정을 돕기보다는 거의 제한 없이 허용을 하여 연령이 증가하더라도 전지전능 환상을 지속하도록 하는 경우가 많다. 즉, 자녀에게 자율성을 발달시켜야 하는 영역에서는 과보호를 하고 실수를 할 수 있는 기회를 주지 않으면서, 적절한 현실적인 한계를 알아가야 하는 영역에서는 제한이 필요함에도 불구하고 과도하게 허용하게 된다. 허용과 제한의 영역이 뒤바뀌는 아이러니가 발생하면서 자녀와 부모의 하모니는 깨지게 된다.

이는 어머니들이 '완벽한' 어머니가 되려고 하는 노력과 관련이 있는 것으로 보인다. 내 자녀에게는 최고의 완벽한, 그리고 이상적인 환경을 제공해 주고 싶으며 이를 위해서는 어머니 자신도 완벽해야 한다는 믿음을 가지고 있다. 그러나 이는 현실적이지도 않고 결코 자녀를 행복하게 해 주지 못한다. 위니콧(Winnicott)은 '충분히 좋은 엄마(good enough mother)'라는 개념을 설명하였는데, 생의 초기에는 자녀의 요구와 상태에 맞춰 아이를 안는 것이 중요하며 민감하고 헌신적인 돌봄이 필요하다고 하였다. 그러나 어머니가 자녀와 너무 오랫동안 동일시되어 돌봄을 주어서는 안 된다. 점차 자녀는 부모가 전지전능하다는 환상에서 벗어나서 자신의 통제밖에 있는 세계의 현실을 배우게 되고, 자신이 가지고 있는 힘의 한계를 배울 수 있도록 해야 한다. 이러한 과정을 통해 자녀는 조금씩 자신이 할 수 없는 것이 있다는 것을 알게 된다. 따라서 충분히 좋은 양육 환경은 자녀가 유아적 의존에서 독립으로 발달할 수 있게 돕고, 자신이 전능하다는 생각으로부터 보다 현실적인 지각으로 전환하게 해 주는 것이다. 그러므로 '충분히 좋은 엄마'는 완벽하게 자녀를 좌절로부터 보호하는 것이 아니라 자녀가 성장하면서 점차 독립적으로 되어 가는 과정을 함께 가며, 이에 맞추어 자녀와의 거리를 조절해 가고 역할을 바꾸어 가는 것이다. 즉, 어머니의 역할은 유아기에는 보호적인 환경이 주어질 수 있도록 하는 것이지만 점차 자녀가 스스로 탐색하고 이를 통해 배워 갈 수 있도록 거리를 가지고 관계를 하는 것으로 역할이 바뀌어 가야 된다.

요약하면, 누워만 있다가 뒤집고 기고 걷고 뛰고 하는 이런 운동 발달은 끊임없는 좌절과 연습의 연속이며, 이러한 실패 경험을 통해 우리는 극복해 나갈 수 있는 능력을 발달시키고 극복해 나가게 된다. 따라서 자녀가 스스로 자신의 삶을 살아갈 수 있고 좌절을 극복해 나갈 수 있는 능력을 발달시킬 수 있도록 해 주는 것이 필요하다. 자녀에게 필요한 어머니는 '완벽한' 어머니가 아니라, 좌절을 경험하고 이를 통해 스스로 살아가는 힘을 기를 수 있도록 도와주는 평범한 어머니이다. 이를 위해서는 어머니 자신에 대해서도 실수나 실패를 허용하고 부족함을 받아들이려는 노력이 필요하다. 어머니 자신의 잘못에 대해서 민감하고 과도한 자책을 하게 되는 경우, 자녀에 대해서 이해하고 포용하고 바라봐 주는 부모가 되기는 어려울 것이다.

참고 문헌

김창대, 김진숙, 이지연, 유성경 역(2015). 대상관계이론 입문, 서울: 학지사.

이용승(2002) 분리-개별화 이론의 재조망, 김중술 교수 정년퇴임 기념 심포지엄: 임상심리학의 최근동향.

이춘재, 성현란, 송길연, 윤혜경, 김혜리, 이명숙, 박혜원, 곽금주, 장유경, 이도헌 역(2006). 발달정신병리학, 서울: 박학사.

놀이실에 익숙해진 뒤에는 놀이실이 어린이를 새롭게 탄생시키는 안전 공간, 즉 아주 큰 심리적 자궁이 된다. 이 공간에서 경험하는 새로운 탄생은 그동안 자신이 알고 느껴 왔던 자기의 취약점은 과감히 버리고, 자신이 만족스럽다고 여기는 이상적 자기로 탈바꿈하는 것을 의미한다.

- 놀이의 언어 p.16

발달이 느린 아동의 놀이치료 사례

남희경(허그맘허그인 남양주다산심리상담센터)

아동은 어린이집에 다니는 만 3세 9개월의 여아였다. 언어 발달의 지연, 사회적 상호작용의 어려움, 주의 집중력 부족과 산만한 행동들 때문에 방문하게 되었다. 아빠는 아동을 예뻐했고, 엄마는 우울증으로 약을 복용하는 중이었으며 아동에 대한 양가적 감정으로 힘들어하고 아동으로 인한 스트레스를 받으며 아동을 많이 혼냈다.

아동의 이해에 도움이 되는 발달과정을 살펴보면, 임신 당시의 엄마는 시아버지의 간병과 경제적 문제로 많이 고민했다. 아동은 근육에 힘이 없어 흐느적거리듯 걸었고, 울다가 웃다가 하는 기복이 컸으며 떼쓰며 징징대기 등의 정서 표현 외에 다양한 정서 표현은 되지 않았다. 생후 7개월에는 가와사키로 일주일간 입원했고, 설소대 수술도 받았다.

교육 문화적 경험은 생후 22개월에 RAD(반응성애착장애)진단을 받아 놀이치료를 받았으나 별로 호전되는 느낌이 없어 6개월 후 중단했다. 그리고 여전히 발달의 문제가 우려되어 저자가 근무하고 있는 기관에서 새롭게 놀이치료와 언어치료를 받기로 했다.

검사 결과 아동은, significantly delayed mental development, mild delayed motor development, 의사소통 및 사회성 영역에서 2년 이상의 severe delay, 수용 언어 14개월 수준, 표현 언어 10개월 수준의 진단을 받았다.

엄마는 검사 결과 불안, 참을성 부족, 욕구좌절에 대한 인내심 부족, 감정 기복, 충동적 성향, 피상적인 대인관계, 아동의 욕구나 감정에 대하여 방치하는 경향의 소견을 얻었고, 면접에서는 치료 예후에 대한 불안과 함께 아동에 대한 죄책감을 드러냈다.

아동의 치료과정을 소개하면 다음과 같다. 기술 내용에서 괄호 안은 치료자의 반응이다. T는 치료자 Ct는 내담 아동을 의미한다.

1회기

들어와 신발을 벗고 케이크 피규어를 꺼내 옴. 장난감 이것저것 꺼내 보기 바쁨. 작은 케이크 피규어를 입에 넣고 씹어 봄. T에게 기대어 음식 피규어 탐색. 작은 찻잔 세트를 입에 넣음. 피규어 이것저것을 입에 넣고 씹음. 냉장고 열어 본 후 신발 신고 나가려 해 T가 제지하자 테이블 위의 T의 컵을 들어 마시려 함. T가 안고 있자 빠져 나감. 물렁한 케이크 초 피규어(이후 물렁한 초라고 기술함) 입에 물고 씹기. T가 생일 축하 노래를 불러 주자 가만히 있어 T가 계속 불러 줌. T가 노래에 맞추어 신체 접촉 놀이 시도하자 더 해 달라는 표시. T가 계속해 줌. Ct 노래하듯 흥얼거리며 자발적으로 T에게 안김. 계속 신체 접촉을 해 달라는 표시. 그러다가 졸린 듯 눈 감고 칭얼거림. 계속 칭얼댐. 총과 칼 등 담은 것이 쓰러지자 Ct 다시 주워 담음. T 칭찬함.

모 상담

아이가 남이 시키는 것은 안 한다. 아직 아이에 대해 파악이 되지 않는다. 상호작용과 모방이 잘 안 된다. 모유를 단번에 끊어서인지 입에 물고 씹는 것을 좋아한다. 어릴 때 아이가 요구하기 전에 모가 다 해 줬다. 기는 기간이 짧았다.

2회기

사탕 먹으며 들어옴. 케이크 피규어를 만지작거리다가 사람 피규어 하나 꺼냄. T가 생일 축하 노래를 불러 주니 T를 쳐다봄. 양말이 벗겨지려 해 T가 무릎에 앉히고 발을 두들기자 발 들어 보임. 멜로디 피아노를 꺼내 건반 누르기. T가 노래 부르자 T를 쳐다봄. T가 마이크에 대고 '아~' 하고 마이크를 건네니 사탕처럼 빨기. T가 작은 북을 꺼내자 북채로 작은 북 두들김. 작은 북의 뚜껑을 열어 달라는 듯 T의 손잡아 끔. 열어 주자 탬버린 흔들기와 짝짝이 두들기기 가능함. 북채를 입에 넣고 빨아 T가 북채로 Ct의 발을 가볍게 톡톡 두들기니 씩 웃더니 T의 무릎에 와 안김. T가 노래에 맞춰 발 박수를 쳐 줌. T가 아기 자세로 Ct를 안고 흔들어 주니 가만히 안겨 있음. (○○아~) 하고 호명하니 T 보고 씩 웃으며 품속으로 파고들기. T가 계속 안고 흔들어 주자 Ct 졸린 듯하다가 새근새근 잠듦. T가 몸을 떼려고 하니 잡아당기며 계속 자려고 함. "엄마~" 소리를 내기도. 잠이 깬 듯하나 T에게 계속 안겨 있음. 칭얼거리지 않음.

모 상담

가와사키 앓이로 입원했을 때 모유를 억지로 떼었다. 7개월까지는 순해서 손이 안 갔고 TV를 많이 보았다. 아이 때문에 많이 속상하고 결혼이 후회된다. 아이 감당하기 힘들고 자존심이 상하고 종종 화가 난다.

3회기

사탕 물고 들어와 햄토리 피규어 만지작거리고 사람 피규어를 꺼냄. 아기 피규어를 꺼냄. 사탕 다 먹자 나가려 해 제한하자 울며 T의 등에 매달림. 계속하여 소리 지르며 울기. 그러다가 자기의 눈물을 닦아 달라는 듯 T의 손을 자기 얼굴에 가져다 댐. T가 눈물을 닦고 피아노 멜로디 틀자 울음을 뚝 그침. 2~3번 칭얼대듯 우나 곧 그치고 가만히 안겨 있음. T가 Ct 왼쪽 무릎을 토닥여 주니 좋은 듯 T의 손 가져다 댐. T가 양쪽 무릎 토닥여 줌. 졸린 듯하다가 곧 새근새근 잠듦. T가 깨우려 하자 칭얼대며 다시 안김. T가 안아 토닥이며 흔들어 주니 일어나 피아노 건반 누르기. T를 보고 씩 웃다가 노래 테이프 버튼을 누르나 자기 마음대로 되지 않자 다시 소리 지르며 울기. T 등에 매달려 계속 울기.

4회기

언어치료 시간에 내내 울었고 T가 안고 들어옴. 계속 울면서 눈물, 콧물……. T가 안아주며 피아노 꺼내 건반을 Ct의 손을 잡고 눌러 주니 관심 보이며 자기가 건반 눌러 봄. 그러나 계속 울며 소리 지르기도. T가 멜로디에 맞추어 발 박수 쳐 주고 손뼉 쳐 주고 등 토닥여 줌. Ct 졸린 듯 T에게 안기며 울음 그침. T가 계속 노래에 맞추어 등 토닥여 주고 발 박수를 쳐 주자 자지 않고 가만히 있음. T에게 더 해 달라는 표시로 다리를 들어 보이기도. T가 Ct의 눈, 코, 귀 만져 주자 T를 보고 씩 웃음. T의 무릎에 안겨 있다가 슬며시 일어나 햄토리 피규어를 꺼내 봄. 케이크의 조각을 맞추며 T를 보고 씩 웃음. 입 속에 물렁한 초 장난감 넣고 오물거리며 씹음. 창 내다보다가 T 보며 씩 웃음. 인형의 집 잠시 관심 가지다가 다시 창밖을 내다 봄. T가 (○○아~) 호명하자 쳐다봄. T가 팔 벌리며 (안아 주세요~) 하자 T에게 다가와 안김. (○○아~) 하자 "응." 하며 반응하기도. Ct 일어나 (○○아, 코 닦자.) 하자 얼굴 내밀기도. 코를 닦아 주자 얼굴이 환해지며 좋아함.

5회기

T에게 안겨 울기부터 함. T 등에 매달림. T에게 안겨 울다 T가 노래에 맞추어 신체 접촉 놀이를 하자 곧 울음 그침. 한동안 T와 노래에 맞추어 신체 접촉 놀이. Ct가 살며시 일어나 햄토리 피규어를 만지작거리다가 입에 넣어 제한. 다시 T에게 안겨 있다가 일어나 인형의 집 세트에 관심을 가짐. 창밖을 내다봄. 자동차를 굴리다가 T 쳐다보기. 버스도 꺼내 굴려봄. Ct 종종 피규어를 입에 넣어 T가 물렁한 초 장난감 꺼내 줌. Ct 물렁한 초를 씹으며 그릇들 꺼내 봄. T가 레인지에 냄비를 올려놓자 Ct도 만지작거리던 냄비를 올려놓음. T에게 기댐. 누우며 "엄마~" 냄비를 만지작거리며 입소리. 입에 물고 있던 초를 빼고 T를 보고 씩 웃음. T를 보고 웃다가 짜증난다는 듯 소리 지르며 인형의 집 세트의 피규어 흐트러뜨림. Ct 입에 넣기에 위험한 피규어 입에 넣으려 해 제한하자 칭얼거리나 울지는 않음. T에게 안겨 "룰루루……." 입소리.

> **모 상담**
>
> 모도 아이도 감기다. 떼쓰는 것은 좋아진 것 같다. 선교원에서도 많이 좋아졌다고 한다. 떼를 쓰려고 해 모가 "뚝!" 하면 그치기도 한다. 무서워서 그런지. 에버랜드에 갔더니 너무 좋아했다.

6회기

T를 보자 안겨서 놀이실에 들어옴. 기분 좋은 듯 입소리. 장난감 탐색. 그릇들의 뚜껑을 찾아 덮기. 미니 음식 피규어들을 쏟아 내어 T가 다시 담도록 함. 음식 피규어를 입에 넣어 T가 대신 물렁한 초 장난감 줌. Ct 작은 북을 꺼내 한 손으로 북 치기. T가 양손으로 치도록 함. Ct 가만히 앉아 입 오물거리며 카세트를 만지기도. 노래에 맞추어 슬쩍 몸도 흔들어 봄. T가 박자에 맞추어 등을 토닥이니 양손으로 북을 침. 피아노 건반 누르기. 종종 T를 보며 미소. T가 오라고 했으나 쳐다보고 웃기만 할 뿐 오지는 않음. 바닥에 누워 T가 안고 흔들어 줌. 인형의 집 세트에 들어가 피규어를 만져 봄. 창밖을 내다 봄. T가 노래에 맞추어 허밍하자 T를 보며 웃음. 입소리 내기. T가 안으려고 하자 벗어나 자동차를 꺼내 봄. 햄토리 피규어를 입에 넣어 (에~ 지지야.) 하자 넣지 않음. 화장실 가고 싶어 하는 것 같아 데리고 가니 대변. 자기가 본 대변을 들여다봄. 놀이실 들어와 초 장난감 입에 물고 창밖을 보다 놀잇감 탐색. 입소리 내기. 인형의 집 세트에 들어가 앉아 T를 보며 웃기. 가끔 노래에 맞추어 고개 흔들기. 키친 세트 위에 올라가 엎드려 누움.

모 상담

아이가 좋아져 그럴까? 모도 좋아지는 것 같다. 언어와 그룹 시간에 잘한다고 한다.

7회기

    T를 보자마자 울음. T에게 안겨 눈물을 뚝뚝 흘리며 소리 내어 울기. 피아노와 작은 북을 꺼내 두들기기. 노래 테이프 틀기. Ct 노래 들으며 T를 바라봄. T가 노래에 맞춰 고개를 흔들자 Ct도 고개 흔들기. 종종 노래를 듣다가도 징징거리는 소리. 작은 구슬을 꺼내 바닥에 흩트려 놓아 다시 담도록 함. 잠시 칭얼거리나 떼쓰지 않음. 휴지로 코를 자발적으로 닦음. 휴지를 계속 뜯어내어 제한했는데 칭얼거리나 울거나 떼쓰지 않음. 놀잇감을 탐색하며 징징거림. Ct 그릇들을 꺼내 뚜껑을 찾아 덮기. 가스레인지 위에 그릇을 올려놓음. "룰루~" 하며 입소리. 그릇들 꺼낸 것 다시 제자리. 잠시 졸린 듯 칭얼거림. 악기들 제자리. T가 마이크에 입을 가져다 대고 '후후' 불자 Ct 마이크 입에 가져만 대었다가 '후후' 부는데 불기 가능. 집 퍼즐 맞추기. T가 칭찬하자 웃음. 햄토리 피규어를 입에 물어 대신 물렁 초 장난감 줌. 선반 위 놀잇감 다 떨어뜨려 정리하도록 하니 정리함. 칭찬해 줌.

모 상담

아이에 대한 기대 수준이 점점 높아진다. 아이가 관심 있는 것만 하려고 한다. 아이에게 해 줘야 하는 것은 알지만 부담되고 숙제 같다.

8회기

놀이실 입실 전 Ct 스스로 화장실에 가서 볼일 보고 옷 입기 가능함. 들어와 작은 북을 꺼냄. 노래 테이프를 꺼내고 Ct 버튼 누르려 하나 힘이 약해 잘 누르지 못함. T를 보고 씩 웃기도. 작은 북 채를 입에 물고 있다가 슬쩍 두들겨 보기. 템버린 흔들기. T가 칭찬해 줌. 옆구리를 간질이자 T를 쳐다봄. T가 웃자 Ct도 웃음. 심벌즈 치는 법을 T가 알려 주니 T가 알려 준 대로 쳐 봄. 칭찬해 줌. 놀잇감 탐색함. 노래가 끝나자 T에게 노래 테이프 가지고 옴. 아기 피규어 꺼내 입소리를 내며 아기 피규어 만져 봄. 입에 넣었다가 다시 제자리에. 집 퍼즐 맞추기. 잘 안 되자 소리 지름. (이리 가지고 와, 선생님이랑 같이 하자.) 하니 T 앞에 가지고 와 앉음. T의 도움 아래 퍼즐 완성. 버스를 굴리며 멜로디가 나오게 함. 햄토리 피규어를 입에 물어 T가 가지고 오자 싫은 듯 입소리를 내나 짜증은 내지 않음. 종종 T를 쳐다봄. 키친 세트 위에 올라가 엎드려 있다가 내려옴. 다시 오르락내리락. 다시 햄토리를 입에 넣으려 해 제한하자 칭얼대며 나가려 함. 피아노 멜로디로 관심을 유도하며 발 만져 주자 "아~" 소리 냄. Ct 다가와 T 볼에 뽀뽀함. 놀이 종료하고 엄마를 보자 달려가 안김.

┌─ **모 상담** ──────────────────────────┐

Ct 요즘 애정 표현을 많이 한다. 선생님한테도 엄마한테도. 말이 안 돼서 그런지 혼자 놀고 또래와 어울리지 못한다. 재미없어 하고 짜증 낸다. 의욕이 없다. 여기서는 표정이 밝고 생기 있어 보인다.

└─────────────────────────────────────┘

9회기

　T의 손을 잡고 잘 따라오다가 치료실 앞에서 울며 버둥댐. 들어와 T에게 안겨 노래 테이프 가지고 와 노래를 틀고는 소리 내어 울기. T에게 계속 안겨 울며 자기 손을 만져 달라는 듯 손을 잡아 당겨 T가 Ct의 손을 만져 줌. Ct play doh 꺼내 T의 무릎에 앉더니 꾹꾹 누르기, 말기. 계속 play doh 주물거리며 흥얼대기. 그러다가 일어나 케이크 피규어를 만지다가 다시 T의 무릎에 앉아 play doh 만지작거리기. 꾹꾹 누르기. 동글동글 말기. 피아노를 꺼내와 T의 무릎에 앉음. 버튼을 이것저것 누르고 건반 누르기를 하다가 노래 테이프 틀기. play doh 주물거리다가 모양 찍기 통을 가지고 와 뚜껑을 열어 달라는 표시. Ct가 열도록 도와주니 꺼내서 모양 찍기 함. 뚜껑을 닫고는 놀잇감 탐색. 우유병을 꺼내 빨기와 깨물기. T 보고 웃기.

모 상담

유독 요즘 들어 스킨십, 뽀뽀하려고 한다. 갓난아기일 때는 엄마를 거부했었다. 아이가 애정결핍인 것 같다. 아이가 빠는 힘이 굉장했다. 분유도 쪽쪽 잘 먹었다.

10회기

　모에게 웃으며 달려가 안기다 모와 분리되어 놀이실에 들어오려 하니 칭얼댐. 들어와서는 노래 테이프를 틀고 T의 무릎에 와 앉음. T를 보며 중얼거리기. 구석에서 고장 난 피규어를 꺼내 와 (이건 안 된다.)라며 제한하자 그때부터 소리 지르며 울기. T가 무릎에 앉히고 손을 만져 주자 가만히 손을 잡고 있음. 일어나 play doh 꺼내 모양 찍기. 주물럭거리기. 노래에 맞추어 몸 흔들거리기. 통에서 play doh 떼어내 길게 말기. 막대기 끝에 play doh 덩어리를 꽂아 달라고 해 꽂아 주자 입에 넣으려 해 (이건 먹는 것 아니야.) 하자 곧 입에서 뺌. T가 허락한 물렁 초 장난감 물고 씹다가 우유병을 보자 우유병 빨기. T를 쳐다봄. 발장난하며 우유병 빨기. 우유병을 입에 물고 돌아다니기. T 바라보기. 키친 세트 위에 올라가 우유병 빨기. 떨어뜨리면 바로 내려 와 주워 들고는 우유병 빨기.

모 상담

아기 짓을 한다. 그럴 때는 예쁜데 우는 것은 싫다. (우는 것은 불만이 있어서 그런 것이니까 뭐가 불만인지를 알아내려 노력해야 한다.) 네, 요즘은 우는 것이 짧아졌다.

11회기

T와 잘 들어오나 들어와서는 잠시 칭얼댐. 악기들을 꺼냄. 작은 북을 잠시 두들기다 노래 테이프 틀기. 테이프를 꺼내 다른 테이프로 넣어 틀기 가능함. play doh 꺼내 만지작거리며 T의 손을 잡아당김. 가지고 있던 play doh 줌. T가 동그랗게 말아 줌. 가스레인지에 그릇들 올려놓기. 모양 찍기 통을 열어 달라며 T에게 가지고 옴. Ct가 열도록 도와줌. 아이스크림 모양을 만든 후 칭얼거리며 T에게 누움. 피규어를 빨아 대신 아기

우유병을 주자 빨다가 빼고는 물렁한 초 장난감 꺼내 입에 넣고 잘근잘근 씹음. 다시 물렁 초를 제자리에 놓아 T가 칭찬하자 T를 보며 씩 웃음. 피아노 건반 누르다가 다시 물렁 초 꺼내 씹기. T에게 기댐. 다른 피규어를 입에 넣는 것은 제한함. 그러나 짜증 내지 않음. 케이크 피규어의 조각을 맞추려 했으나 잘 안 되자 T의 손을 잡아당김. 30분이 경과되자 나가려 해 다시 데리고 들어오니 테이블의 휴지를 뜯어 뭉치며 재미있는지 T를 보며 웃음. T가 Ct의 얼굴을 만져 주자 웃음. 노래가 끝나 (노래 끝났네.) 하자 Ct 갑자기 정리하는 모습. (아니 아직 안 끝났어. 노래가 끝났지.) Ct 계속 정리함.

> **모 상담**
>
> 어제 소풍 갔는데 잘 갔다 와서 기분이 좋다. 이탈하지 않고 잘 놀았다고 한다. 처음에는 힘들었는데 아이들과 상호작용 언어적으로는 아니지만 같이 있고 교육시간에 앉아서 보고 밥도 혼자서 먹기 가능하다고. 그러나 자기 물건 챙기는 것 못하고 규칙 지키기가 잘 안 된다고 한다. 자발적이지 않다. 전에는 또래에게 관심 없었는데 이제는 좋은 것이 표정으로 나온다.

12회기

T를 보자 웃으며 안김. 들어와 아기 인형 꺼내려는 듯하다가 노래 테이프 듣기. 마이크 수화기처럼 귀에 대 보기. 노래에 맞추어 몸 앞뒤로 흔들기, 물렁한 초를 입에 물고 케이크 조각 맞추기. 초 제자리에 꽂기. T의 무

룹에 앉음. T가 Ct 쓰다듬자 가만히 앉아 있음. 입소리 내기. 계속 물렁 초를 입에 넣고 씹음. T가 Ct 발 박수를 쳐 주고 스트레칭을 해 주자 좋은지 계속해 달라는 듯 발 내밀기. 음식 피규어를 꺼내 포크로 찍어 봄. 아기 인형을 잠시 꺼내 봄. 멜로디 버스 버튼을 눌러 노래 나오게 함. 반복함. T가 노래에 맞추어 발을 움직이자 T를 쳐다보고 웃음. T와 Ct 발 마주 대어 보기. Ct 일어나 입소리. 치료실 바닥에 엎드려 누워 입소리를 냄. 발로 버스를 굴림. 방귀. 엉덩이를 들어 올려 엎드린 아기 포즈로 누워 버스 굴림. 쏜살같이 나가 화장실에서 물장난. 대변이 마려운지 엉덩이를 만지며 치마를 들어 올려 변기에 앉히니 대변. 다시 입실하여 엉덩이 들어 올린 아기 포즈로 엎드리기. 피규어를 입에 넣어 대신 물렁 초를 주자 씹음. 입소리. 버스 밀기. 건전지가 빠져 Ct가 다시 끼우려 하나 잘 안 됨. 짜증 내지 않고 T를 쳐다봄. T가 웃자 Ct도 웃음. 멜로디 버스의 버튼을 눌러 노래가 나오자 엎드려 누움. Ct의 등을 쓰다듬어 주자 일어나 T에게 안겨 T의 얼굴에 뽀뽀하고 웃고 T의 무릎에 엎드려 누움. Ct를 쓰다듬어 주자 발장난하며 입소리. 머리 쓰다듬어 주자 T를 보며 웃음.

모 상담

아기 짓이 늘어 모 침대에 누우라고 하고는 안아 달라고 요구한다. 점점 거꾸로 후퇴하고 있다. (치료적으로는 진전이다.) 언어치료 잘했다고 칭찬 받았다.

13회기

입실하자마자 노래 테이프를 틀고는 T를 쳐다봄. play doh 꺼내 T의 무릎에 앉아 T가 Ct 발 흔들어 주고 발 박수를 쳐 주고 발바닥 눌러 주기. Ct 가만히 있다가 더 해 달라는 표시. 함께 노래에 맞추어 몸 흔들기. play doh 통을 T에게 주어 (○○이가 할 수 있지?) 다시 주니 Ct 스스로 뚜껑 열기 가능함. 떼어내 동글동글 아주 조그맣게 말기. 모양 찍기 가지고 와 모양 찍기 도와줌. 동그랗게 play doh 말고는 막대에 꽂아 막대사탕처럼 만들기. 그러나 입에 넣지는 않음. 피규어를 입에 넣어 대신 물렁한 초 장난감 줌. 초 물고 씹기. 찍찍이 야채 붙였다 떼었다. 피규어를 엎고 떨어뜨리고 흐트러뜨려 T가 제한하자 징징거림. T가 무릎에 앉히자 가만히 있음. T가 노래에 맞추어 몸을 흔들어 주자 가만히 있음. 입에 물렁 초를 물고 씹음. 계속 초를 물고 빨고 씹기. (엄마한테 가자.) "가." 모방함. 놀이 내내 T 바라보기 많아짐.

> **모 상담**
>
> 상호작용이 잘되었으면 좋겠다. (상호작용이란 모와의 교감에서 시작되는 것이다. 아기처럼 안아 주고 쓰다듬어 주시면 좋겠다.)

14회기

    칭얼거리며 들어오나 노래 테이프 틀고 play doh 꺼냄. T의 무릎에 앉아 양말을 벗음. 물렁한 초 장난감을 입에 넣고 씹음. 하트 모양 찍기. play doh 주물거림. T가 팔 위로 play doh 대고 눌러 주자 좋은 듯 웃으며 더 해 달라는 표시함. Ct가 누워 발을 들어 올려 T가 발을 만져 주자 웃음. T가 물티슈로 손, 얼굴, 발 등 닦아 주니 좋아함. 더 해 달라는 듯 발 내밀기. T가 발을 폈다가 웅크렸다가 발 박수를 쳐 주자 Ct 누워 좋은 듯 웃음. Ct 계속 누워 T를 바라봄. T가 계속 발 잡고 움직여 줌. Ct 한동안 누워 T와 발을 움직이면서 초 물고 오물거리기. play doh 통 두개를 들고 서로 붙였다 떼었다 반복함. Ct 발을 쭉 펴서 T의 뒤로 밀기. 여러 번 반복함. 피아노 버튼 누르기. 미니 자동차 굴리기 하다가 멀리 굴려 보내기. 차 두 대 꺼내 굴림. 놀이실을 돌아다니며 T를 보고 웃기. 인형의 집 세트에 들어갔다가 키친 세트 위에 올라가 엎드림. 화장실에 가고 싶은 듯 엉덩이 만짐. 변비. 정리하러 다시 입실하니 울음.

모 상담

모가 아동을 안고 달래 줌. 뭐든지 입으로 들어가는 것은 많이 줄었다. 요즘은 시도 때도 없이 웃는다.

15회기

입실하여 노래 테이프를 꺼내 와 T의 무릎에 앉음. T가 안아 주자 T의 손을 잡고 흔들고 T가 흔들흔들 흔들어 주자 가만히 있음. Ct 계속 안겨 있음. 물티슈로 얼굴을 닦아 주자 여러 장 꺼내려 함. 제한하자 칭얼댐. 안고 달래 주자 일어나 키친 세트 위에 올라감. 올라가 씩 웃음. T를 보며 웃다가 내려 와 웃음소리 내며 깡충깡충 뜀. Ct 다시 올라갔다 내려 와 빙글빙글 돌고 깡충깡충 뛰며 즐거운 듯 소리 지르기. 다시 올라갔다 내려 와 T에게 안김. 입소리. 일어나 빙글빙글 돌다 T의 뺨에 뽀뽀. T에게 매달려 즐거운 듯 소리 지르고 다시 일어나 빙글빙글 돌고 T에게 안기기, 뽀뽀하고 매달리기 반복. 노래 테이프를 끄고 다른 테이프를 가지고 와 T의 무릎에 안기고 등에 매달리기. 피규어를 입에 넣는 그동안의 모습은 보이지 않음.

모 상담

부에게는 아직 안기지 않고 모에게만 안긴다.

16회기

입실하여 노래 테이프를 틀고 T의 무릎에 앉아 T의 손 만지기. Ct 계속 무릎에 앉아 "헤헤~"거리며 웃음. T에게 계속 안겨 있음. 피곤한 듯 T에게 안겨서 잠. T가 바닥에 살짝 내려놓으려고 하니 칭얼댐.

17회기

울다가 T를 보자 T의 손을 잡고 입실한 후 웃음. 노래 테이프를 틀고 T의 무릎에 앉아 T의 손을 잡음. T가 안고 흔들어 줌. 다시 T에게 안겨 잠이 듦. T가 안고 흔들어 주자 곤히 잠. T가 살짝 내려놓으려고 하니 T에게 달라붙음. T가 노래에 맞추어 안고 흔들어 주자 잠에서 깼지만 가만히 T에게 안겨 있음. 계속 T가 안아 주기를 요구함. 일어나 운전 게임 꺼내 T의 무릎에 앉아 놀이함. 퇴실 후에는 기분이 업된 듯 쿵쿵 뛰고 빙글빙글 돌기.

18회기

웃으며 T에게 안기고 노래 테이프 듣기. 계속 안긴 채 운전 게임을 꺼내서 함. play doh 꺼내 꾹 누르고 주물럭거리고 비비고 말고. 입소리 냄. 자동차를 꺼내 선반 위에서 굴림. 입소리를 내다가 물렁한 초 장난감을 꺼내어 씹음. play doh 주물거리다가 입에 넣었던 초를 빼고는 다른 피규어들을 탐색함. 약통 뚜껑을 돌려서 열고 닫기를 반복함. 우유병 꺼내서 물기. 약통 뚜껑을 입에 넣으려 해 제한함. 곰돌이 푸우를 입에 넣으려 해 대신 물렁 초를 줌. Ct 질경질경 씹음.

모 상담

옛날에 덮던 이불을 다시 덮고 들고 다닌다.

19회기

T의 손을 잡고 들어와 노래 테이프 듣기. T의 무릎에 앉아 흔들어 줌. 운전 게임을 꺼내 T의 무릎에 앉음. T를 보며 씩 웃음. T의 무릎에 안겨 놀다가 T를 쳐다보기. 선글라스를 꺼내 제대로 씀. 곰돌이 푸우와 보라색 인형 꺼내며 씩 웃음. 나가려 해 화장실에 데리고 가니 대변. 자신의 대변을 오랫동안 쳐다봄. 다시 들어와 놀이실을 돌아다님. T를 쳐다봐 호명하자 웃으며 T에게 다가오나 안기지는 않음. 물렁한 초를 물고 빨고 씹고. 작은 구슬 상자를 꺼내 열려 해 T가 입에 넣어 삼킬 것을 염려해 제한하자 짜증 내고 칭얼거리며 "엄마~ 엄마~" 곧 그침. 바닥에 누워 초를 물고, 발로는 카세트를 툭툭 치며 발장난. T가 호명하자 T를 보며 웃음. 계속 입에는 초를 물고 있으며 바닥에 뒹굴뒹굴. T에게 발 올려놓음. 입소리. T에게 안김. 발을 T에게 올려놓고 바닥에서 뒹굴거림. T에게 기대어 눕기. 놀이터 피규어를 꺼내 달라 표시해 꺼내 주니 입에 넣어 제한함. 칭얼거림. 운전 게임을 꺼내 T의 무릎에 앉아서 함. 시간이 다 되어 엄마한테 가자고 하니 벌떡 일어남. 자신이 하고 싶은 것을 제지당하면 짜증내고 칭얼대기가 증가함.

20회기

노래 테이프를 틀고 T의 무릎에 앉음. 일어나 운전 게임을 꺼내오며 T를 보고 씩 웃음. 노래하자 "우~" 하고 잠시 따라함. 몸 흔들기. Ct는 노래가 끝나고 노래 사이에 안 나오는 부분을 기다리지 못하고 되감기 버튼 누르기를 반복함. 기다리기를 연습함. Ct 졸린 듯 눈을 감아 T가 안고 흔들어 주자 잠시 칭얼댐. T가 간질이자 '끙끙' 소리 냄. T가 웃자 Ct도 T를 보고 웃으나 웃음소리는 내지 않음. 일어나 T의 등에 매달렸다가 우유병을 꺼내 빨기. 버스 굴림. (붕~ 빵빵~) T를 보며 웃음. 우유병을 빨며 T에게 안김. 안고 흔들어 주자 T를 쳐다봄. 일어나 T의 무릎에 앉아 우유병을 빨며 노래에 맞추어 몸 흔들기. 일어나 T의 등에 기댐. 집 퍼즐 50% 정도 스스로 도움 없이 맞추기. 일어나 노래에 맞추어 몸 흔들기. T가 Ct의 팔을 벌려 흔들어 주자 깔깔 웃기도. 놀잇감 탐색함.

21회기

Ct가 들어와 T의 무릎에 앉아 입소리. 노래 테이프 틀고 입소리. 노래에 맞추어 몸 흔들기. T가 간질이자 싫은 듯 움츠리더니 일어나 play doh와 모양 찍기 통 꺼내 T에게 오며 씩 웃음. play doh 떼어 내 숟가락에 놓아, T가 냄비를 주었는데 받아서 선반 위에 올려놓음. Ct 계속 play doh 올려놓은 숟가락 들고 사람 피규어를 꺼내 봄. 빙글빙글 돌다가 다시 T의 무릎에 와 앉음. 안겨 play doh 주물럭거림. 길게 말기, 떼어 내기, 꾹꾹 누르기. Ct T에게 기대어 놀이. T가 간질이니 T를 보았고, T가 웃자 Ct도 웃음. Ct가 계속 T의 무릎에 앉아 play doh 주물럭거림. T에게 기댄 채 play doh 말고 칼로 자르기. T가 Ct 안아 주자 슬쩍 웃고 계속 안겨 있음.

> **모 상담**
>
> 아무한테나 안긴다. 모와 비슷한 나이의 아줌마들한테. 아기를 만지고 유심히 보기도 한다. 물장난 좋아한다. 이불을 입에 물고 있다. 이런 모습이 꼴 보기 싫다.

22회기

입실 시 Ct 모와 함께 들어오고자 하며 분리되자 엄마를 찾으며 울기. 이런 Ct의 모습을 보며 모는 "너 나 안 좋아하잖아~"라며 웃음. T의 무릎에 앉아 노래를 들으며 몸을 흔들다가 play doh와 모양 찍기 통 꺼내 옴. play doh 주물럭거림. 자기 다리에 대고 문지르며 말기. T가 살살 간질이자 몸을 꼼지락거리며 누워 T를 보며 웃음. Ct 계속 T에게 기대어 누워 T를 보며 씩 웃음. 일어나 버스를 한번 굴림. 다시 T의 무릎에 앉음. 그러다가 갑자기 "헤~" 하며 웃음. T가 살살 간질이자 일어나 앉으나 계속 T에게 기대어 있음. 다시 T에게 안김. 계속 안겨 T에게 발을 가져다 댐.

23회기

들어와 노래를 틀고 T의 무릎에 앉기. 버스를 가지고 와 T의 무릎에 앉기. 버스 굴리기. 빙글빙글 돌기. 사람 피규어를 손에 들고 다님. 키친 세트 위에 올라감. 엎드려 T를 보며 씩 웃고는 내려와 아기 침대 2개를 꺼냄. 분홍색 가방 꺼내 와 (가방 예쁘네.) 하자 T를 보며 씩 웃고는 키친 세트 위에 올라감. 모양 찍기 통의 뚜껑 잘 안 열리자 T에게 뭐라고 중얼거림. T가 Ct가 열 수 있다며 보고 있자 Ct가 열기를 시도했고 가능. play doh 아이스크림 통에 담아 T에게 보임. T에게 기대어 운전 게임을 함. Ct 가방 들고 흔들어 봄. 일어나 아기 피규어를 들고 옴. T의 얼굴에 뽀뽀. T도 뽀뽀해 주며 아가에게도 해 주라며 아기 피규어를 가리키자 Ct 입에 넣음. 무릎 위에 엎드려 운전 게임. T의 볼 꼬집어 (아야~ 안 되지.) 했더니 Ct 일어나 물렁 초를 입에 넣음. 아기 침대를 만져 보고 키친 세트 위에 올라감. 내려왔다 올라갔다 반복함. 화장실에 가고 싶은 듯 바지를 내려 화장실 데리고 가니 소변, 대변. 들어와 칭얼거림. 다시 나가려 함. T가 정리하고 나가자고 하니 정리함. 그동안 자주 T의 무릎에 안겨 놀았는데 내려와 앉기 시작함.

24회기

　놀이치료실 오기 전에 Ct가 많이 짜증냈다고 함. 들어와 노래를 틀고 T에게 안겨 손발을 만져 달라고 하며 가만히 앉아 있음. T가 안고 흔들어 주자 씩 웃으며 T의 얼굴 만짐. 일어나 폴짝폴짝 뛰고 키친 세트 위에 올라감. 구슬이 든 통을 꺼내 흔들며 T를 보고 소리 내어 웃음. 계속 기분 좋은 듯 소리 내어 웃음. T에게 달려와 안기기도. 계속 소리 내어 웃음. Ct가 장난감 변기 피규어를 꺼내더니 팬티를 내리려 함. 화장실에 데리고 감. 다시 들어와 키친 세트 위에 올라갔다 내려와 버스를 한번 굴리고 퍼즐 맞추기. T를 쳐다봄. 바닥에 떨어진 play doh 조각을 먹으려 해 T가 다가가니 벌떡 일어남. 그릇에 음식 피규어 넣기. 찍찍이 야채 붙였다 떼었다 함. 야채 피규어 입에 넣어 물렁 초를 주니 입에 넣고 씹음. 버스 굴리기.

모 상담

집에서는 거의 누워 있는데 어떤 때는 밥 먹다가도 이불에 가 눕는다. 모 설거지 할 때도 와서 자기 옆에 누우라고 한다. 기다리기는 안 된다.

25회기

　노래가 나오지 않자 T의 손을 잡아끌며 "누러~(눌러)" 소리 냄. Ct T 무릎에 앉아 노래 들으며 자신의 발을 들어 올려 T가 발 박수를 쳐 줌. Ct 계속 T의 무릎 위에 누워 놀이. 피아노 건반 누르기. 기분이 갑자기 업된 듯 T에게 뽀뽀하고 일어났다가 앉았다가 반복함. T에게 기대어 발로 피아노 건반 누르기. T가 Ct 발 위로 올려 주자 계속해 달라는 표시. 방귀. 누워 T에게 발을 얹어 놓고 미니 음식 피규어를 입에 넣으려 해 제한 함. 짜증 내지 않음. 그러나 Ct 재시도하여 T가 제한하자 칭얼댐. T가 대신 물렁초를 줌. 찍찍이 야채 붙였다 떼었다 반복함. 일어나 팬티 속에 손을 넣어 화장실 데리고 가니 소변. 들어와서 햄토리 집을 만지작거림. 입에는 물렁 초를 물고 있음. 수저통을 엎어 T가 정리하도록 하니 안 하려 함. T와 주워 담기. Ct play doh 꺼내 조금 떼어 아이스크림 콘 모양에 꾹꾹 눌러 담기 함. Ct 계속 누우려 함.

26회기

　입실 시 모와 분리되지 않으려 함. "엄마~ 엄마~" 하며 칭얼거림. 입실 후 T의 무릎에 앉아 "엄마~ 엄마~" 하며 피아노 건반 누르기. 키친 세트 위에 올라가 칭얼거리며 엄마를 찾음. 피아노 건반을 발로 누르며 "엄마~ 엄마~" 누워 T를 바라봐 T가 발을 만져 주자 계속해 달라고 함. 그러면서 "엄마 ~ 엄마~" 칭얼거림. 누워 뒹굴거리기. play doh 가지고 와 떼어내고 주물거림. 동그랗게 뭉치고 다시 주물거리기. Ct 누워 칭얼거리며 엄마 찾기.

모 상담

하루의 80% 이상이 모에게 야단맞는 것이 일이다. 사고 치고.

27회기

징징거리고 울며 들어와 "엄마~ 엄마~" 소리 지르며 울기. T의 등에 매
달려 계속 울기. 화장실에 데리고 가니 물장난하며 웃음. 다시 들어와서
는 울다가 자동차를 꺼내 굴림. 아기 피규어를 꺼냄. 사람 피규어를 꺼내
만지작거림. 또 다른 아기 피규어를 꺼내 봄. 햄토리 피규어를 입에 물어
T가 물렁 초를 주자 입에 넣고 키친 세트 위에 올라가 "엄마~" 하며 우는
소리. 키친 세트 밀어 넘어뜨리기. play doh 꺼내 T가 동글동글 말아 주
자 꾹 누르고 떼어 내기. 말고 떼고 누르고 뭉치고. 키친 세트를 일으켜
세움. 다시 쓰러뜨리려 해 T가 제한하자 울기. Ct 구석으로 기어들어 감.
벽에 play doh 붙여 T가 받침을 대어 주고 거기에 붙이라고 하니 버티며
고집 피우기. 앉아 play doh 주물거리고 떼어 냄. Ct 텐트 창문에 몸이 반
쯤 걸쳐 있어 T가 텐트에 들어가도록 하니 안에서 데굴데굴 구르다가 나
옴. 다시 텐트에 들어갔다 나옴. 키친 세트 위 올라가 T의 손을 잡고 뛰어
내리기. 신난 듯 오르락내리락. 텐트에 들어갔다 나옴.

28회기

모와 분리 시 칭얼거림. 멜로디 버스에서 소리가 나게 하고는 웃음. 피아노 버튼을 누르기. play doh 길게 말기, 떼어 내기 하며 입소리 냄. 키친 세트 위에 올라가 엉덩이 치켜들고 엎드려 계속 입소리. T의 손을 잡고 나가려 해 화장실 데리고 가니 대변. play doh 떼어 내 동글동글 말다가 손으로 꾹 누르고 바닥에 놓아 그릇에 담도록 함. T가 Ct의 손바닥에 play doh 말아 주자 더 해 달라고 함. 트럭 굴리기. 통 4개를 탑처럼 쌓기. 구슬 상자를 손에 들고 키친 세트 위로. "우~" 입소리. T를 바라봄. 키친 세트 밀어 쓰러뜨려 제한함. 입에 피규어를 넣으려 해 물렁 초를 주자 초를 입에 넣고 오물거리며 다님. T에게 다가와 머리 내밀며 "빼~ 빼~" T가 머리 끈을 풀어 주자 씩 웃음. 키친 세트 위에 앉아 발을 흔들며 T를 바라봄. 손으로 키친 세트를 두들겨 T가 (쿵쿵쿵.) 하자 씩 웃음. 다시 발을 부딪쳐 소리가 나게 해 (쿵쿵쿵.) 하자 또 웃음. 키친 세트 위에 매달림. 기침함. 키친 세트를 밀어 쓰러뜨리려 해 제한하자 수용함. 창밖을 내다보다 (○○이 어딨나?) 하니 고개 내밀어 T를 봄. 계속 초를 입에 넣고 오물거리며 다님. 입소리를 냄. 사람 피규어를 만지작거리다 들고 다님. 창밖을 내다보며 "룰루루~" T도 따라 하자 웃음. 사람 피규어를 만지작거리며 팔다리 움직여 봄. 자동차 굴리기. 분홍 가방을 들어 보고 제자리. 햄토리 피규어의 집을 만져 T가 햄토리 피규어를 꺼내 보이며 (○○이 안녕?) 하자 T를 쳐다봄. 정리 잘함.

모 상담

회초리로 아이를 많이 혼냈다.

30회기

모와 분리되자 "엄마~" 하고 엄마를 찾으며 눈물 흘리며 울음. 그러다가 일어나 피아노 건반을 누르고 놀잇감 탐색함. 종종 "엄마~ 엄마~" 하며 소리 냄. T를 쳐다봄. 키친 세트 위로 올라감. 작은 통을 들고 올라가 앉아 입소리 냄. 콧물이 나와 (앉아, 콧물 닦자~) 하니 T의 앞에 와 앉음. 피규어를 입에 넣어 물렁 초를 대신 줌. Ct 오물거리며 씹기. 입소리. 키친 세트 위에 올라갔다 내려와 비행기를 꺼내 T가 '비행기' 노래를 불러 줌. T도 비행기가 하늘을 나는 모습을 해 보이자 Ct가 비행기를 들고 키친 세트 위에 올라감. T를 쳐다봄. 초 오물거리며 씹다가 빼고 던져 버림. 키친 세트에서 내려와 그릇 꺼냄. play doh 뗌. 그릇에 담음. T가 Ct의 손바닥으로 동글동글 말아 주자 계속 해 달라는 표시. 웃음소리 냄. 초를 씹으며 피아노 버튼 누르기. 그러다가 웃으며 T에게 매달림. 바닥에 누워 입소리 내며 T를 보고 웃다가 T에게 매달림. T와 신체 접촉 놀이함. Ct 우유병 꺼내 빨기. 우유병을 빨며 다님. 입소리. 다시 T에게 와 매달리기. 방귀. 입소리. T와 신체 접촉 놀이. 계속 우유병 빨기. T를 밀어 넘어뜨리고는 그 위에 엎드려 누움. 깔깔 소리 내어 웃음. T의 얼굴을 만지며 깔깔. 피규어를 만지작거리다가 다시 T에게 매달리기. 아기 인형을 꺼내 보더니 입소리. 키친 세트 위로 올라감. 계속 웃음소리. 아기 얼굴을 바라보다 뽀뽀하듯이 얼굴 비비기. Ct 텐트 위에 아기 인형을 안고 누우려 해 T가 텐트 안에 들어가 눕혀 줌. 텐트 안에서 뒹굴거림. 아기 인형을 만지작거림. 뒹굴거리다 텐트 밖으로 나옴. 아기 인형 얼굴 들여다보기. 더 놀고 싶어 함.

31회기

play doh 꺼내 누르며 "꾸~ 꾸~" 입소리. 그릇에 play doh 떼어 냄. 물렁 초를 꺼내 입에 물고 씹으며 다님. 놀잇감 탐색. 모양 찍기 통을 엎으려 해 T가 손으로 꺼내라고 하니 알아듣고 손으로 꺼냄. play doh 주물거리고 컵에 담고 막대에 끼우기. 우유병을 꺼내 물기. 음식 피규어를 입에 넣어 T가 제한하고 대신 물렁 초를 주자 잠시 울며 보챔. "엄마~ 엄마~" T에게 안기며 칭얼댐. 그러며 피규어를 입에 넣으려 해 다시 제한하자 한참을 징징거림. 놀잇감 탐색함. 종을 흔들며 입소리. 인형에게 치마를 입히며 "치~ 입~" 소리 냄. (치마 입어.) Ct가 치마 입히기 잘 안 되자 T에게 들고 옴. Ct가 입히도록 도와 줌. Ct 키친 세트 위 올라갔다 내려와 아가 피규어를 들고 T에게 와 T에게 매달리고 안기고 T를 밀어 쓰러뜨리고 그 위에 엎드려 누움. 동물 피규어를 꺼내 보다 다시 아기 피규어를 들고 다 님. "응가." 하며 아기 피규어를 입에 넣기도. 햄토리 피규어 집을 만지작 거림. 초를 입에 넣고 씹음. 정리 안 하려 함.

32회기

play doh 모양의 통을 열고 안의 피규어 쏟아 냄. T의 무릎에 앉아 노래 듣기. 작은 구슬 통을 흔들며 T의 무릎에 앉아 있기. 입에 피규어를 넣어 T가 대신 물렁한 초를 줌. play doh 통 열어 달라는 표시를 하나 Ct가 열 도록 함. play doh 떼어 내어 얼굴에 밀어 보고 팔에 밀어 보고 T가 팔 내 밀자 T의 팔에도 play doh 밀어 보기. 바닥에 play doh 떼어 내 그릇에 담 으라고 하나 계속 바닥에 떼어 냄. 일어나 종을 흔들다 T에게 안김. 우유 병을 꺼내 물며 T에게 안김. 놀잇감을 잠시 보다가 T에게 안겨 우유병 빨 기를 반복함. 초 씹고 빨기. 일어나서 놀잇감 탐색함. 곰돌이 푸우를 침대 에 눕히고 웃으며 T에게 왔다가 키친 세트 위에 올라감. 올라가 씩 웃음. 노래에 맞추어 고개 흔들기. 텐트 위에 올라가 좋은 듯 웃음소리를 냄. T 가 제한하며 내려놓자 더 신난 듯 웃음. 계속 텐트에 올라가려 해 제한함.

> **모 상담**
>
> 병원 갔더니 아이가 산만하다고 약을 먹이라고 하나 안 먹이고 있다. 아이가 장염이다.

33회기

아기 피규어를 꺼내 들고 다니다 키친 세트 위에 올라갔다 내려옴. 빨간 저울을 꺼내 아기 인형과 함께 쥐고 만져 보고. T의 무릎에 앉음. 아기를 저울에 올려놓음. 노래를 들으며 T의 무릎에 앉음. play doh 꺼내 통열어 달라며 보챔. 자기 다리에 play doh 문지름. T에게 기대어 모양 찍기. T가 Ct의 손을 잡아 딸기 모양을 찍어 주자 T를 보고 웃음. 케이크의 조각을 맞추다가 물렁한 초를 입에 물고 씹기. 딸기 모양 찍을 듯 만지작거림. 버스 꺼내 발로 굴리며 T를 보고 웃기. play doh에 곰돌이 푸우 찍기. 종종 T를 보며 웃음. 계속 T에게 기대어 놀이함. play doh 주물거리고 떼어 내고 꾹 누르기. T의 손을 잡고 뒤로 밀어 누움. 방귀. 초 씹으며 있다가 키친 세트 위에 올라감. 엎드려 누움. 내려와 문 열고 나가려 해 화장실 데리고 가니 대변. 들어와 초를 꺼내 빨다가 우유병 꺼내 빨기. 키친 세트 위로 올라가려 해 T가 제한하자 키친 세트 위에 올라가 앉음. 우유병을 빨며 앉아 있음. 우유병이 바닥에 떨어지자 내려와 입에 물고 다시 올라감. 내려와 비행기 꺼내오나 하늘을 나는 모습은 하지 않음. 비행기를 보며 웃다가 다시 키친 세트 위에 올라감. T에게 뭐라고 말하려는 듯 옹알거리는 새로운 모습을 보임.

모 상담

내년에는 ◇◇◇학교 입학 예정이다.

34회기

아기 피규어, 빨간 저울, 자동차를 꺼냄. T의 무릎에 앉아 노래 듣기. 우유병을 꺼내 빨기. 아기 피규어를 만지작거리며 들고 있음. 계속 우유병 빨기. play doh 가지고 와 떼어 내고는 그릇에 담음. 그네 피규어를 꺼내와 T의 무릎에 앉으며 자기 무릎을 쓰다듬어 달라며 T의 손을 끌어당기기. play doh 뚜껑을 열어 달라며 칭얼거려 Ct 스스로 하게 하니 주먹을 쥐고 하지 않으려 함. 그러는 사이 뚜껑이 열려 꺼내 말고 굴리고. T가 뚜껑을 닫고 언어적으로 요구하라고 하자 T의 입을 보며 따라 입을 움직임. 아기 인형과 빨간 저울을 들고 키친 세트 위로 올라감. 텐트 위로 올라가 T가 제한하며 내려놓자 "엄마~" 하며 울기. Ct 선반 위에 엎드려 울기. 눈물 흘리며 "에~ 엄마~" 하며 크게 울다가 나가려 함. T의 등에 매달려 있다가 Ct 다시 텐트에 올라가려 해 제한하자 울지는 않으나 칭얼댐. T에게 안겨 "엄마~ 엄마~" 하며 우는 소리 내나 점점 작아짐. 물렁한 초를 입에 넣고 씹음. 케이크에 초 꽂기. 운전 게임 가지고 T의 무릎에 앉으며 씩 웃음. "붕~" 하며 T의 손 잡아끌기. 자동차가 굴러가는 것을 바라보고 만지작거림.

모 상담

인형을 업고 다닌다. 옛날 자기를 업어 주던 포대기 꺼내 가지고 다니며 논다. 높은 곳에 올라가 많이 야단을 쳤다. 사이가 안 좋았다.

35회기

    시간이 안 되었는데도 놀이치료실에 들어온다며 울었다고 함. 들어와 T에게 안기고 노래 듣기. T가 안고 흔들어 줌. Ct 안겨서 한참 있다가 키친 세트 위에 올라가 앉음. 아기 피규어를 꺼내 들고 다시 키친 세트 위. 위에서 버스 멜로디 버튼을 누르며 몸을 흔들기. T가 노래하며 Ct를 만져 주자 웃음소리. T를 빤히 바라봄. 키친 세트 위를 오르락내리락 반복. 계속 아기 피규어를 들고 있음. T가 내려오라고 하니 T에게 오며 밀면서 안김. T가 반동으로 뒤로 쓰러지자 T의 위에 올라가 앉아 있음. play doh 가지고 와 내밀어 (해 주세요~ 해야지.) 하니 "해 주세요." 하고 분명히 말함. T가 칭찬해 줌. 미니 자동차를 슬쩍슬쩍 굴리고 키친 세트 위에도 굴림. T를 쳐다봄. Ct가 텐트에 들어갈 듯하다 안 들어가기 두 차례. 독수리 꺼내 들고 빙글빙글 돌기.

> ### 모 상담
>
> 아이가 말 잘 듣는다. 요즘 기분 업이다. 집에서는 피규어 씹는 것이 없었다. 3일 전부터 1/4 알의 페니드를 먹인다.

36회기

    놀이치료시간 전 모에게 혼나고 맞았다고 함. 모에게 안겨 서럽게 울며 소리 지르고 있었음. 입실하여 T의 등에 매달려 계속 소리 지르며 서럽게 울기. play doh에 초를 꼽으며 "꾹~ 꾹~" 입소리. 운전 게임을 꺼내 자동차가 가는 것을 바라봄. T의 무릎에 앉아서 노래를 들으며 팔다리를 만져주고 쓰다듬어 줄 것을 요구함. 입에는 초를 물고 빨고. 악기를 꺼내 두들겨 보고는 키친 세트 위에 올라가 T를 보고 웃기. 짝짝이 두들기기. 그러다가 T에게 다가와 안김. 일어나 아기 피규어를 꺼내 와 다시 안김. 아기 피규어의 손발을 움직여 보기. T를 보고 씩 웃고는 기대어 안김. 일어나 오이 찍찍이를 떼었다 붙였다. Ct가 내려와 앉아 T를 보고 씩 웃음. play doh 뚜껑 열고 꺼내 꾹꾹 누르기. 정리 잘함.

모 상담

언어치료시간에 양말을 벗지 말라고 하니까 울더라. 자야 할 시간에 집안을 난장판으로 만들어 놓는다. 어제도 야단을 맞고 잤다. 하루라도 야단을 안 치는 날이 없다. 점점 아기가 되어 가는 것 같다.

37회기

T에게 안겨서 들어옴. 구슬 통을 꺼내 보고 미니 자동차를 슬쩍슬쩍 굴림. 멜로디 버스를 들고 키친 세트 위에 올라감. T를 바라보고 앉았다가 엎드림. 수화기 들어 T가 (여보세요~) 하자 수화기를 귀에 대어 보나 입소리는 내지 않음. 케이크에 물렁한 초 꽂기. 그러다가 손뼉을 치고 입소리 냄, T도 같이 손뼉을 쳐 주자 T를 쳐다봄. T가 노래에 맞추어 흥얼거리며 Ct를 쓰다듬어 주자 씩 웃음. 초 빨고 씹기. T의 무릎에 앉아 피아노 버

튼 누름. 모양 찍기 통 가지고 옴. Ct가 나비 모양을 꺼내 T가 '나비야' 노래 부르자 T를 쳐다봄. T가 팔로 날갯짓하며 (○○이도 훨훨~) 하자 Ct 한 손 흔들기. T가 칭찬하자 웃음. 초를 씹다가 나비 모양 찍기를 입에 넣으려 해 T가 (에~!) 하자 얼른 내려놓음. 텐트에 발을 걸치고 있다가 큰 오토바이를 타고는 앞뒤로 흔들기. Ct는 오토바이가 불편한지 몇 번 타고는 그냥 손으로 밀기. 미니 오토바이를 꺼내 봄. 아기 피규어를 꺼내 봄. 그릇들을 꺼내며 잠시 입소리. 프라이팬을 꺼내 T가 가스레인지 위에 올려주자 프라이팬의 뚜껑을 닫음. T가 찍찍이 야채를 넣어 주자 뚜껑을 닫고 가스레인지 위에 놓음. 그릇들을 꺼내 쭉 늘어놓음. 음식 피규어를 담고는 박수. 아기 피규어를 들고 키친 세트 위에 올라감. 곰돌이 푸우와 친구들 꺼내 키친 세트 위에 세워 놓음. 돌아다니다가 오토바이를 발로 굴려보기도. 아기 인형을 꺼내 바라보고는 인형의 눈 만지기. 아기 인형의 모자를 Ct가 쓰려고 함. 정리 잘함.

모 상담

이유 없이 떼쓰거나 짜증내고 업어 달라는 것이 많아졌다. 너무 힘들어 야단을 쳤다. 생활 속에서 모방이 많아졌다.

38회기

T의 손을 잡고 오며 T를 보고 씩 웃음. 들어와 아기 피규어를 꺼내고 음식 피규어를 꺼냄. 그릇에 음식 피규어를 담기. T가 가스레인지 꺼내 주

자 프라이팬 올려놓기. Ct 멜로디 버스에서 소리가 나게 함. 키친 세트 위에 올라가 앉아 있다가 내려옴. 노래 듣기. play doh 떼어 내 그릇에 담기. 음식 담은 그릇들 옆에 놓음. 케이크 조각 맞추기. 종종 T를 쳐다봄. 물렁한 초를 케이크에 꽂기. T를 쳐다봄. T의 무릎에 앉아 냉장고 피규어를 만지작거림. 작은 캔 버튼을 누르고 나오게 하기 반복함. Ct가 잘 못할 때 T가 (에~?) 하자 킬킬 웃기도.

모 상담

집에서도 많이 얌전. 가끔 이유 없이 짜증 낼 때 있지만 그것도 줄고 있다. 업어 달라고 한다. 모는 몸이 아파 물리치료 받으러 다닌다. 업어 줄 수 없다. 손발 대고 그리기. 동그랗게 그리고 색칠하기. 어떤 모양이 있는 것은 아니지만 색칠하고 그리기를 많이 한다. 모를 찾고 꼭 손잡고 다니려고 한다.

39회기

play doh 모양 찍기 통과 나비 모양을 꺼냄. 키친 세트 위에 올라감. 내려와 그릇들을 선반 위에 늘어놓기. 의자 피규어를 꺼내 Ct가 그 위에 앉으려 함. Ct 그릇들 꺼내 뒤적거리다 *"꼬꼬까까."* 하며 나가려 함. 화장실에 데리고 가니 볼일은 보지 않음. 다시 데리고 들어오니 "엄마~" 하며 매달려 울기. Ct 등에 매달려 울다 오줌을 쌈. Ct가 스스로 휴지로 오줌에 젖은 바지 닦는 모습. (아까 화장실 갔을 때 쉬~ 해야지.) Ct가 휴지로 바지를 닦다가 휴지를 뭉침. 종이컵 여러 개를 가지고 쌓으려고 하다가 이리

저리 놓아 봄. 한참을 컵을 만지작거리다가 키친 세트 위에 올라감. (선생님한테 와 봐. 노래 듣자~) Ct가 노래 테이프를 꺼내 T의 무릎에 앉음. 일어나 노래 테이프를 들고 키친 세트 위로. 창문이 열려 위험하다며 내려오라고 하자 칭얼거리며 계속 울기.

40회기

　T를 보자 T에게 폭 안겨서 들어옴. T가 내려놓자 스스로 신발을 벗음. T의 무릎에 앉아 노래 듣기. play doh 모양 통에서 피규어를 꺼내 봄. 일어나 선반 놀잇감 탐색. 집 모양 퍼즐 맞추기. 비눗방울 불기를 꺼내와 T가 방울을 불어 주자 Ct도 입을 오므려 '후' 하려는 모습. T가 비눗방울 막대를 Ct의 입에 가까이 대어 주나 입 바람은 불지 않고 입만 오므리고 있음. T가 여러 번 '후' 부는 모습 보이며 Ct에게도 입바람을 불어 주자 '후' 입바람을 불어 비눗방울 불기 가능해짐. 막대를 자꾸 손으로 만지려 함. 비눗물을 쏟아 내어 화장실에 가서 씻고 옴. 다시 비눗방울 불기. 선반에서 사람 피규어를 꺼내 보고 상어 피규어를 꺼내 들고 있다가 배 퍼즐 맞추기. 다시 비눗방울 불기를 잠시 하다 자동차 만지작거림. 시계를 손목에 끼고 가방도 들어 봄. 선반에서 놀잇감을 꺼내 봄. 그릇들을 꺼내 늘어놓고 음식 피규어를 그릇에 담기. 설거지 흉내 내기. 스펀지로 열심히 그릇들을 문질러댐.

아이가 소꿉장난 좋아한다. 어질러 놓아 정리하자고 하면 울고불고한다.

41회기

　조기교육실과 언어치료시간에 많이 고집 피우고 떼썼다고 함. T를 보자 T에게 폭 안김. T에게 안겨 들어와 그릇들을 꺼내 열심히 설거지하는 모습. 양말 벗음. 설거지하다가 T를 쳐다봄. (구석구석 깨끗이 씻어~) Ct가 설거지를 계속함. T가 아기 인형의 얼굴도 닦아 달라며 Ct 앞에 놓으나 그릇들만 열심히 씻는 시늉. 일어나 화장실에 가고 싶은 듯해 화장실에 데리고 가니 대변. (응가~ 응가~) 하자 일어나 "응가." 비슷한 소리 냄. 다시 입실하여 뚜껑이 열리는 밥통 피규어 위에 변기인 것처럼 앉으려 함. T가 변기 피규어를 꺼내 인형을 앉히며 (인형 응가~) 하자 Ct가 신경질 내는 모습. (○○이 응가는 저기.) T가 화장실 가리킴. Ct가 청진기 꺼내 목에 걸고는 음식 피규어들을 꺼냄. T가 접시를 주자 접시 위에 음식 피규어를 올려놓음. T가 인형 앞에 음식 피규어를 놓으며 (인형도 먹자~ 얌얌~ 진짜로 먹는 것은 아니지.) 먹는 시늉함. Ct 그릇들 선반 위에 늘어놓음. 케이크 피규어 조각 맞추려 하나 잘 안 됨. play doh 모양 찍기 통에서 피규어 골라내기. play doh로 꽃 모양 찍기. 자신이 찍은 꽃 모양을 바라봄. T가 다시 하자며 (꾹~) 하자 Ct 손바닥으로 play doh 누르며 "꾹~" 소리 냄. T가 한 번 더 꾹 누르자고 하니 짜증내며 떼쓰려 함. 손에 자신이 찍은 꽃 모양을 들고 있음. Ct가 보물 상자 꺼내 보나 안의 내용물에는 관심 없음. T가 안의 내용물을 손에 쥐고 있자 달라며 보챔. (주세요~) 하자 손 내밀며 입소리. 더 놀고자 하며 울며 보챔. 이전에 비해 떼쓰는 것이 심해짐.

42회기

Ct 운동실 볼풀장에서 놀려 하나 T가 안고 치료실에 데리고 가려 하자 버팀. 입실하여 설거지 시늉. 미니 음식들도 꺼내 봄. play doh 모양 찍기 통 꺼내 와 열어 달라는 표시를 하나 Ct가 열도록 함. 다시 설거지하는 모습. 그릇들을 마구 끄집어내어 정리하자고 하니 버티며 거부함. T가 안아 주자 일어나 멜로디 버스에서 소리가 나오게 하고 초를 케이크에 꽂기. play doh "꾹꾹~" 소리 내며 누르기. (꾹꾹 눌러요, 동글동글 말아요~ 길게 말아요~) T가 모범을 보이자 따라 함. 키친 세트 위에 올라가 T를 쳐다봄. T가 Ct의 여기저기를 만져 주며 (주물주물~) 하자 웃음. Ct 내려와 비눗방울 불기. 놀잇감을 탐색함. 사람 피규어를 꺼내 키친 세트 위에 세워 둠. 팔다리를 만지작거리기도. T를 쳐다봄. 다시 사람 피규어의 팔다리 움직여 봄. T를 쳐다봄. (○○이 어디 있지?) 하자 T를 보며 씩 웃음. 목걸이하기. Ct 인형 침대 피규어를 꺼내 자신이 침대 위에 누우려 함. T가 인형 침대라며 인형을 눕히자 Ct가 그 위에 누우려함. (아이, 작다! ○○이는 이렇게 큰데.) Ct가 선반 위에서 미끄럼틀 피규어를 꺼내 던져 분리되자 T에게 다가와 "엄마~ 엄마~" 하며 해 달라는 표시. 마구 끄집어 놓은 그릇들 정리하면 해 준다고 하자 계속 칭얼댐. (기다려 봐~ 선생님이 이거 하고 해 줄게. 기다려~) T가 그릇들을 정리하는 사이 Ct 계속 칭얼댐. T가 분리된 것을 연결하자 Ct가 타려는 듯. T가 인형 미끄럼틀 태우며 (이건 인형이 탄다.) 하자 Ct가 더 이상 하지 않으나 인형 침대에 누우려 함. 시간이 되어 나가자고 하니 안 나가려는 듯 고집과 떼쓰기 심해짐.

모 상담

고집이 세어졌으나 몇 주 전보다는 좀 나아졌다.

후기

이후에도 치료가 진행되었으며 계속 치료가 진행되어야 했으나 치료자의 개인 사정으로 종료하게 된 사례이다. 발달이 느려서 걱정되던 아동으로 '맑은 눈의 사람들'이라는 온라인 카페를 오픈하고 사례를 공유하자는 취지로 일부를 카페에 올렸던 사례이다. 치료자가 놀이치료를 시작한 지 4~5년쯤 지나 한참 배움에 목말라하던 시절에 아동을 만났다. 온라인 카페에 올릴 때에도 내어놓기 어설펐는데 치료자의 숙련기간이 좀 더 지난 지금에 보니 매우 부끄럽다. 하지만 발달의 문제를 지닌 어린이를 치료하거나 치료할 예정이 있는 분이 있다면 조금이나마 참고가 되기를 바라며 이 사례를 공유하고 싶었다.

이 아동의 첫인상은 매우 강렬하여 13~15년이 지난 지금도 기억에 남는다. 얼굴은 예쁘장하나 전혀 엄마의 손길이 닿지 않은 듯 흐트러지고 야생

마 같은 분위기에 눈빛은 멍한 표정이 아동이었다. 아동의 어머니는 아동의 치료를 위하여 여러 곳을 방문하였으나 아동을 보는 눈빛은 싸늘했고 이런 아이가 왜 나의 아이가 되었는지 그 자체에 화가 나는 듯 보였다. 그래도 치료가 진행되는 동안 어머니는 결함은 보이지만 아동이 자신의 자녀라는 것을 서서히 받아들이기 시작했다. 아동의 멍한 눈빛이 또렷해지면서 생기를 찾아갔고 얼굴 표정이나 몸짓, 옷매무새 등이 제자리를 찾아가듯 다듬어지기 시작한 변화를 어머니는 긍정적으로 여기기 시작했다.

어머니는 미흡하지만 모-아의 새로운 관계를 재건하려 노력해 나갔고 동시에 아동은 엄마에 대한 애착을 다져 나갔다. 아동은 엄마에게 치료실 안에서나 생활에서의 호전을 여러 방면으로 드러내 주었다. 미진했던 발달과업의 보상뿐 아니라, 의식수준이거나 잠재의식수준에서 그동안 채우지 못했던 심리적 문제를 해결해 나가는 것처럼 보였다. 정혜자 선생님께서 늘 말씀하시는, 치료자를 징검다리로 엄마와 아이가 서로 연결되도록 하여 안정적인 애착을 형성하도록 도와야 된다는 말씀이 이 사례에서의 아동을 비롯한 많은 발달 장애 아동에게도 적용된다는 것을 다시금 확인하는 사례였던 것 같다. 치료자와의 애착관계가 잘 이루어짐으로써 심리적 문제의 해결과 더불어 전인적 발달에도 가속이 붙을 수 있음을 확인할 수 있었다.

이 사례를 만남으로써, 발달의 문제를 지닌 아동의 부모님 마음도 매우 세심하게 살펴야 하며, 아동을 있는 그대로 받아들이고 기나긴 치료과정을 잘 견디어 낼 수 있도록 돕는 것도 간과할 수 없이 중요한 치료자로서의 역할인 것을 마음에 새기게 되었음에 대해 감사하는 마음이다.

예민하고 까다로운 아동과 우울한 엄마

남희경(허그맘허그인 남양주다산심리상담센터)

내원 당시 5세였고 외동인 남아였다. 친구들과 놀 때 양보하지 않고 마음대로 되지 않으면 소리를 지르는 행동을 보였다. 엄마에게 이유 없이 짜증내며 소리 지르는 반면에 엄마 껌딱지로 계속 함께 놀기를 요구하고 화장실에도 따라와 안아 달라고 하며 잘 때도 팔을 만지면서 엄마 배 위에 올라가서 자야 했다. 또한 매우 예민하고 까다로워 일상 작은 부분에서도 엄마를 지치게 하는 동시에 화를 불러 일으켰다. 이에 엄마는 받아 주다가 아이에게 화를 내고 소리를 지르거나 체벌을 하기도 했으며 그래야 아이도 반응을 하고 말을 듣는 것 같다고 하였다. 평소 엄마를 만만하게 보는 것 같다고 하면서 아동과의 관계에서 상당한 스트레스와 어려움을 토로하였다. 초기 상담에서 어머니의 모습은 안에 상당한 불만과 분노가 억압이 된 듯 경직되었으며 정서적으로 매우 우울해 보였다. 상담 도중 내내 눈물을 보였으며 어머니로서의 역할 이면에 결혼 생활에도 상당한 어려움이 있는 것으로 판단되어 개인상담 및 부부상담을 먼저 해 보기를 권하였다. 이후 놀이코칭과 놀이치료로 진행이 되었다.

치료자가 이해한 아동은 태내기와 출생 상황에서 어려움이 있었으며 생의 시작점에서 경험된 어려움은 아동이 기질적으로 예민하고 까다로우며 불안에 취약한 모습으로 나타난 것으로 보였다. 어머니는 이러한 기질의 아동을 이해하고 양육하는 데 서툴렀으며 아동이 요구하고 원하는 것을 거의 맞추어 주거나 아동의 소리 지르거나 떼쓰는 모습에 쉽게 감정적으로 휘둘리면서 아동에게 안정적이며 힘 있는 어머니로서가 아닌 약하고 만만한 엄마로 자리매김한 것으로 보였다. 더불어 결혼 생활에 대한 불만족으로 인한 우울감으로 아동의 반응에 민감하고 적절하게 반응하거나 대처하지 못하였고 아동은 더욱 떼쓰기와 짜증을 부리고 어머니는 이를 감당하는 데 어려움이 가중되었던 듯했다. 어머니의 관계에서와 유사하게 아동은 또래에서도 쉽게 화를 내거나 소리를 지르는 등의 과격한 모습을 보이면서 늘 자기 마음대로만 했던 평소의 모습대로 양보하거나 배려하지 않는 모습을 보였던 것으로 이해하였다. 이에 아동은 놀이치료를 통해 생의 시작점에서 경험된 생존과 관련된 어려움을 다루어 전인적 성장을 도모하는 동시에 어머니와의 관계를 안정적으로 재형성해야 할 필요가 있었다.

※ 아동과 모가 함께 들어가는 놀이코칭으로 진행하다가 놀이치료로 전환됨.
※ 괄호 안 반응은 치료자 반응임.

1회~4회: 모와의 분리 작업과 놀이실에 대한 구조화

1회기

모와 놀이코칭을 진행하다가 중간에 모가 나가려고 하자 "싫어! 싫어!" 하고 눈물. 계속 "싫어! 싫어! 엄마 엄마~" 하나 모래 상자 공룡 화석 만지 작거리면서 놀이. T가 나가는 시간을 알려 줌. (우리는 이 시간이 되면 나 갈 거야. 그때까지 울고 싶으면 울어도 되고 놀이하고 싶으면 놀아도 돼.) Ct가 엄마 찾으며 울먹이나 놀이는 계속함. 모래 비 내리 듯 모래 상자에 뿌리며 울먹이는 소리 작아짐. (엄마하고 놀고 싶은 만큼 나가서 엄마를 안아 주기로 하자) "응~" 하면서 고개 끄덕임.

2회기

엄마랑 논다며 떼쓰다가 분리되어 입실. 계속 엄마를 찾음. 처음에는 큰 소리로 떼쓰며 울다 점차 잦아진 작은 소리로 "엄마~ 엄마~" 소리 내고 아동이 자신의 감정을 추스르는 동안 T는 아동을 안고 있음. T가 시계를 보며 나가는 시간을 알려 줌. T가 공룡 피규어를 보여 주자 웃음. Ct 모래 상자에 공룡 파묻고 시계 보는 행동을 여러 번 보임. (응~ 숫자 9가 되면 나갈 거야.) Ct가 상어 피규어 꺼내 옴. Ct 놀다가 시간 확인. 상어 입에 모래 넣으며 상어가 다 먹는다고 함. 사람도 먹는다고 함. 곤충 피규어도 놓으나 거미 피규어는 무섭다며 치워 달라고 함.

같이 안 놀아 준다고 한 친구를 때렸다. 또 다른 친구를 깨물었다.

3회기

Ct 모와 함께 입실한다며 울기. T가 모와 분리해서 안고 들어 옴. Ct 울다가 공룡카드를 T가 모래에 세워 주자 흥미로워하면서 모래 놀이. 모래에 공룡 피규어 하나를 숨기고 쉬 마렵다며 화장실. 다시 올 때는 T의 손잡고 순순히 입실함. 주차장 놀이하고 정리. 다음에는 기차놀이를 한다고 함.

아이가 뭔가 불편한 마음이 올라오면 화를 내면서 어쩔 줄을 몰라 한다. 뭔가가 맺힌 것이 있는 것 같다. 집에서도 뭐가 잘 안 되거나 저하고 있을 때도 그럴 때가 있다. 친구하고는 놀던 친구하고만 놀려고 한다.

4회기

모 상담으로 진행함. "엄마는 맨날 화만 내."라고 한다. 모 눈물 글썽거림. 엄마는 화만 내서 싫다고 하고. 아이가 싸움 놀이만 하는 것이 나와 안 맞는 것 같다. (싸움 놀이의 상징성과 치료의 의미에 대한 설명함.) 유치원 친구 관계에서는 친구를 때리고 욕심이 많아 친구 것을 뺏고 양보도 안 하고. 남편은 진짜 아무것도 모르는 것 같다. 신경을 안 써 준다. 내가 다 감당해야 하니 힘들다. (원하는 것은 분명하게 알려 주어야 한다.) 아이가 말을 안 들으면 조절이 안 될 정도로 화가 난다. 진정하려고 해도 안 된다. 아이가 집에서는 최근 들어 혀 짧은 소리를 내며 손을 엄청 빨고 있다. (치료적 퇴행이니 조금 지켜보자.)

5회기: 심리적 심층놀이 시작-엄마의 배 속에 들어가는 장면

엄마 아빠와 함께 들어온다고 했다가 치료실 문 앞까지만 데려다 달라고 하고 치료자와 함께 입실. '악어' 등장. "아기 상어 좋아해."라고 하나 악어가 아기 상어를 입에 물고 아빠 상어가 나타났으나 죽고 아기 상어도 죽음. '악어'가 여기저기 다 깨물고 공격하면서 다님. '큰 거미'를 찾아 T가 찾아 주나 무섭다며 바구니에 따로 담음. 악어가 여기저기 공격하며 다님. 악어가 공격한 동물들이 다 죽었다고 함. 굴삭기가 등장하나 모래에 빠졌다며 모래 덮음. "꽉 차 있어서 못 다닐 것 같아. 다 막혔어. 못 가겠다."라고 하고 '경찰차'도 빠지고 있다며 모래 덮음. 경찰차가 여기저기 다니다가 동물들 사이에 묻힘. 경찰차도 모래를 함께 덮자고 함. 그러나 '경주차'는 모래도 뚫고 나온다고 함. "나왔어~" (대단해~) 다시 모래 속에 (모래 속에 빠져서 못 가는구나?) "아니, 가." (대단한 경주차네.) 경찰차는 뒤집혀서 떠내려간다고 하고 모래 상자 우측 상단 모서리에 숨김. 종종 시간 확인. '탱크에 사람 하나 태움'. 그런 후 '주차장 앞'에 감. 주차장 차단기 내리고 푯말도 세우고 "못 갑니다." 인형의 집에서 사람들 5명 가지고 와 "이제 문 열렸어~" 주차장 미끄럼틀 태움. 시계 보면서 "시간이 얼마 안 남았어. 빨리해야 해. 빨리~" 주차장에 사람들 오르락내리락함.

현재 손가락 전체를 입에 넣고 있다. (출산 상황?) 자궁이 작고 자궁 문이 열리지 않아 의사가 결국은 수술해야 한다고 해서 제왕절개를 했다. 입덧이 엄청 심했다. 임신해서도 맨날 집에만 있고 잠만 잤었고 동네는 낯설고 남편은 일 때문에 2주마다 집에 왔다.

6회기: 모의 자궁 속 경험, 모의 따뜻한 보살핌을 더 바라는 마음이 묻어남

졸리다며 모에게 안겨 놀이치료실에 안 들어간다며 고집. 소리 지르고 울기. T가 안고 치료실 들어오자 울고불고 "엄마~ 엄마~!" 울면서 엄마 찾기. 엄마는 기다리고 계신다고 하나 "아니야~!" 하며 울음. 기차를 움직여 보이자 기차에 관심 보이며 점차 엄마를 찾는 소리가 작아짐. (무슨 놀이 할까?) "안 해." (안 하고 싶으면 안 해도 돼. 그런데 시간이 되어야 나갈 거야. 아, 시간이 벌써 5에 갔네.) 작은 목소리로 "엄마. 엄마." (○○이가 기차를 누르거나 선생님한테 해 주세요 부탁해야 기차는 갈 수 있어.) Ct 기차 버튼 누르고 길 바꾸기. 기찻길에 방해물. 방해물을 쌓음. "못 가~ 갈 수 없어~" 기찻길도 잡아서 떼어 냄. (길도 엉망이야.) "길도 엉망이다. 엉망이야~" (응~) Ct 기차 여기저기 다니다가 '인형의 집'에 놓고 "자야 해." 그리고 시계 가리킴. (응, 이제 8 가까이 가고 있네.) 사람 2 침대에 눕히고 이불도 덮어 줌. "얘는 여기에서 자지? 얘는 여기에서 잘까?" "기차는 어디에서 자지?" 사람에게 침대 양보한 기차가 잘 곳 찾는 모습.

손 빠는 것이 많이 생겼다. 또래랑 키즈 카페 갔는데 에스코트해 주기도 하고 달래 주기도 하고 울리기도 했다. 지난주까지 괜찮다가 다시 짜증이 늘었다. 모가 남편과 아이에게 알아서 해 주기를 바라는 마음과 태도가 있음을 이야기하고 '표현'하도록 격려함.

7회기~11회기: Up-Grade 놀이-기존의 부정적인 것 파괴하고 새로운 것을 재건함

7회기

시간이 되어 바로 들어 옴. 모래 상자에 텀블링 몽키즈 놓고 탱크 두 대를 굴리다가 모래 속으로 넣음. T에게 도움 요구함. 놀이터 피규어 모래 상자에 놓고 모래를 뿌리며 비가 온다고 함. 물에 다 놀이터가 빠졌다고 함. "아무것도 못 하겠어. 어떡하지? 문도 닫혔어~" 놀이터 관련 피규어 모두 모래 속에 묻음. (놀이터에 와도 놀 수가 없겠어.) "맞아~!" 잠시 축구 게임을 혼자 하다가 육식동물들과 자동차 드래곤이 물에 빠졌다고 하며 "이제 못 놀아."라고 하고 경찰서 소방서도 빠졌다고 함. 주차장에 초식 동물들 놓고 물에 빠지지 않았다고 함. '공사 차'를 꺼내 "구해 주고 있어~ 물에 빠진 사람 굴삭기가 구해 주고 있어. 굴삭기가 힘들대." (굴삭기 힘 내~ 파이팅!) 트럭을 모래에 묻고 굴삭기가 푸는 모습. T가 도와줄까 물으니 "혼자 할 수 있어!" 사자는 굴삭기를 공격하고 호랑이도 여기저기 파헤치며 굴삭기를 못 살게 구는 모습.

8회기

T와 손잡고 들어와 축구 게임. 모래 상자에 돌계단, 부처, 자유의 여신 상, 미이라 및 유적지 등 피규어 놓고 쓰러뜨리며 "비가 와서 무너졌어. 쓰러졌어. 비가 많이 왔어~" 뿅망치를 가지고 와 모래 상자를 두들기고 "비가 와서 다 쓰러졌어. 엉망이야~ 엉망이 되었어~" 그리고 다시 세워 주는 모습. (다시 정리가 되고 있어.) 큰 상어를 들고 와 세워 놓은 피규어 들을 쓰러뜨림. (이번에는 상어가 엉망진창으로 만드네.) T에게 '할머니' '엄마'라고 부르는 실수 보임. 텀블링 몽키즈 게임을 함께함. Ct가 이김. '인형의 집'이 엉망이라며 정리하는 모습. "왜 다 엉망이야?" 여러 번 말함. "엄마는 자~" 침대에 엄마 인형 눕히고 이불 덮어 줌. "잘 해 놨다~" (정리 가 잘 되었네.)

자궁이 작고 아이가 크다고 해서 제왕절개. 아이가 배 속에 있을 때 그랬던 것 같다. 그때부터 남편과 힘들었다. 주변에 아는 사람도 하나 없고 남편은 한 달 내내 풀근무. 저는 오매불망 신랑만 기다리고 있었는데. 산부인과도 같이 간 적이 한 번도 없었다. 눈물. 동네가 낯설어 계속 집에만 있다 보니 아이만 커지고. "힘들지?" 그런 따뜻한 말 한마디 없었고.

9회기

잠이 덜 깨 칭얼거림. 모와 함께 들어가고 싶어 함. 놀이치료실 문 열고 모는 앞에 앉아 있고 놀이 시작함. Ct는 T의 무릎에 앉아 있다가 모래 놀이를 한다고 함. '비'가 내리고 곤충들 다 잠기고 애벌레와 파란 나비만 괜찮다고 함. 그러다가 '물'에 잠기는 모습. 톱상어가 곤충들 꺼내 주는 모습. 고추잠자리를 모래 속에 묻고 모래 뿌려 줌. "비가 온다~" 상어가 놀이터도 부수고 톱상어가 구해 주었던 곤충들도 공격하는 모습. 상어와 가재가 톱상어와 겨루는 모습. 결국 상어만 남음. "다 깨물어 버렸어."

모 상담

아동이 냉큼 T의 무릎에 앉은 것에 대해 놀라워함. 태내놀이에 대한 설명.

10회기

들어와 다트 던지기. 주차장 안에 사람의 장기들. 구슬들 놓은 후 미끄

림틀로 내려오게 하고 모래 속에 꼭꼭 눌러 다지는 모습. 변신 터닝메카드 가지고 옴. 주차장 여기저기에 모래 놓기. 방귀. 터닝메카드 주차장 맨 위에 놓음. 그 위에 모래를 계속 가져다 놓음. 탱크, 붉은 도깨비, 날개 달린 드래곤, 임산부 피규어 모래 속에 묻음. 임산부 피규어 배에 태움. 엘리베이터를 타고 3층 주차장에 놓음. 그리고 T에게 발에 묻은 모래를 털어 달라고 함. 공사장 인부 모래 속에 묻으며 T를 슬쩍 봄. 공사 인부가 모래 속을 헤치고 별, 구슬, 호박 등 작은 피규어 꺼내 바구니에 담는 모습임. 그런 후 배 타고 다른 곳으로 간다고 함. 시간 확인. 공사차량 주차장에 주차시킴. 방귀.

11회기

모와 분리를 안 하려고 해 모는 치료실 방 문 앞에 문을 열고 앉아 있기로 함. 계속 "엄마~ 엄마~" 울며 서 있음. 계속 모 앞에 울면서 서 있어 T가 이제 문 닫을 거라고 하자 "닫지 마~ 엄마~!"라고 울음. 울면서 모 보고 서 있음. "문 열을 거야, 안 보여~ 문 열을 거야~!" 하며 계속 울면서 서 있음.

> **모 상담**
>
> 아이가 원하는 대로 하려는 행동이 근래 심해졌다. 모는 사람들이 지나가는 말에도 상처 받고 스트레스 받는다.

12회기: 태내에서 몸을 만들어 가는 모습

모와 잘 분리되어 "이따 만나요~ 안녕~" 하자 손 흔들기.

고무찰흙 모양 찍기. T에게 요구 사항 많아짐. 고무찰흙 모양 찍은 것 그릇에 담기. '인형의 집'에서 엄마 피규어 꺼내 와 "엄마 목욕 가야 돼."라고 함. 그릇에 담았던 고무찰흙을 뭉치고 "다시 해야 돼~"라고 하면서 물고기 모양 다시 찍기. 고무찰흙을 엄마 피규어의 팔다리 몸에 붙임. T에게 보여 줌. (엄마한테 딱 붙어 있네~) 시간 확인. 엄마 피규어 가방에도 고무찰흙을 붙이며 "거미줄, 거미줄이에요."라고 함. 시간 확인. 엄마 피규어 몸에 붙어 있는 고무찰흙에 이런 저런 모양 찍기 함. 더 놀고 싶어 함.

모 상담

속골반도 작은데 아이는 크다고 자연분만이 어렵다고 함. 제왕절개하기로 함. 예정일에 수술했지만 가진통도 없었다. 아이가 짜증, 생떼를 부리고 하는데 처음으로 모가 소리 지르지 않고 버티었다. 전에는 힘들어 같이 운 적도 있는데 아이가 모에게 안 울게 토닥토닥해 준다며 오더라. 모 눈물.

13회기: 아기 되기

아기 인형을 꺼냄. 아기 인형 몸 위에 모래 뿌리기. "어디 있지?"라며 숨겼던 작은 피규어들 찾기. 아기 인형 입에 모래를 붓고는 "아기 모래 먹어요~" "(모래) 눈에 들어갔어요." 모래 털어 주고 다시 입에 모래를 넣어 주며 "쪽쪽쪽~~" 입소리 내기. 숟가락으로 모래를 퍼서 먹여 주기도 함. 기차 세트의 기차를 굴리다가 못 가게 앞을 막음. "안 돼~ 사고 났다~!" 계속 사고 장면을 연출함. "멈춰! 다시 가야 해. 다시 처음부터 다시 가야 해~" 인형의 집에서 이불을 꺼내 기차에 덮어 주고 "끝났어~ 끝났어요." 침대를 기차 위에 싣고 "이제 기차가 없어. 이제 끝났어." 기차와 침대는 정리 안 하고 두고 가고 싶다고 함. Ct 유모차에 앉음. 모래 상자에서 장난감 돈 찾기.

> **모 상담**
>
> 태어날 때 턱 부분이 눌려서 찌그러져 있었다. 속골반이 작아서 그런지? 아기 때 썼던 바운스를 치워 놓았는데 여기 앉을 거라며 앉으려고 하더라. 유치원에서는 친구들이랑 잘 지낸다고 하는데 친구의 동생은 밀치고 양보를 안 한다. (잘못된 행동을 보이면 즉시로 time-out 하셔라.)

14회기: 모와 밀착하는 시기

Ct가 계속 "나갈 거야~!" 하면서 울기. 모든 것을 거부하면서 울기. T는 일관적으로 시간이 되면 나갈 것이라고 알려 줌. 20분쯤 경과하자 나갈 거라는 목소리가 작아지고 선반 쪽을 흘깃 쳐다봄. 그러면서도 나갈 거라며 징징거리는 소리. 발에 신은 양말 가지고 장난하면서 "나갈 거야~ 싫어~ " 시간 되어 나가며 "문 열어~ 내가 안 열어~"

> **모 상담**
>
> 이번 주는 정말 심했다. 실컷 놀고 와서 목욕도 싫다. 밥도 싫다. 양치도 싫다. 있는 대로 성질을 부리고. 화가 나서 등짝을 세 대 때렸다. 유치원에서 친구를 여러 명 때렸다고 전화 왔다. 아이에게 감정적으로 흔들리지 말고 일관적인 양육 태도를 보이셔야 한다고 안내함.

15회기: 다시 퇴행하는 시기

다트 던지기. 쉬 마렵다고 화장실. 다시 입실해서 블록 놀이를 한다고 함. T와 함께 연결하다가 힘들다며 모래 상자에서 모래를 선물이라며 줌. 블록을 담았던 큰 통에 들어 가 앉음. 블록으로 '성'을 만들 것이라며 고집함. 조립 중 가장 어려운 만들기임. 시간 내에 못 만들 것 같다고 하자 한번에 부숴 버린다고 신나게 부수며 "단단한 것을 부순다~" 모래 상자 우측 상단에 안킬로사우루스를 놓고 비가 너무 많이 왔다고 함. 안킬로가 친구 공룡을 구해 줄 것이라고 함. 더 놀고 싶어 하며 다음 시간에는 기차 놀이를 할 것이라고 함.

> **모 상담**
>
> 유치원 방학 동안 잘 지냈다.

16회기 이후: 본격적인 성장 작업의 시작-이후 무의식이 더 열려 상징과 복잡한 내면이 표현되고 개별화 작업으로 이어짐

16회기

유모차에 아기 인형을 떨어뜨림. "음식 담을래. 케이크를 담아야지." 아기는 유모차에 태움. "여기 먹을 게 많이 생길 거야." 붉은 도깨비와 스파이더맨의 겨루기. 백설공주와 마녀할멈의 겨루기. 드래곤이 여기저기 다니면서 흐트러뜨리기. 낚시놀이 집중해서 하기. 기찻길 원 안에 앉아 있다가 기차 못 가게 쓰러뜨림. 볼링을 하다가 볼링 핀으로 기차 맞춰 탈선

시킴. 볼링 핀 쓰러뜨리기. 버스로 부딪혀 볼링 핀 쓰러뜨리고 다시 세우기. 볼링 핀 두 줄로 줄 세우고 줄 사잇길로 버스 조심스럽게 통과하며 핀이 쓰러지면 안 된다고 함. 통과한 후는 맞은 편 여기저기 세게 부딪힘. 기찻길도 무너뜨리고 기찻길로 버스 못 가게 쌓음. "고장 나서 나갈 수가 없어." '인형의 집'에서 엄마는 너무 피곤해 쉬고 있고 아빠가 와서 엄마랑 코 잔다고 함. "같이 자고 있었다." 시간 확인. 볼링 핀 쓰러뜨리기. 물고기 낚시 놀이 집에 올려놓음. 버스 여기저기 굴리며 부딪히기. 주차장 미끄럼틀 자동차 굴려 내려가게 함.

> **모 상담**
>
> 친구가 자기 장난감 만지니까 오지 말라고 울고불고 밀다고 하고 엄마에게 화를 내더라.

17회기

시간되어 입실. 기차를 굴리다가 사고 "사고~ 사고!" 기차를 못 가게 계속 사고 나는 모습. 기찻길들 떼어 내고 흐트러뜨리고 마구 치기. "사고! 사고! 사고 발생!" 기차를 '인형의 집' 안에 넣고 집 안 흐트러뜨리기. 기찻길들도 모아 인형의 집 안에 넣음. 주차장 위에 올라가 기차를 던지기도 함. T가 제한함. 선반에서 자동차 가지고 와서 5대 기차처럼 연결하고 주차. 그러면서 "칙칙폭폭 땡~ 여기 꽉 차면 다른 곳에 할 거야." 그러다가 갑자기 화장실에 가고 싶다며 화장실 다녀옴. "같이 놀자~ 너무 좁아~ 좁아~ 너무 좁아 꽉 찼잖아." 주차장 위에 주차하는 모습. 여유 공간이 생기자 비행기도 놓음. 작은 냄비에 음식들을 담음. 식기에 음식 담기. T와 축구 게임을 하다 자기는 9이고 T는 0점이라고 함. 잠시 모래 만지다가 쉬마렵다며 화장실. 들어와 모래 두들기기.

모 상담

요즘 모의 말을 듣지를 않고 대답을 안 한다. 떼가 더 심해진다.

18회기

T와 손을 잡고 입실. 주차장과 길 연결함. '응가'한다며 화장실. 주차장과 연결된 길 완성함. 자동차 주차함. 시간 확인. 경찰서, 소방서도 놓고 바다 동물들 소방관 주변에 세움. 큰 가재를 꺼내 보이며 "얜 착한 놈인데. 나쁜 놈을 물리쳐야 돼." 가재가 상어 등 공격하는 모습. 그러나 상어에게 가재가 쓰러지고 다른 물고기들도 상어에게 당하는 모습. "동물들 다 쓰러뜨려~ 사고 나고 있다. 죽였어. 다 죽여. 다 죽였다~"

모 상담

유치원 생활은 잘 지낸다고 함. 친구를 밀거나 치는 행동이 방학 전에 다시 보였는데 지금은 하려다가 멈추고 눈치도 보고 사과도 한다고 한다. 모가 물어보면 "몰라, 기억 안 나."라고만 반응했었는데 자기 이야기를 조금씩 한다. 유치원에서 있었던 일. 새로운 친구 이름도 이야기한다. 웃음. 대변을 안 본 지 2~3일이 되었다.

19회기

콩콩 뛰어오면서 입실. '인형의 집' 인형들 침대에 눕히고 의자에도 앉히고 이불도 덮어 줌. 1층에 있던 피규어 2층으로 다 옮김. (아래는 비어 있고 위에는 가득 찼네~) '주차장'과 '길'을 꺼내 연결할 것이라면서 T에게 도움 요청함. T와 함께 길을 연결하며 길 끝에는 소방서와 경찰서를 놓음. 주차장에 자동차가 주차할 것인데 1층에는 주차를 안 하고 2, 3층에만 할 것이라고 함. 2, 3층 가득히 주차하는 모습. 주차장에 '착한 공룡'과 '나쁜 공룡'이 모두 지켜 주려고 오고 있다고 함. (와~ 무서울 일이 없겠네.) "무서울 일이 없어. 지켜 주는 거야." 공룡들 여기 저기 놓으며 다 지켜 준다고 함. 시간 확인. 모래에 구슬을 숨기고 T에게 찾으라고 함. (그래~ 선생님이 다 찾을게~) "선생님 못 찾을 걸~" (못 찾을 수도 있어? 그럼 어떻게 될까?) "못 찾으면 안 돼. 선생님이 다 찾아야 돼. 못 찾으면 어떻게 하지?" (그러게~) "많이 있어~" (선생님이 부지런히 다 찾아야겠네.) "같이~ 같이~" (그래 같이 찾자.) T와 구슬들 찾으며 모래 감촉 느낌.

모 상담

2주 동안 엄청 힘들었다. 짜증도 많고 대답도 안 하고. 이에 본인은 우울해서 누워만 있었다. 아이는 아빠 보고 싶다고 울더라. 유치원에서는 새 친구를 잘 챙겨 주고 친구들과 잘 지낸다고 한다.

20회기~22회기: 남자로서 자신의 존재를 선언함과 동시에 성장하고 출생 시기를 조율하는 모습

20회기

모래 상자 놀이. 야생 동물들이 바다 동물들 입소리 내며 먹는 시늉함. "죽었다. 다 죽게 만들었어~ 얘네 다 잡아먹었네?" 기린이 혼자 다 먹는 모습. 그리고 기린 모래를 덮어 주며 "코~ 코~" (코 자는 거야?) 고개 끄덕임. (배 불리 먹고 코 자고 있네) Ct가 작게 속삭이는 목소리로 "쉿 하자." "쉿 하자. 그 다음 놀자. 쉿쉿~ 쉿~ 해~" 모래 상자 중앙에 모래 언덕 만들며 모래 다지기 함. 작은 목소리로 소곤거림. 중앙의 모래 언덕에 기린을 숨기고 T를 슬쩍 봄. 기린 코끼리 사자를 중앙 모래 언덕에 세우고 "동물들만 해야 돼~" 그런 후 정리함. "비가 많이 왔어." 놀이터 피규어가 물(모래)에 잠기는 모습. 갑자기 화장실에 다녀 옴. 아이들 모래(물) 쌓인 놀이터에서 노는 모습. "비가 아직도 오네. 다 잠겼다. 아직도 많이 오네~ (손으로 모래 뿌리며) 놀고 싶다" 시간 확인. 비가 오고 있다며 계속 모래 뿌리기. 아이들 어른도 비에 잠겼다고 함. "이제 비가 그쳤어" (엄청나게 비가 내리고 그치는구나.) "비 오늘도 오네~" (또 오네~)

> **모 상담**
>
> 이번 주는 지난주보다 나았다. 유치원에서 여자 친구들과 어울렸는데 최근 남자 친구와 같이 축구하면서 재미있나 보다.

21회기

Ct 아기처럼 T에게 안겨 있으면서 아무것도 하고 싶지 않다고 함. 안겨 있다가 시간이 되어 나옴.

22회기

텀블링 몽키즈를 T와 함께하면서 이기고 싶어 반칙하는 모습 보임. T가 놀이 제한. 모래 상자에 사람들 놀이터 피규어 놓음. 놀이터 피규어에 모래 뿌리고 아이들은 모래 속에 묻음. 사람 피규어 선반에서 더 꺼내옴. 남자와 여자를 나란히 앉히고 위로 모래 뿌리기. 모래 속에 묻었던 아이 "퍽!" 소리 내며 꺼냈다가 다시 사람들과 함께 모래 속. 남자와 여자 나란히 눕히고 모래로 덮기. 미끄럼틀 근처 아이들 모래 속에서 꺼내고 미끄럼틀 위로 모래 뿌리기. 눕힌 남자와 여자 발 밑에 아이 하나 놓고 모래 털기. 작게 입소리. 남자와 여자 옆에 아이 하나 더 놓고 모래로 덮기. 모래 뿌리기. 스파이더맨이 여기저기 이동하는 모습. 종종 시간 확인. 스파이더맨을 놀이터 위에 놓음. 아이 하나를 모래 속에서 꺼내고 사자와 호랑이 세움. 스파이더맨이 사자와 호랑이 물리치는 모습. 방귀. 모래 상자에 모래 뿌리며 계속 시간 확인하는 모습.

모 상담

아이가 말을 안 들어 힘들다. (아이와 실랑이를 하지 말아라. 짧고 명료하게 이야기하시고 그대로 실행하시면 된다.)

23회: 태내 놀이 재연과 퇴행

Ct 모 치료실 문 앞에서 5분만 앉았다 가라고 해서 수용함.

기차 굴리고 기찻길 떼어 내기. "길 없다~ 길 없다" (길이 점점 없어지고 있어.) "안 돼~!" 소리 지르기. 자신의 양다리를 벌려 기차가 다리 밑으로 지나가게 함. 기차 연결함. 쉬 마렵다고 화장실. 자동차들 꺼냄. 기차 주차장으로 올라가는 모습. "주차했어요~" T와 함께 주차장과 연결된 길 잇기. 방귀. 모래 상자에 배와 비행기 꺼내와 비행기는 추락했다고 함. 갑자기 비가 온다며 비행기 위로 모래 뿌리기. 배는 물에 빠졌다고 하고 비가 온다면서 모래 뿌리기. 비행기도 가라앉았다고 함. 사람이 탄 보트도 가라앉았다고 함. "이제 비 안 온다." 하나 다시 사람이 가라앉고 비가 온다며 모래 뿌리기. '배하고 비행기는 쉬는 날'이라고 하고 모래 상자 왼쪽 하단 모서리에 놓음. 놀이터 피규어에도 모래 뿌리기. 비가 오다가 이제 비가 다 말라서 놀 수 있다며 사람들 아이들 노는 모습. '엄마랑 아빠'라고 하고 남자 여자 피규어를 가지고 옴. 미끄럼틀을 타고 노는 모습. 아빠는 회사 갔다고 하고 남자 피규어가 공사 차량 움직이는 모습. 아이들은 "따뜻한 곳에 쉬어도 되는데~"라고 하며 앉아서 쉬고 있다고 함. 공사 차 일한다며 "비켜요~ 공사하는 곳이에요."

모 상담

아이가 짜증 내는 것을 받아 주는 것이 제가 약한 것 같다.

24회기: Up-Grade된 개별화 작업과 '영웅화된 자기'로서의 스파이더맨

Ct 모 치료실 문 앞에서 5분만 앉았다 가라고 해서 수용함.

기차 굴리다가 기찻길 떼어 내기. 공사 차 모래 상자. 공사하는 모습. "갑자기 비가 온다." 모래 뿌리는 모습. "비 오면 끝나요." 다른 공사 차가 오지만 또 비 온다며 모래 뿌림. (공사가 또 끝나겠네~ 공사 차가 비가 와서 멈춰 서 있구나.) "이제 점점 비가 그쳐요. 다 말랐어요. 해님이 와서 다 말랐어요." (그럼 공사 차들이 공사할 수 있겠네.) 다른 공사차들 꺼내오나 다시 비가 온다고 함. 공사차들 바퀴가 모래에 빠지고 배와 비행기 꺼내 옴. "오늘 비행기 쉬어요. 배만 움직여요. 내일은 비행기도 움직여요." 스파이더맨을 모래 속에 넣음. 다른 배들은 고장 나서 쉬고 있다고 함.

비행기가 하늘 날다가 비가 와 뒤집히고 그 위로 모래 뿌림. 고장 났다고 함. 배는 비가 와서 가라앉는다고 함. 스파이더맨이 모래 속에서 나왔다가 들어갔다 하는 모습. 스파이더맨이 백설공주 여왕과 마녀할멈을 치고 쓰러뜨리는 모습. 그런 후 백설공주는 중앙 쪽에 세워 줌. 다시 쓰러뜨린 후 스파이더맨 vs. 여왕과 마녀할멈의 막상막하 겨루기. 스파이더맨이 드래곤을 타고 여왕과 마녀할멈에게 거미줄 쏘는 모습. 여왕과 마녀할멈이 쓰러짐. 스파이더맨과 중세기사들 겨루다가 중세 기사의 검을 스파이더맨이 가져가고 울트라맨과의 겨루기에서도 봉을 스파이더맨이 가지는 모습. 겨루기를 끝낸 후 스파이더맨을 파란색 오픈카에 태우고 모래 상자에 놓음. 드래곤을 타고 온 남자 아이를 스파이더맨이 탔던 파란색 오픈카에 앉힘. 다른 자동차에 '엄마'라며 여자 피규어 이것저것 앉혀 보았다가 임산부 피규어 앉힘. 뒤 좌석에 스파이더맨과 아이 하나 함께 태웠다가 스파이더맨은 빼내고 아이만 태운 채 차 뚜껑을 덮고 주차장에 굴리고 감.

25회기

모와 손을 잡고 와서 함께 들어가고 싶어 함.

다트 던지기. 다트판 가운데에 맞추기 위해 가까이에서 던짐. 곁눈질로 모가 있는지 보고 모가 보고 있자 좋아함. 모가 가는 것을 보고 다트 던지기 계속함. 기차 굴리기 하고 기찻길 떼어 내기. 축구 게임 골 넣기. 아이 하나 비행기에 태우고 모래 상자에 놓음. 갑자기 비가 온다고 함. 모래로 아이와 비행기를 덮음. '다리(bridge)'를 달라고 하고 쉬 마렵다며 화장실. 성인 남자가 남자아이 안고 다리 건너는 모습. 성인 여자도 다리를 건너는 모습. 긴 의자에 성인 남자와 남아를 앉힘. 비가 왔다면서 모래 뿌리기. 엄마는 날아갔다며 엄마 가방은 물에 빠지고 비행기는 비가 오지만 하늘을 날고 있다고 함. 물이 깊어지고 있지만 비행기는 하늘을 높이 날고 스파이더맨을 비행기에 태우는 모습. '눈'이 온다며 비행기 다시 모래로 덮음. 남자 아이는 여기저기 다니다가 모래 속에 놓으며 깊은 곳에 들어갔다고 하며 "너무 깊어~!" 엄마 아빠 아이 위로 모래 뿌리기. 백설공주는 모래 상자 모래에 눕히고 스파이더맨이 여왕과 마녀할멈을 물리치는 모습. 반복함. '다리' 치우고 '자동차'로 다닌다고 하나 사고가 나고 있다고 하며 자동차들끼리 부딪히는 장면. '상어'가 나타나 모래 상자의 모든 것을 파괴시키는 모습. 스파이더맨이 상어를 물리침. 시간 확인.

> **부 상담**
>
> 전에는 몰랐는데 아이가 엄마를 만만하게 보는 것 같다.

26회기: 더 멋진 자기로 태어나기 위한 Up-Grade 놀이

모에게 안겨 와 안 떨어지려고 함. T가 데리고 들어오자 "엄마~!" 하고 소리 지르며 울음. T가 기차가 가게 하자 가만히 보고 있다가 기찻길을 떼어 냄. 그러다가 다시 잇기. 길게 연결하고 싶다고 T와 함께하자고 함. T가 길 끝에는 '주차장'을 놓아 주자 기차를 굴리고 주차장에 놓으며 "하~" 하고 웃음. 다시 돌아가 기차 사고 장면. 방귀. 다시 주차장으로 와서 세차, 수리. 기름 넣어 주기. 기차를 주차장에 주차시키고 모래 상자 앞. 토끼 다람쥐 등 놀이터에서 노는 모습. "비가 온다." 모래 뿌리기. 토끼, 다람쥐 모래 덮고 추워서 들어갔다고 함. 백설공주, 여왕, 마녀할멈 꺼냄. 여왕과 마녀할멈이 토끼와 다람쥐를 밟고 치는 모습. 스파이더맨이 나오고 거미줄을 쏘자 여왕과 마녀할멈은 뒤로 날아가고 스파이더맨이 물리치는 모습 여러 번. 계속 비가 온다며 모래 뿌리기. 스파이더맨이 들락날락거리며 여왕과 마녀할멈 물리치는 모습. 스파이더맨이 뱀, 상어, 악어, 장수풍뎅이와 겨루며 하나하나 무찌르는 모습.

모 상담

모에게 떼쓰기, 짜증, 때리기 등으로 감정이 올라와 많이 때렸다. 요즘 모에게 매달리고 분리가 잘 안 된다.

27회기: 계속 Up-Grade되는 자기

Ct가 모에게 방 문 앞에서 10번만 보고 가라고 하고 기차 굴리면서 엄마가 있는지 살핌. T가 이제 엄마 안녕하자며 손 흔들자 Ct가 손을 흔들고 모는 대기실로 감.

기차 굴리기. 기찻길 위에 공룡들 여기저기 놓음. 공룡 하나 모래 상자에 가지고 와 모래를 덮고는 "두껍게 옷 입었어." 공룡 더 가지고 와 싸우듯 부딪히는 모습. 이긴 공룡이 새로운 공룡과 겨루고 새로운 공룡이 이기는 장면이 반복됨. Ct 중간중간 기차 굴리다가 공룡들에게 가로 막혀 못하는 모습. 친구라고 했던 공룡들도 서로 싸우는 모습. 공룡들이 서로 싸우며 겨루는 모습. 공룡이 기차 쓰러뜨리고 기찻길도 뜯어내고 던지는 모습. 공룡이 '인형의 집'으로 감. 아이 인형이 "아빠 공룡이에요~" 아빠 인형 "어디? 아빠랑 같이 숨자~"라며 친근한 부드러운 목소리. 이불 밑으로 아이와 아빠 숨음. 공룡이 엄마 인형 보고는 "엄마구나~!" 거친 목소리로 입에 물고 던지는 모습. 엄마 인형은 침대 밑에 숨고 공룡 "엄마 찾아~!" 거친 목소리. 그러다가 "선생님, 엄마 쉬해요." 엄마 인형 변기에 앉힘. 집안을 마구 흐트러뜨리며 "엄마랑 공룡 때문에 이렇게 되었어요." 아이는 씻는다며 샤워하는 모습. 엄마 인형은 계속 변기에 앉아 있는 모습임.

28회~

이후로 일상과 모자관계에서 아동과 모의 긍정적인 변화가 지속적으로 보고됨. 치료적으로 아동은 '영웅'이 되기 위한 과정으로 혼돈기와 갈등을 거치면서 구체화된 자기를 재등장시킴.

28회기

부에게 안겨서 센터에 들어오나 놀이실은 모 손 잡고 옴. 모 잠시 밖에서 보다가 손 흔들고 감, Ct 기차 자동으로 가게 함. 스파이더맨을 모래에 묻음. 공룡들 기차 앞에 세워 기차가 가지 못하게 함. 새로운 공룡이 기존의 공룡과 겨루고 이기는 장면 반복함. 기차가 가도록 하였다가 다시 공룡들이 막아 못 가는 모습. 기찻길을 다 분리하여 뜯어냄. 공룡이 '인형의 집'으로 가서도 흐트러뜨림. 엄마 인형 변기에 앉힘. '다리(bridge)'가 필요하다며 모래 상자에 놓음. 다리 모양의 피규어도 다리 옆에 나란히 놓음. 아빠 인형을 다리에서 떨어뜨리고 모래 속에 묻고 비가 온다며 모래 뿌리기. 엄마 인형도 다리 건너다가 빠졌다며 모래 뿌리기. "다 젖어요. 너무 비가 많이 왔다." 그리고 다리도 쓰러졌다며 넘어뜨림. 아이들이 놀이터에서 노는 모습. 그러다가 비가 온다며 모래 뿌림. 울타리 안의 의자에 임산부, 남아, 성인 남자 앉힘. 그런 다음 울타리 문을 닫고 못 들어온다며 막음. 여자아이 하나 들어오게 하고 목마에 앉힘.

부모 상담

놀다가 "나도 형 누나 있지?"라고 묻는다. 조금 일찍 일어나 놀다가 기분 좋게 등원. 규칙적인 일상이 되도록 노력.

29회기

모와 손잡고 와서 치료실 앞에서 분리. 기차 set 기차 가도록 둠. 방귀. 동물들 모래 상자에 여기 저기 두고 호랑이와 사자 한 손에 하나씩 들고 동물들 내리 찍기. 스파이더맨이 호랑이와 사자를 내려쳐서 쓰러뜨림. 빨간 도깨비가 사자 호랑이 쓰러뜨리고 서로 겨루는 모습. 백설공주와 여왕, 마녀할멈을 꺼내 옴. 백설공주를 쓰러뜨린 여왕을 스파이더맨이 쓰러뜨리고 모래 뿌리기. 근육맨이 마녀할멈 쓰러뜨림. 다시 일어난 마녀할멈이 드래곤볼, 근육맨을 쓰러뜨리고 스파이더맨이 마녀할멈을 쓰러뜨림. 배에 물이 들어가 가라앉는다고 함. 비가 온다며 모래 뿌리기. 시간 확인. 돌계단 위에는 스파이더맨, 우측에는 백설공주 세움. 놀이터 피규어를 꺼내 비가 오고 있다며 모래 뿌리기. 울타리 세우고 안 벤치에 임산부, 성인 남자, 남아 앉힘. 울타리 안에 다른 사람들도 놓음. 옆 테이블에 남아, 성인 남자 나란히 앉히고 임산부는 옆에 앉힘.

> **모 상담**
>
> 9시에 자러 들어갔는데 자기가 싫었나 보다. 물건을 꺼내다가 쏟았는데 전에는 소리를 지르거나 화를 냈는데 이번에는 안 보여서 그렇다면서 차분하게 설명하더라. 모가 놀랐다. 엄마 가슴에 손 얹고 "엄마 가슴이야?" 하더라. 어릴 때에도 모 가슴을 만진 적이 없던 아이였다.

30회기

부모 모두 치료실 앞까지 함께 옴. 기차를 가게 한 후 공룡들이 기차를 못 가게 막은 모습. 그러다가 기차는 앞으로 가다가 다시 공룡으로 못 가는 모습 반복. 기찻길이 끊어지자 다시 연결해 주고 기차가 가게 함. 모래 상자에서 공룡끼리 겨루고 공룡과 동물의 겨루기에서 공룡이 이김. 공룡과 탱크의 겨루기에서 탱크가 이김. 큰비행기와 탱크는 모래 상자 좌측 하단에 놓고 쉬 마렵다고 화장실. 크레인과 탱크를 연결함. 굴삭기로 모래를 퍼 트럭에 실음, 모래를 '눈'이라고 함, "작은 굴삭기가 다~ 치운 거예요." (수고했네~) "작은 굴삭기는 이제 집에 가는 거예요." (작은 굴삭기가 큰일을 했네.) 작은 굴삭기는 좌측 상단 모서리에 둠. 집에 잘 준비를 하고 있다고 함. (푹 쉬세요~ 수고했어요.) 크레인과 탱크, 조금 큰 굴삭기는 우측 상단에 놓음. 공사 차를 하나 꺼내 Ct가 모아 둔 모래 위 가며 "길 만들고 있어요." (차들이랑 사람들 다닐 수 있는 길을 만들고 있어요?) "네~" Ct가 시계를 보더니 나갈 시간이 되었다며 알려 줌.

모 상담

아이가 엄청 붙어 있는다. 꼭 팔베개를 해 달라고 하고 밥 TV 간식 먹을 때도. 유치원 생활은 전에는 반응이 없었는데 요즘은 말을 잘한다고 함.

31회기

오는 길에 잠이 들어 칭얼거리며 모에게 안 떨어지려고 했지만 시간이 되어 입실함. T에게 안기어 칭얼거림 그치고 기차 가는 것 봄. 그냥 이대로 있고 싶다고 함. 평소 잘 가지고 놀던 공룡 보여 주니 공룡 화석을 가지고 논다며 모래 상자에 놓음. T에게 기차 앞에 공룡 6마리 세워 기차를 막아 달라고 함. 공룡 화석 위에 모래 언덕을 만들어 덮고 언덕 가득이 작은 공룡들 세우고 작은 티라노 2마리가 다른 작은 공룡들 다 쓰러뜨림. "다 죽었어". 작은 티라노 다시 일어나 공룡들 다시 밟고 다님. 새로운 공룡이 기존의 공룡들 쓰러뜨리는 장면 여러 번 반복됨. 공룡 하나가 공룡들을 다 물리치고 "다 이겼다~"

예전에는 모의 말을 안 들으려고 하고 더 모에게 자기가 뭐라고 했는데 지금은 운다. (모가 중심을 잡고 아이를 크게 품어 주니까 아이다운 모습이 나오기 시작한다.) 2학기 들어서 유치원에서는 발표도 잘하고 잘 지낸다고 한다. 모가 쓰레기 버리러 가는 5분 동안 혼자 있었다. 전에는 생각지도 못할 일이다.

32회기

모와 손잡고 밝은 얼굴로 입실. 모에게 가라고 하고 모는 손 흔들고 대기실로 감. 기차가 공룡들 밀어내며 앞으로 나아가는 모습. 그러나 공룡이 기차를 치고 기찻길을 뜯어냄. 기차와 공룡 마주 부딪치게 함. 기차가 공룡을 밀치고 여기저기 나아가는 모습. 기차가 '인형의 집'에도 들어가 다 헤집고 다니는 모습. 기차가 치료실 바닥도 여기저기 다니는 모습. 공사 차 모래 상자에 놓음. "찻길 만들고 있는 거야." 불도저, 크레인은 일이 끝났다며 쉰다고 함. 비가 오고 있다며 공사 차들 위로 모래 뿌리기. "박혔어요. 바퀴가 빠졌어요. 못 움직여요." 바람이 불어도 굴삭기는 움직일 수 있다며 모래를 푸는 모습. (비가 오고 바람도 부는데 굴삭기는 계속 움직이며 모래를 푸는구나.) "비가 왔어요~ 쓰러지고 바람이 많이 불고~ 눈도 많이 왔어요. 지금 눈이 오고 있어요." 트럭을 밀고 가며 "앞이 안 보여서 사고 나고 있어요." 자동차들 부딪히고 뒤집어 놓음. 자동차에 '엄마' 피규어 태우고 옆 자리에 '아기' 피규어도 태움. 비가 많이 와서 트럭이랑 부딪혔다고 함. 아이는 모래 속에 묻혀 있고 엄마가 아기 꺼내 차에 태움. 할로윈 마녀는 차들과 부딪혔다며 모래 속에 묻음. 탱크는 나쁜 사람이라고 하며 여기저기 지고 다닌다고 함. 엄마는 쓰러졌는데 병원에도 못 간다며 차 밑에 놓음.

33회기

모와 함께 치료실 앞까지 와서 보고 가라고 함. 모 잠시 밖에서 보고 손 흔들고 감. 기차는 탈선으로 가지 못함. 모래 상자에 공사 차. 공사 차가 '길' 만든다고 함. "길 만들 수 있게 모래 치워 주고 있어요." "공룡이 나타났어요." 공룡이 헬리콥터를 떨어뜨렸다고 함. 좌측 하단 모서리에 '스포츠카'를 놓으며 '문'에 들어간다고 함. 다른 차들은 공룡이 무서워 도망간다고 함. 문에 들어간 스포츠카는 '물에 빠졌다.'라고 함. 중장비 차는 공룡들을 물리치고 있다며 공룡들 정리함. (이제 자동차만 남았네.) 작은 자동차들이 무서워서 중장비 차가 지켜 주고 있다고 함. 그리고 이제 공룡들이 나오지 않는다며 정리. 놀이터와 사람 피규어를 꺼내 옴. 울타리 만들어 모래 상자 좌측 하단에 놓음. 울타리 안 긴 의자에는 남자와 아이 둘을 앉히고 임산부와 스파이더맨 꺼내옴. 놀이터 주변에는 나무들을 놓아 '숲'과 같이 꾸밈. 놀이터 앞에 어른과 아이들 줄 세우고 "놀이터예요. 어른도 아이도 놀 수 있는 놀이터예요."

모 상담

자기 장난감도 친구에게 양보하는 모습. 많이 변했다. 다른 곳에서도 친구, 동생들이랑 잘 놀더라. 다툼이 전혀 없었다. 모와 관계에서도 떼쓰기 안 하고 부와 둘이 있으면서 "깔끔하게 정리하면 엄마가 좋아하겠다."라고 하고 정리했다고 한다.

34회기

모 잠시 보고 가라고 해 모 문 앞까지 데려다주고 곧 손 인사 하고 대기실로 감.

기차 가게 했다가 기찻길 위에 공룡들 세우기. 공사 차 꺼내 모래 상자에. 모래를 퍼 트럭에 담는 모습. 공사 차 일 하는 모습. "이제 끝났어요." 지프차에 스파이더맨을 태우고 뒤에는 아이 셋을 태움. 앞자리에 있던 스파이더맨 대신 남녀 피규어를 태움. 스파이더맨은 다른 차에 태우고 중장비 안 한다며 정리. "눈이 많이 쌓였어요~" 차 위에 모래 뿌림. 모래 털어주는 모습. 선반에서 사람들 꺼내 와 여기저기에 놓음. 사람들 자동차에 태움. 모래 상자에 있던 자동차 치료실 바닥 굴림. '인형의 집'까지 자동차를 밀고 감. 사람들 버스 타고 내리는 모습. 인형의 집 정리하는 모습. 자동차에 태우고 왔던 사람들 2층에 놓음. 다시 사람들 자동차에 태움. 자고 있다며 눕힘.

모 상담

다시 유치원 다니면서 조금 짜증을 낸다. 요즘은 바로 운다. 친한 친구와 반이 달라져 걱정이다. (미리 걱정하지 말고 다음 담임에게 미리 인사를 드리자.)

35회기

모에게 치료실 앞까지 와 달라고 함. 들어와 '다트 던지기'. 다트를 원 가운데에 모은 후 기차 굴리기. 기차가 못 가게 가로 막기. 기차 앞에 사람들 눕히고 기찻길도 다 떼어 냄. 그런 후 축구 게임 골 넣기 여러 번 반복함. 자동차를 꺼내 와 '주차장' 올라가는 모습. 주차장 미끄럼틀에 작은 공도 굴림. 주차장 길 연결하는 것을 T에게 도와 달라고 함. 여아 하나가 길 따라가는 모습. "나쁜 사람이 경찰서에 잡혔다~" (걔가 나쁜 사람이었구나.) 주차장과 연결된 길이 서로 이어지도록 함. 자동차들 길 위에 쭉 세움. 기차처럼 자동차 앞 뒤 이음. 자동차들이 미끄럼틀 위로 밀어 올리며 주차장에 주차하는 모습. 쉬 마렵다며 화장실.

부모 상담

같은 아파트에 사는 남자 아이와 친해졌다. 둘이 엄청 까분다고 한다.

36회기

모에게 매달려 웃는 얼굴로 장난치며 입실. 다트 던지기. 기차를 다트로 못 가게 하고 다시 치워 기차가 가게 하는 장면 여러 번 함. 그러다가 기찻길을 다 잡아 떼어 내고는 기차는 구석에 놓음. 텀블링 몽키즈. 재미있어 하며 규칙 잘 지키다가 반칙을 해서 게임을 정리함. 주차장 길 연결하기. 길 연결하고 작은 주차장 위에 바다 동물들 올려놓으며 "애기들만 갈 수 있어."라고 하며 혀 짧은 소리 냄. '불가사리' 주차장 가장 위에 올려놓고 "불가사리." 혀 짧은 소리.

모 상담

최근 아이의 짜증에 모가 버티기가 힘들다. 예전에 비하면 아무것도 아닌 정도인데

37회기

모 치료실 앞까지만 함께 와 주고 손 흔들고 대기실로 감. 기차 굴리다
가 기차 앞에 사람 눕혀 기차가 멈추게 함. 거미와 거미줄 피규어 꺼내 모
래를 뿌리며 "비가 와요~" 공룡을 꺼내 기찻길 앞에 세움. 모래 상자에 가
서 "파도다~"라고 하고 공룡들 모래. "봐봐~ 엄청 모여 있잖아." (뭐가?)
"물~" 새로운 공룡이 기존의 공룡과의 겨루기에서 이기는 모습을 반복함.
모래 상자에 있는 것들 흐트러뜨리고 기찻길도 흐트러뜨리고 부숴 버리
는 모습. 엄마 피규어 꺼내 쓰러뜨림. 중세기사 물리친 공룡에게 모래를
뿌리면서 모래를 먹는 거라고 함. 자동차에 사람들 태움. 괴물과 공룡이
서로 싸우고 다 쓰러뜨림. "다 죽었어~!" T와 텀블링 몽키즈함.

모 상담

유치원 가기 싫은 날 친구를 때리고 밀쳤다고 함. 너무 까분다. (모의 일관적인 태도
가 중요하다.)

38회기

모도 놀이실로 들어오라며 잡아 끎. 치료 마지막 날에 원하면 함께 들어오는 것으로 함. 기차 굴리기. 기차 가는 길에 장애물을 놓아 못 가게 함. 기찻길 떼어 냄. 스파이더맨 꺼내 옴. 공룡들이 서로 공격하는 모습. 스파이더맨이 공룡들을 한 번에 물리치는 모습. 공룡들 더미 위로 스파이더맨 올려놓음. 기차 굴리기. 공사 차 가지고 와 공사하는 모습. 말없이 놀이. 트럭이 모래 싣고 모래 쏟아 내는 모습 반복함. 시간 확인. 공사 차들 좌측 하단에 나란히 놓음. 작은 공룡 화석 가지런히 놓음.

> **모 상담**
>
> 유치원 등원 첫날 잘 지낸다고. 새로운 친구에게 장난감 양보도 잘하고 분위기 메이커라고 한다. 동생과도 예쁘게 말하고 잘 놀더라. 서로 부딪힌 상태에서 예전에는 소리 지르고 때리고 고집 피우고 했을 것인데 다른 아이 탓 안 하고 그냥 넘어가더라.

39회기

모와 인사하고 입실하여 다트 던지기. 다트 중앙에 하나 던지기 함. 기차를 가게 하고 기찻길은 끊어 떼어 냄. 기차가 못 가게 떼어 낸 기찻길 쌓아 놓음. 보트 피규어 가지고 와 "물이 엄청 깊어요." 모래 상자 가운데에 원을 그리며 모래 휘젓기. 보트 모래 속에 묻음. 큰 탱크, 작은 탱크 세 개를 모래에 묻었다가 다시 꺼냄. 모래 상자 모래 위로 밀어 올려 바닥이 드러나게 하고 길을 냄. 스파이더맨 모래에 묻고 작은 탱크를 다시 묻음. T에게 작은 바닷물고기들을 바구니 꺼내 달라고 요구. 바닥 드러낸 가로로 난 길에 작은 물고기들 놓음. 작은 물고기들을 입 안 가득히 넣은 상어는 '주차장'에 놓음. 주차장에 길 연결함. 자동차를 길 위에 굴리며 "경찰서도 지나고 소방서도 지나고." 길에 쭉 세우고는 "차가 엄청 많이요~ 차가 밀립니다. 엄청 못 가고 있어요." 반복함. (그러게 꽉 막혔어.) "차가 엄청 꽉 막혔다!" 길 끝에 있는 소방서를 기준으로 한쪽 길은 자동차로 꽉 밀리고 다른 한 쪽은 자동차 한 대도 없음. 자동차 3층과 2층에만 주차하고 1층은 하지 않음.

모 상담

유치원 언어 전달도 정확하게 전달한다.

40회기: 마지막 회, 모와 함께 입실함

Ct는 스파이더맨 선택함. 여러 피규어들도 고르며 "엄마도 여기에서 다 골라~" "배가 가라앉았어. 너무 깊어 가지고. 비행기까지 빠졌어." 모 "스파이더맨은 없네?" Ct "스파이더맨도 물에 빠졌어."라고 하고 모래로 덮음. Ct가 피라미드 가지고 오며 이것은 물에 뜨는 것이라 괜찮다고 함. Ct가 이것저것 피규어들을 꺼내 옴. 아이가 물에 빠져서 배를 꺼내 올 것이라고 함. 작은 배가 비행기 먼저 구조하고 아이도 구조하는 모습. 구조한 비행기와 아이는 '다리'에 올려놓음. 아이들 다시 가라앉았다며 모래로 덮음. 모래 속에 갇혔던 배는 갈 수 있다며 움직임. "진짜 바다로 가면 빠져서 안 돼." 모에게 이야기하면서 놀이함. "얼음은 점점 많아지고 있어."라고 하며 모래 상자 바닥 드러냄. "엄청 깨끗해졌다. 여기에는 구조하는 배만 들어갈 수 있이. 얼음이 점점 많아져~"라며 바닥 드러냄. 점점 바닥 더 많이 드러냄. 군용차와 탱크들 꺼내 모래와 바닥 경계에 놓음. 도마뱀과 사람들 놓으며 '얘네들도 살 수 있게' 다른 피규어들로도 경계를 막아야 한다며 "엄청 꼼꼼히 막아야 돼~" 모가 구슬을 꺼내 주자 집에 가져가고 싶어 함. 구슬들 바닥 드러낸 곳에 다 놓음. '주차장' 길 연결함. 자동차들 경찰서 문과 소방서 문 통과하여 가는 모습. 하나씩 차례로 주차하는 모습. 가지런히 빼곡하게 정리함. 시간이 되어 퇴실.

모 상담

(아직은 아동이 태내놀이에서 벗어나지 않았다. 하지만 엄마와의 관계 안에서 어머니는 아이를 양육하고 이해하는 힘이 생기고 아이는 어머니의 품 안에서 안정감을 찾아가고 있다. 처음 상담실 내방했을 때의 어려움들이 많이 해결되고 적응을 잘 하고 있어 마무리한다.)

2주간은 생떼와 짜증이 많았지만 울고 할 말 있다고 해서 해 보라고 하니 '속상하다.'라고 표현. 엄마가 친구만 챙겨 줘서 속상했다고 자기감정을 표현하더라. (아이는 변화하고 있으니 어머니가 일관적인 태도로 중심을 잡고 가시면 되겠다. 혹 어려움이 있으면 고민하지 말고 다시 오셔라.)

치료를 마무리하면서 치료자로서의 아쉬움

아동을 만나 놀이치료를 시작하면 치료자로서 아동이 가지고 온 당면 문제들을 해결하고 아동에게 펼쳐질 인생에서 자신과 세상을 사랑하면서

당당하게 살 수 있도록 자아를 건강히 성장시키고 치료를 제대로 마무리하고 싶은 바람과 기대가 있을 것이다. 필자 역시 어떤 이유로든 치료과정 중 태내 놀이를 끝으로 더 이상 나아가지 못했다는 점에서 많은 아쉬움이 남는다. 그러나 아동이 보이던 심리적 어려움들이 해결되고 평소 부모님과 아동 간 신뢰와 애정이 돈독해지고 아동을 이해하려는 노력이 보였기에 앞으로 아동이 자신과 세상을 사랑하기에 부족함이 없을 것이라는 믿음으로 마무리하기로 결정하였다. 마지막으로 부모님께 당부하고 싶은 것은 무엇보다도 부모님 심신의 안녕이 자녀의 전인적 성장 발달에 긍정적인 영향을 준다는 점에서 앞으로도 부모님의 심리적인 안정과 건강이 확보되고 유지되기를 희망한다.

이 사례를 함께 나누어야겠다고 생각하게 된 계기는 아무래도 타고난 성장 잠재력을 열심히 펼쳐 낸 아이의 모습에서 비롯되었다고 할 수 있다. 필자가 규모가 있는 프랜차이즈 상담센터를 오픈하고 운영하면서 가장 당황스럽고 오래된 치료 경력만큼이나 적응이 어려웠던 부분이 보통 3개월에서 길어야 1년 정도를 치료기간으로 하는 '단기 치료'에 대한 요구와 압박감이었다. 아동의 경우 대부분 놀이치료로 진행을 해 왔는데 한번 시작하면 장기로 2~3년은 기본으로 하고 유아나 초등 저학년 때 만나 고등학생이 될 때까지 지속한 경험도 적지 않아 아동의 전인적 성장과 자아의 발달을 위해서는 장기치료여야만 한다는 생각이 뿌리 깊게 잡혀 있었던 터였다. 치료 시기의 길고 짧음을 떠나 필자의 생각을 넓혀 주고 치료적 전진과 후퇴를 거듭하며, 한 걸음씩 한 걸음씩 자신의 여러 속성들을 승격시켜 나가면서 새롭게 태어나는 아동의 위대함을 보여 주고 알려 준 것이 이번 사례이기에 필자에게는 매우 소중한 사례이다. 치료기간에 대한 개념은 치료자의 틀에 갇힌 생각일 뿐이고 아동 스스로는 'Here & Now', 즉 현재의 치료적 공간과 시간에서 진지하게 전인적 성장을 위해 노력할 뿐이며 치료자는 매 순간 아동과 진실 되게 온 마음으로 마주하면서 함께하면 된다는 단순한 진리를 깨우쳐 준 것이다. '언제나 어린이는 스승'이라는 나의 스승님의 말씀이 다시금 확인되는 소중한 경험이었다.

아동의 전인적 성장을 위해서는 몇 개월만의 치료만으로는 부족하고 종료 시기까지는 많은 시간과 인내가 필요한 것은 분명하다. 그러나 치료의 과정을 이해해 주고 아동의 변화에 기뻐하며 아동이 자기 성장을 위해 열심히 작업하고 있다는 것을 이해하고 기다려 주신, 치료자를 믿어 주고 형편이 되는대로 최대한 치료를 유지해 준 아동의 부모님께 감사의 인사를 전한다.

아무것도 하는 바 없는 듯이 보이지만 모든 것이 다 저절로 이루어져서

이루어지지 않는 바가 없다.(노자의 무위 철학)　　　- 어린이 마음치료 p.407

불안한 부모와 불안한 아이의 앙상블

황재영(춘천 마음샘 심리상담센터)

이 시대의 부모노릇이 참 쉽지 않다. 무엇이든 열심히 하면 성과를 얻을 수 있다고 훈련된 지금의 30-40대의 부모 세대는 부모 노릇도 참 열심이고, 임신과 출산, 양육에 대한 정보를 참도 열심히 공부한다.

책으로, 유명 강사들의 강의로, 각종 커뮤니티 모임에서 공유하는 다양한 정보로……. 그런데 그렇게 공부하면 할수록 부모로서 유능감을 얻는 것이 아니라 불안감이 높아지고 어떻게 해야 할지 자신의 확신은 점점 약해져 간다.

좋은 부모가 되려고 하는 마음이 크면 클수록 좌절감도 커져 가고 지쳐 간다. 이렇듯 부모로서 아이가 성장하는 것을 지켜보는 것이 한없이 불안하여 행복할 겨를이 없는 부모와 함께하는 자녀가 어찌 에너지를 얻고 '자기'를 키워 갈 수 있겠는가?

상아(가명)의 부모도 그랬다. 의사로 바쁜 시간을 보내는 아빠는 되도록 아이와 많은 시간 함께하려고 노력했고, 선생님이었던 엄마는 결혼과 동시에 일을 그만두고 누구보다 엄마로서의 시간에 진심으로 정성을 쏟았다. 그러나 타인과 더불어 사는 것에 익숙하지 않은 우리는 부부로 또는 부모로 더불어 생활하는 것에 미숙할 수밖에 없고, 같이 성장하고 조화를 이루어가는 과정이 필요함은 당연할 것이다.

상아 가족은 이러한 과정에서 6세 된 아들의 의사소통의 어려움, 무서운데 웃거나 뜻대로 안 되면 자해를 하는 등의 예민하고 부적절한 감정표현, 또래 관계 적응의 어려움 등을 호소로 센터를 방문하였다.

상아의 이야기는 불안하고 혼란스러운 부모의 미숙함이 아이의 발달에 미칠 수 있는 영향 속에서 '자기'를 찾고 성장시키기에 고군분투하는 어린 아이의 힘을 볼 수 있는 사례이고, 또 우리가 부모로서 최선을 다하는 시간 속에서도 경험하게 되는 각양각색의 문제 앞에서 좌절하지 않고 불안해하지 않을 수 있는 마음가짐과 태도를 되새겨 볼 수 있는 이야기로 여겨져 함께 나눠 보려 한다.

상아의 발달사

상아는 자연적으로 임신이 되었고 비교적 안정적인 임신 기간을 거쳐 자연분만을 준비하고 있었다. 그런데 40주가 지나도록 진통이 없었고 42주에는 양수가 거의 없다는 진단 결과로 촉진제를 맞았다. 26시간을 진통하였으나 심장 소리가 좋지 않다는 진단에 결국은 제왕절개로 출산하였다.

엄마의 이야기에 따르면 상아는 15개월에 걸었고 생후 6개월에 '버스'라는 글자를 알아봤으며 13개월에는 책을 읽을 만큼 글자에 대한 관심과 습득이 빨랐다. 모유수유를 44개월까지 하였는데 밥 먹는 것에는 관심이 없어 떠 먹여 주었고 지금도 올바른 식습관을 갖지 못하였다. 소변은 20개월에 가렸으나 참는 경우가 많고 대변은 변기를 무서워하여 6세 초반까지 기저귀를 사용하였다.

6세가 되면서 3월에 처음 어린이집을 이용하기 시작하였는데 그 전까지는 자는 시간도 일정치 않아 새벽 늦도록 놀기 원하면 엄마가 함께 놀아 주고 아이에 맞춰 생활하였다고 한다.

이처럼 식습관, 수면상태, 대소변 등 기초생활습관이 모두 불안정하였는데 이러한 문제들이 처음으로 어린이집을 등원하게 되면서 부각되고 아이도 부모도 급격히 불안하게 되어 치료실을 찾게 된 것으로 보인다.

상아 엄마 아빠의 부모 되기

상아의 엄마는 어린 시절 몸이 아팠던 친정엄마가 자신을 재우고 사라져 여러 달씩 오지 않았던 경험을 갖고 있었다. 그리고 성당활동에 열의를 갖고 있었던 친정엄마는 올바른 도리를 중요시하였기에, 상아 엄마 자신의 유아적인 마음을 드러내고 표현하기에 어려움이 있었다.

이렇듯 친정 엄마와의 애착과 나눔에 갈증이 컸던 상아의 엄마는 이러한 갈증을 채울 대상이 필요하였지만 자신의 마음을 표현하고 나누는 데 서툴렀다. 결혼 초기에 연고 없는 타지에 와서 남편에게 의지하며 많은 시간을 함께하기 바랐지만 그 마음이 공유되지 못하고, 그냥 요구와 통제가 많은 아내가 되어 있었다.

가족 간의 소통과 교류보다 나 홀로 문제를 해결하고 생활하는 데 익숙했던 상아의 아빠는 아내의 깊은 갈증을 알아채기는 어려웠을 것이고 시간과 공간을 함께 공유하고자 했던 아내의 소소한 요구와 시도들이 때로는 답답하고 부당하게 여겨졌던 것으로 보인다.

아이를 낳으면서 상아의 엄마는 자신의 갈증을 보상할 대상을 얻게 되었고 이에 온전히 집중하여 자신을 아이의 모든 것에 맞춘 생활을 했던 것으로 보인다.

책에서 유익하게 얻은 정보 중에 아이에게 좋다고 여겨진 자연분만, 모유수유, 독서, 엄마의 주 양육 등에 집중하여 고집하였지만, 상아의 개별적인 특성에 알맞게 자연스럽게 살피고 부모와 적절하게 조화를 이뤄 가는 측면에서 답을 찾기 어려웠고 수면, 배변, 식습관 등 기초생활 질서가 모두 혼란에 빠졌다.

치료실에 찾아올 무렵에는 부모가 자녀의 성장에 대한 불안감과 양육 방식의 차이 등으로 갈등이 너무 커서 부부간에도 수면, 식사, 대화 모든 교류에 어려움을 갖고 있었다.

단, 부부 모두 상아를 위해서는 자신을 희생할 준비가 되어 있었고 생활을 전적으로 아이를 위해 맞춰 갈 마음으로 아이의 치료와 성장에 집중하는 상태였다.

상아의 놀이치료

초기에 아동은 대소변 참기, 틱 증상, 강박적으로 장난감과 손 씻기 등 불안정한 행동들을 보였다. 눈 맞춤이 잘 이루어지지 않았고 혼잣말하듯이 도움을 요청하였으며 일상적인 질문에 대답하지 않았다. 조음문제가 커서 간혹 하는 이야기도 알아듣기 어려웠고 못 알아들으면 짜증 내며 예민하게 반응하였다.

매 시간 기차, 자동차, 물고기 모형 등의 장난감을 가지고 와서 오른손에 쥔 채 한 손으로만 놀이를 이어 나갔고, 자신의 장난감에 선생님의 손이라도 닿으면 정색을 하며 화장실에 가서 씻고 오기도 하였다.

놀이 상황에서는 '선생님 이거 해요.'라며 놀잇감을 하나씩 건네주기는 하였지만 대체로 일방적인 자기 놀이로 이어졌다.

1-13회기 치료실 탐색과 의미 있는 공간으로 자신과 연결시키기

기찻길을 연결하거나 도로를 만들어서, 자동차, 기차를 연결하여 굴리기를 즐겼고 시간이 끝나가 정리하자고 해도 기찻길은 정리하지 않고 그냥 두기를 원했다. 10회기에는 기찻길 끝에 집을 놓고 점토로 만든 어른 청산(기차에 붙인 이름), 아이 청산이 같이 들어가도록 했다.

'나 망가졌어요.'라며 견인차에 연결시키기도 하고 헬리콥터에 '선생님 타요.'라며 같이 이동하는 장면을 연출하기도 했다. 그렇게 차량들이 연결되어 이동하거나 또는 동승하는 놀이를 연출한 이후에는 모래를 안전기지 삼아 터를 잡았다.

이 기간 동안 상아는 주로 치료실을 자신의 산실로 삼기 위해 살피고 연결시키는 작업을 해 온 것으로 여겨졌다.

14-24회기 에너지를 찾다

모래 상자에 집과 뽀로로와 친구들, 혹은 자동차들을 넣고 과일을 서로 나누어 먹는 놀이들을 여러 차례 했다. 또 헬리콥터를 찾아 줄에 기름통을 달고 날아다니며 '나를 따르라!'라고 소리치며 자동차들에게 기름을 주고, 선생님도 자신에게 기름을 달라고 하라는 지시를 주었다. 소방차를 세차하기도 하고 악어 입에 물려 폐차가 되기도 했다. 아마도 자신을 새롭게 탄생시키기 위해 그렇게 놀이에서는 함께 나눠 먹고 에너지를 찾아 공존하는 내용을 연출한 듯했다.

매회 놀이 시간이 끝나 가는 것을 불안해하며 시간을 체크하였고 그 아쉬움을 보석(비즈구슬)을 하나씩 챙겨 가지고 돌아가는 것으로 대체하였다. 선생님에게 '매니큐어 칠했어?' (응, 어느 쪽이 예뻐?) '둘 다 예뻐.'라며 직접적인 관심을 표현하기도 시작하였고 '왜 고장 났어? 이건 어떻게 놀아? 이건 누가 만들었어? 이건 인공이야 자연이야?' 등 질문도 많아지고 자신의 경험 이야기를 하는 등 자연스러운 상호작용도 점차 증가하였다.

치료 중 대소변을 참는 경우들이 많았는데 점차 화장실에서 변기에 자연스럽게 대변을 보기도 하였고 놀이 중 소변기에 소변을 보기도 하였다.

일상에서는 모에게 떼쓰기도 많아지고 어린이집에서 친구들에게 뽀뽀하기, 때리기 등의 반응들이 많아져 걱정이라고 보고되었다. 그래서 엄마에게는 그런 현상들이 오히려 치료적으로는 반가운 현상임을 이해시켜야 했다.

이즈음 상아가 놀이치료실과 치료자에 대한 호감이 높아질수록 상아에게 집중하던 엄마는 불안이 증가하며 상담자에게 저항을 보였다. 상아에게 시간 끝나고 주던 쌀 과자를 못 주게 하기도 하고 치료시간을 자주 변경하였으며 상아의 변화와 성장에 대해 이야기를 해도 기뻐하기보다 꼬리를 물고 걱정스러운 것들을 이야기하는 데 집중하였다.

25-32회기 이완되자 감정이 살아나다

놀이 상황에서는 자신이 다시 태어나기 위한 과정을 준비하는 연출을 더욱 많이 표현하게 되는데 뽀송이 모래, 개구리 모형 등 무엇이든 그것이 어떻게 만들어지게 되었는지에 대한 질문이 많아졌다.

놀이 연출에서는 모래 위에 집을 놓고 집에 딸린 수영장에 물고기를 넣어 먹이를 먹는 상황을 연출하기도 했는데, 특히 주목되었던 것은 개구리나 물고기가 모래 속에 들어가고 거기에 길쭉한 자석블록을 꽂아 **숨을 쉬**

기 위한 장치라는 듯 '빨대'라고 이야기했다. 아마도 출산 예정일을 지났고, 양수도 거의 없는 상태였고, 심장 소리도 약했고, 제왕절개를 했던 자신의 출산 상황의 위험에 대한 정화작업인 것 같았다.

놀이실에 자신의 흔적을 남기고 싶은지 소변을 많이 보았고, 강박적으로 갖고 온 자동차를 놀이실에 두고 가거나, 컵 속에 구슬을 넣고 구슬이 감춰지도록 모래를 담아 치료실 구석에 숨겨 놓고 가기도 했다.

선생님의 이름이 뭐냐고 묻기도 하고, 그 밖의 궁금증들도 문답 방식으로 많은 대화가 오고 갔다. 손을 씻으며 '거품은 왜 미끄러워?' (상아 손에 있는 세균들을 데리고 내려가려고 그렇지.) '어디로 데려가?' (저기 땅속으로 데리고 가.) 하는 방식으로 소통이 많아졌다.

놀이실에서 자신에게 집중하는 연습이 되고 정서적인 긴장의 끈이 느슨해져서 그런지 자동차나 배 같은 장난감 씻기와 손 씻기 등 강박적인 행동은 일시적으로 더 증가했다. 백설 공주 인형 얼굴을 보고 '화나서 무서워.'라고 하기도 하고 눈코입이 없는 야구선수 인형들을 보고 '왜 얼굴이 없어?' 하는 등 표정을 살피는 데도 더 민감해졌다.

상아의 표정에 대한 감지능력과 감성 표현이 늘어가는 것에 대해 가정에서 부모는 상아가 더욱 불안정해보이고 불안, 분노 등 격한 감정 표현을 더 많이 보인다고 호소하게 되어 부모의 충분한 이해를 돕기 위해 부모 상담을 병행하여 진행하기로 하였다.

33-48회기 치유와 재건

세탁기에 인형을 돌리고 목욕하고 씻기는 놀이가 등장했다. 아프다며 치료해야 하기 때문에 주사를 놓기도 하고 약을 처방하기도 한다. 중장비들을 쭉 일렬로 늘어뜨리고 터널을 뚫는가 하면 부서지고 다시 짓고 공들여 정비한다.

앵그리버드 게임 탑 쌓기, 레고 블록으로 지게차 만들기 등 블록으로 쌓아 만들기에도 관심이 생겼고, 인생 게임에서 집들을 사들이거나 자동차 타고 도로를 달리는 놀이도 흥미로워하였다.

주차장, 모래 등에서 자동차 놀이를 할 때는 이전과 달리 '선생님 어떤 자동차 할 거야?'라며 선생님한테 선택권을 주기도 하였다. 이즈음 놀이에서는 초기에 알아듣기 어려울 만큼 나빴던 조음 문제도 거의 없어졌다.

선생님에 대한 신뢰가 생겼는지, 제재나 시간 종료를 알리는 상황에서는 '선생님 나빠.'라며 불평도 했고 역할 놀이에서는 자신이 할머니, 아빠, 힘세고 멋진 트럭, 경찰을 맡는 반면 선생님에게는 아기, 아들, 사고 나고 바퀴 없는 버스, 도둑 등의 역할을 배정하여 놀이를 통해서 자신의 힘을 키워 나갔다.

49-57회기 싸움 놀이를 통한 자기 과시

상아는 점점 불사조가 되어 가고 있었다. 자신이 크고 센 지프트럭, 군인, 악어, 포클레인 등이 되어 선생님의 자동차, 군인, 바쿠간 등을 공격하여 무조건 이기는 승자가 되었다. 선생님의 대사도 모두 자신이 정해서 알려 줬다.

58-75회기 불안을 다스리다

편도수술로 일주일을 결석했다. 상아의 불안이 다시 꿈틀거렸는지, 놀이 양상이 처음의 상황으로 되돌아간 듯했다. 선생님을 경계하고, 자신이 가지고 온 장난감에 손이 닿으면 정색하고, 시간이 끝나면 가지고 온 자동차를 씻는 강박적인 행동이 다시 보였다.

이즈음 부모도 상아의 배변훈련 등에 대한 이견으로 갈등이 커져 상아의 퇴행과 맞물려 가정 내 불안정한 분위기가 더해졌다. 그래서인지 집에서 손톱, 발톱 물어뜯는 행동이 심해졌다고 알려 줬다.

놀이 상황에서는 인생 게임, 도둑잡기 게임, 야구 게임, 블루마블, 기찻길 만들기, 도로 만들기 등의 놀이로 다시 선생님과의 유대에 더 많이 집중했다. 아프면 더 큰다던가? 놀이가 진행되면서 점점 다시 안정을 찾아갔고 만날 때는 '안녕하세요.'라며 자발적인 인사를 하기 시작하였으며 대기실에서 엄마에게는 '엄마 예뻐요.'라며 애교도 부렸다.

76-86회기 다시 자기를 강화하다

벨루가라는 돌고래를 가지고 다니기 시작했다. 다른 애착물건들보다 조금 더 자신을 대체하여 생각하는 듯 자신이 구슬을 고르고는 '벨루가가 좋아하는 걸로 골랐어.'라며 벨루가를 놀이에 참여시켰다. 벨루가가 사는 집은(자신의 집) 텅스텐으로 되어 있어 지진에도 끄떡없고 선생님 집은 지진에 무너지니 자신의 집으로 대피해야 한다며 놀았다.

인생 게임을 할 때는 자신에게 유리하도록 규칙을 변형하여, 선생님 자동차는 운동실에 잡혀 있고 자신만 자유롭게 전진하며 놀았다. 그 밖에도 무조건 자신이 이기는 군인들의 싸움 놀이, 스케치북에는 자신이 그린 상어에게 선생님이 그린 물고기나 조개 등이 잡아먹히는 이야기를 꾸미며 자신의 존재감을 키웠다.

손으로 조작하는 놀이도 능숙해져서 연필 깎기, 팽이 돌리기, 그리기, 오리기 등 이전에는 자신 없어 하던 놀이에서 보다 끈기 있는 모습을 보였다.

앵무조개가 방에 혼자 있는 그림을 볼 때, 선생님이 (혼자 있으면 어때?) 물으니 '나도 외로워.'라고 답했다. 이 대화에서 미루어 볼 수 있는 것처럼 또래들과의 상호작용도 많아져서 상아가 먼저 '같이 놀자.'라고 다가가기도 하고, 여자친구에 대한 관심 표현과 스킨십도 늘었다. 반면 그런 만큼의 갈등도 생겨나기 시작했다. '오늘 선생님한테 많이 혼났어요.'라며 자신의 갈등 경험을 선생님과 차분히 나눌 수 있을 만큼 소통의 범위도 넓어졌다. 이에 또래관계에서 적절하게 소통하고 행동을 조절하는 능력을 더 보충하기 위해 사회성 훈련 집단치료도 병행하여 시작하게 되었다.

87-104회기 정서적인 표현과 교류가 다양해지다

자신은 '불도저 아저씨'가 되어 선생님의 작은 차를 구멍에 빠지지 않도록 도와주는 배려와 선행노 등상했다. 또 앞에서 주목했던 출산 당시의 위험을 정화시키는 것과 유사한 다른 놀이도 출현했는데, 아저씨가 기르는 물고기라며 모래 속에 물고기를 넣고 먹이를 주면서 긴 막대를 꽂고 **'숨 잘 쉬게 산소를 공급해 주는 거'**라고 표현했다.

한동안 그렇게 아저씨가 되어 물고기를 기른 후, 다 키워진 물고기(상어)가 마치 자신이기라도 하듯, 또 한동안 상어 그림 그리기에 열중했다. 자신은 상어를 그리고, 선생님에게는 상어 앞에 작은 물고기, 새우, 해파리 등 다른 생물들을 그리라고 요청하고 자신이 잡아먹는 이야기를 꾸몄다. 이빨로 물어서 잡기도 하고, 화살을 쏴서 잡기도 하고, 낚싯바늘을 걸어 잡기도 하고, 어항 같은 곳에 가두어 잡아먹기도 했다. 상어의 성장도 재미있었다. 그렇게 잡아먹고 점점 커져서 이빨이 날카로워지고 눈매도 점점 뚜렷하고 크고 매서워졌다. 나중에는 자신은 상어, 선생님은 참치가 되어 상어의 공격에 의해 참치가 잡아먹힌다. 한 걸음 더 나아간 표현으로는, 그려진 것들을 오려서 상어의 공격에 몰려 선생님 물고기가 도망치는 상황의 이야기 전개도 있었다.

일상에서는 사회적 관계에서 교류가 커져 유치원 친구들, 부모, 유치원 교사와 있었던 일에 대한 경험 이야기가 많이 늘었다. '엄마가 화를 내서 기분이 안 좋아요.' '친구가 저 싫다고 했어요.' '선생님한테 혼이 났어요.' 등의 이야기를 들려줄 때, 그 이유들을 물으면 '물을 쏟아서, 친구 머리를 잡아당겨서, 소리를 질러서.' 등의 상황을 적절하고도 조리 있게 설명하게 되었다.

시간 종료를 알리면 '아니.'라고 고집하다가도 '아쉬워요.'라며 단념하고, 슬그머니 다가와 몸을 기대기도 하고, 선생님 집이 어디인지, 왜 상담실을 하게 되었는지, 상담실 이름은 왜 마음샘으로 지었는지, 성당에 다니는지 등 치료자에 대한 적극적인 관심을 표했다. 때때로 '오늘 선생님 무슨 일 있어요? 뭐가 다른 거 같아요?' 하며 선생님 표정을 살피면서 이야기를 나눴다.

자신은 짤잼(동영상)을 좋아하는데 '아빠는 보여 주지만 엄마는 못 보게 하는데 선생님이 엄마라면 어떻게 하라고 할 거 같아요?'라고 부모의 이견에 대한 선생님 의견을 물어보기도 했다. 그에 관해 (아빠는 상아를 재미있게 해 주고 싶은 마음이고, 엄마는 사탕이 달콤하다고 많이 주면 이가 썩으니까 걱정되는 것처럼 짤잼도 많이 보면 상아 머리가 아플까 봐 걱정하는 마음이 있어서 그렇지. 머리 아프지 않을 만큼 엄마랑 이야기해서 적당히 보는 것이 좋겠다.)라고 답해 주었는데도 꽤 잘 알아들었다.

105-117회 뱃속으로 들어가 더욱 강해진 자기로 거듭나다

상아는 한동안 반복해서 시리즈처럼 성장하는 상어의 모습을 그렸는데, 드디어 치료자가 그린 물고기들을 잡아먹고 거듭거듭 강해진 상어의 뱃속으로 선생님의 참치가 여러 개의 횃불을 가지고 들어가 어두웠던 상어의 배를 환하게 밝혔다. 그럼으로써 여러 달 지속되던 상어 그림이 완성되었다.

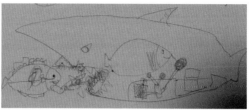

| 초기 상어 | 에너지를 품고 완성된 상어 |

그림의 내용은 또 다른 놀이 방법으로도 표현했는데, 실제 상어 모형과 물고기들을 모래로 옮겨서 이야기를 만들었다. 점점 선생님의 생각을 묻고 받아들여 풍부한 이야기로 구성해 나갔고, 늘 자신이 정해 주던 선생님의 대사도 선생님 임의로 표현하도록 허용하는 여유를 보였다.

감정 표현의 스펙트럼도 넓어져서, 상어와 선생님의 참치, 다른 물고기들이 서로 친구이기도 하며 공격의 대상이기도 했다. 때로는 공격에서 화해로 상황이 바뀌기도 했으며, 약 올리기, 놀래주기 등의 짓궂은 정서표현도 등장했다.

이렇게 정서적 표현과 사회적 관계의 인식이 넓어지는 동안 상아가 고치고 싶어 했던 대소변 참기, 지리기, 강박적으로 손이나 장난감 씻기, 틱 증상, 손바닥 살피기 등의 불안 행동은 대부분 사라졌다. 또, 시간을 마친 후 만날 엄마가 자리를 비운 예외의 상황에도 당황하지 않고 안정적으로 대처하는 모습을 보였다.

118-128회기(현재) 하나가 되기

한 생명이 뱃속으로 들어가 엄마와 하나가 되듯이, 지금의 상아는 선생님과 하나가 되듯 꼭 붙어서 논다. 어쩌다 약속 시간보다 일찍 도착하여 앞선 시간에 선생님과 만났던 다른 누나를 봤던 어느 날은 시간 내내 짜증을 내더니 돌아가며 '선생님은 누나가 좋아요? 내가 좋아요?'라고 물으며 샘을 냈다. '보석은 나만 주는 거예요?' 물어보며 욕심도 보여 줬다. 선생님과 함께 상어와 물고기들이 '친해졌네.'라며 그릇에 모래를 넣고 꼬리로 저어 먹을 것을 만들어 나눠 먹는 놀이도 했다. 매 시간 짐볼 위에 선생님을 앉히고, 선생님의 무릎 위에 꼭 붙어 앉아 오돌도돌 지압기로 자신의 손바닥, 발바닥, 팔, 종아리, 등 몸 구석구석을 굴려서 안마해 달라고 애착 행동도 보였다. '마사지 샵'이라며 무지개 색 팽이를 가지고 와서 자신의 손에 돌려주거나 지압기로 몸에 굴리며 마사지 해 달라고 요청도 했다.

놀이에 대한 창의적 아이디어도 늘어서 클립과 철사 등을 이용하여 사람의 뼈대를 만들어 서로 연결시켜 작품을 완성하는 놀이도 했다. 전갈이나 바퀴벌레, 매미 등의 곤충들에게는 짝짓기를 시켜 주고 알을 낳게 하는데 암컷은 사라지고 수컷만 남는 놀이도 표현했다. 자신이 힘세고 부유한 수컷 전갈이 되어 대장 역할을 맡아 먹을 것을 만들어 다른 곤충들과 나누어 먹기도 했다.

치료자 무릎에 앉아 지압기로 마사지를 해 주면 '클립을 모아 녹여 보고 싶은데 왜 안돼요?' '선생님은 동생을 혼낸 적이 있어요?' '지압을 하면 왜 몸에 좋아요?' 등 궁금증도 많아져서 마치 수다 떨듯이 이야기 나누기를 즐겼고, 자신은 생각할 것이 있다며 치료자 무릎에 앉아 기대어 오랜 시간 침묵에 젖어 있기도 했다. 방문 초기의 모습에서 한참 달라진 편안한 모습으로 선생님과 함께 마음을 나누었다.

가정에서도 부모와 더욱 밀착되어 꼭 붙어 있으려고 하여, 엄마는 상아의 불안이 더 높아진 것이 아닌가 걱정이 컸지만, 엄마와 하나가 되어 함께이고 싶은 마음이 커져서 그런 것이라고 엄마를 안심시켰다.

상아는 놀이치료를 진행하는 동안 초기에 염려했던 대소변 참기, 강박적으로 손 씻기, 장난감 쥐고 있기 등 불안 행동이 사라지고, 소통을 위한 언어능력이 크게 향상되어 또래 수준을 넘어서게 되었다. 또한 사회적 상호작용이 자연스러워지고 정서 표현이 풍부해졌으며, 주변 인물과 사물과의 관계 속에서 적극적으로 관심을 표현하게 되었고 함께 놀기 위한 다양한 시도들이 생겨났다.

놀이의 내용에서도, 출산과정의 불안과 불만족스럽던 애착을 보상하려는 듯 터널 만들기, 도로 정비, 집 세우기, 음식 만들어 나눠 먹기 등 자신을 다시 탄생시키기 위한 환경 개선의 작업들을 표현했다. 또, 자신의 성장을 위해 점점 강해지는 자동차에서 점점 강해지는 상어로, 대장이 된 전갈 등으로 자신을 변신시켰다.

적절한 자기표현과 소통이 어렵고 교류가 부자연스러웠던 초기에 비해 '아쉽다.' '화가 났다.' '싫다.' 등 자신의 감정을 언어로 표현하는 능력의 향상을 보였고, 대기실에서 만나는 또래들에게도 먼저 말을 걸며 과자를 나눠 주기도 했으며, 사회적 상황들에 대한 다양한 궁금증도 주변 사람들과 거침없이 나누기 시작하였다.

상아가 우리에게 보여 준 이런 성장은 진심으로 집중하고 애쓰는 부모의 노력으로 빛을 발한 것이다. 부부간 의견 차이를 양보와 존중으로 극복한 노력, 상아를 위하는 마음의 공유, 함께 식사하고 대화하고 여행하는 등의 일상생활과 부부 금슬의 회복이 상아의 안정에 큰 밑거름이 되었던 것이다.

상아의 성장은 앞으로도 계속 진행될 것이다. 친구들과 어울리려는 동기가 생기고 실행의도도 많아졌으나 아직은 자기중심적이고 미숙한 행동들이 많아서 종종 또래관계에서 소외되거나 싸우기도 한다. 그러나 점차 집단 속에서 어울리며 자신의 대처행동을 다듬어 마음을 공유하는 방법과 기술들을 연마해 나갈 것이다.

인간의 성장은 결과가 아니고 과정이다. 부모는 자녀가 건강하게 자라고 친구랑 잘 어울리고 평범하게 사회에 적응하며 행복하기를 바란다. 하지만 자녀들 역시 부모가 경험했던 것처럼 행복하고 건강한 순간뿐만 아니라 상처받고 아프고 소외되고 외롭고 고통스러운 숱한 순간을 겪으면서 성장한다.

더 이상 우리 자녀들이 겪는 복잡한 외상의 순간들에 대해 지나칠 정도로 불안해하지 않았으면 좋겠다. 자녀들 역시 부모가 그랬던 것처럼 그런 경험과 순간들을 지나면서 크게 자랄 것이기 때문이다.

중요한 것은 함께한다는 것 아닐까? 자녀와 함께 즐겁게 밥 먹고, 자녀가 편안하게 자는 거 지켜보고 일어나서 웃으며 서로 눈 맞출 수 있다면 부모 노릇은 그것으로 충분하지 않을까?

"당신은 고통스런 아이들을 보호하기 위한 '보물 나무'에 열린 보석처럼 소중한 치료자입니다. 당신의 치료적 향기는 널리 퍼질 것입니다."라고 해 주셨던 말씀에 힘을 내며.　　　　　- 정혜자 선생님의 '슈퍼비전' 중에

울음 끝이 긴 라온이

이상희(담은마음클리닉&담은마음연구소)

정혜자 선생님의 『어린이 마음치료』라는 책은 나와 만나는 아이들뿐 아니라 사람을 보는 나의 눈을 좀 더 넓고 깊게 만들어 주었다. 그것은 곧 나 자신을 보는 눈도 달라지고 있다는 것이다.

'심층작업'이란 말은 책[1]에서도 읽었고, 선생님께도 반복해서 들었다. 선생님께서는 아이들이 자기(self)의 성장을 지속하면서 자아(ego)의 발달도 함께 이뤄 간다고 하셨다. 치료 안에서 아이들은 스스로 자신의 삶이 꼬이기 시작한 시기까지 되돌아가 그 지점에서부터 새롭게 재건 작업을 시작하는데, 이것을 심층작업이라 하며 이는 다시금 자기(self)와 자아(ego)의 발달이 연속될 수 있도록 하기 위함이라 하셨다. 아이들을 만나는 시간들이 많아지고 그만큼 내 안의 고민거리도 쌓여 가면서 스승들의 경험들과 지혜들은 나에게 힘이 되고, 고민들과 힘들이 합쳐져 아이들과 한층 더 깊어지고 넓어지는 경험들을 만들어 가게 되는 것 같다. 매순간

---

1) 정혜자, 『어린이 마음치료』, 교양인, 2008, pp. 227-255.

지극히 충분하고 충만한 경험들에 머물고 싶다. 선생님께서 늘 말씀하셨던 그 '심층작업'이 나와 아이들 사이에서 그런 역할을 해 주는 것 같다.

그렇다면 나는 그 심층작업을 치료 장면에서 어떻게 눈으로 확인해 갈 수 있을까? 어떻게 내가 알아차려 갈 수 있을까? 아이 혼자서 하는 것일까 아니면 누군가와 같이 하는 것일까? 가르치고 배워야 하는 것일까 아니면 생명 본연의 힘이 끌어 갈 것인가? 수많은 질문들이 일어나고 해결된 듯싶으면 또 다른 것이 일어난다.

그런데 시간이 지날수록 분명한 것은 내가 심층작업을 알아볼 수 있는 '눈'이 되어야 한다는 것이다. 그것은 끊임없는 공부와 고민의 시간이 흘러야 할 것이니, 매순간의 경험에 나를 맡기는 수밖에 도리가 없다.

또 하나는 그것이 나 혼자 할 수 있는 것이 아니라는 것이다. 내가 시키거나 주도한다고 해서 되는 것도 아니며 가르칠 수 있는 것도 아니라는 것이다. '아이 스스로 한다.'라는 것이다. 선생님은 아이들에게는 스스로 성장하고 발달하려는 본성적 의지가 있다고 하셨다. 그것을 믿어 주라고 하셨다. 하지만 내가 만난 아이들은 그 본성적 의지가 자유로울 수 없었던 아이들이다. 불안정한 부모와 환경, 기질적인 문제, 위기를 겪은 일 등 그럴 수밖에 없었던 이유들은 무수히 많았다.

어쨌든 그런 아이들이 나와 만나게 되었을 때, 그들의 본성적 의지를 어떻게 다시 자유롭게 할 수 있을까? 아이 스스로 하는 것이라면 나는 무엇을 할 수 있고, 무엇을 해야 하는 것일까? 또 혹 아이의 본성적 의지가 어떠한 이유로 성장과 발달을 멈추었다면 나와 만났을 때 내가 어떤 존재가 되어야, 우리가 함께 있는 공간이 어떤 곳이 되어야 다시 성장과 발달을 향한 의지를 회복할 수 있을까? 이런 고민들의 답은 나 혼자 찾을 수가 없었다. 아이와 내가 만났을 때, 우리 사이에 무엇인가가 일어나고, 일어난 것들이 쌓여야만 찾을 수 있을 것 같았다.

그렇다면 우선은 아이와 내가 만날 수 있어야 하고, 나와 함께하는 시간과 공간이 아이의 본성적 의지가 자유로울 수 있는, 멈추어야만 했던 과거와는 다른 곳이어야 했다. 새로운 이곳이 아이에게는 낯설고 두렵기도 하지만 이상하게도 마음에 들어야 했다. 또 여기에서 아이가 자신만의 고유한 세계를 펼쳐 낼 때 초대하고 싶은 이가 내가 되어야 했다. 나 또한 아이가 함께하자고 초대한 순간에 기꺼이 응할 수 있어야 했다.

서로가 함께하겠다는 의지가 있어야 뭔가가 일어날 수 있을 것이다. 아이가 나를 초대하는 순간은 순식간에 일어날 수도 있고, 내가 알아채지 못한 채 흘러가 버릴 수도 있다. 내가 할 수 있는 것은 아이가 원하는 그 순간, 나에게 진정으로 원하는 것, 그것에 기꺼이 응하기! 그리고 과거와 다른 뭔가를 하고 싶은 곳, 내 안에 꿈틀대는 어떤 것들을 자유롭게 펼쳐 낼 수 있는 곳, 누구의 침범도 허락되지 않는 안전한 곳을 만드는 것! 아이의 과거와 현재 그리고 미래의 모든 순간에 내가 해 줄 수 없을지라도, 아이와 내가 만나는 치료실 그리고 치료시간만큼은 내가 할 수 있는 것이었다.

다행히 라온이가 나를 초대해 주었고, 나는 기꺼이 응했다. 나의 부족함이 나의 발목을 잡았지만 내 안에 성장하고 싶은 욕구가 기꺼이 응하도록 도와주었다. 라온이와 함께하는 시간들은 나에게 '심층작업'이라는 것이 무엇이며 어떻게 시작되고 그 과정은 어떤 모습일지 좀 더 선명하게 보여 주었다.

이 사례는 현재 진행되고 있는 중이다. 나는 아직도 '심층작업'에 대해 충분히 알아볼 수 있는 안목을 가지지는 못했다. 다만 선생님의 책들과 그동안 해 주셨던 말씀들을 바탕으로 심층작업을 짐작해 볼 수 있는 '언어나 비언어적인 모습'들을 살펴보고자 했고, 이 글이 끝난 후에도 계속될 것이다.

라온이는 현재 만 8세로 초등학교 2학년 여자아이이다. 아빠, 엄마, 3살 위인 오빠가 있다. 어머님은 라온이를 임신한 후부터 유치원에 가기까지는 기억이 거의 나지 않을 정도로 특별한 일이나 특이사항은 없었다고 하셨다. 다만 주변에서 또래와 비교할 때 말하는 것이 늦는 것 같다는 얘기를 들었고, 실제로도 하나의 문장으로 말하는 것이 3세쯤 되어서 가능했으나 특별히 문제가 된다고 생각은 하지 않으셨다고 한다.

7살에 유치원에 가면서부터 라온이가 심하게 울고, 한번 울면 쉽게 그치지 않는다며 담임 선생님으로부터 주 2-3회씩 전화가 왔고, 어머님은 달래기도 하고 혼내 보기도 했지만 도움이 되지 않는 것 같아서 초등학교 입학과 함께 내가 근무하는 개인정신과병원으로 내원하셨다.

내가 일하고 있는 곳은 개인정신과 병원 내의 상담실이며, 다양한 심리치료적 접근이 가능한 곳이다. 진단 후 학습장애의 특성도 보여 언어재활과 심리작업 모두 필요한 것으로 결정되었으나, 상담실의 대기 사정으로 언어재활을 먼저 시작하였고, 6개월 후 심리치료를 시작하게 되었다. 그동안 라온이는 초등학교 생활에 적응해 가면서도 때때로 학교에서 우는 일이 있었는데, 수업 시간에 한번 울면 반 전체가 수업을 하지 못할 정도로 심하게 울면서 그치지 않아 선생님과 다른 아이들의 일정에 방해가 되거나 피해를 주었고, 결국은 선생님께서 어머님께 전화를 하여 학교에 가신 후 라온이가 어머님을 본 후에야 울음을 그쳤다고 하셨다.

이와 같은 일이 반복되면서 어머님은 걱정이 되기도 했지만, 라온이가 사소한 일에 울음을 터트리고 그치지 않는 것 같아 화가 났고, 라온이의 마음을 알아주기보다는 혼내거나 화를 내게 되었다. 그러면서 라온이는 어머님의 눈치를 보며 걸러 말하거나 혹은 숨기게 되었다. 어머님은 라온이에 대한 미안함이 커지고, 급기야는 '울어요.'라는 말만 들어도 답답하고 무력해지는 느낌이 난다고 하셨다. 나에게도 라온이의 울음에 대해 말하실 땐 늘 눈물을 보이시곤 했다.

눈물이 다양한 의미가 있을 텐데, 라온이와 어머님에게는 '뭔가 알지 못하는 것들이 뒤엉켜져 고통을 만들어 내는, 멈추지 않고 끈질기게 들러붙는 질긴 울음'으로 경험되는 것 같았다.

초기 면담을 한 후, 한 주에 한 번 라온이를 만나기로 했다. 어머님은 라온이에 대한 기억들이나, 어머님 자신에 관한 기억들이 많이 없다고 하셨다. 살아온 과정이 너무 무난해서 기억날 만한 것이 없는 것일지 혹은 기억하지 않게 된 것인지는 알 수 없었다. 그래서 라온이가 언어재활과 놀이치료를 하는 동안, 어머님의 내면도 분화하여 이해해 볼 수 있도록 다른 방에서 홀로 만다라 색칠 작업[2]을 해 보기로 했다.

---

2) 정혜자, 『놀이의 언어』, 교양인, 2018, pp. 316-318.

첫 만남에서 라온이에게 상담실 공간과 시간, 놀잇감을 사용하는 방법에 대해 전했고, 내가 말하는 동안 라온은 "알겠어요."라고 하면서 내가 앉은 둘레에 종이벽돌들을 쌓아 올렸다. 나는 무엇을 하는 것일까 궁금함으로 가만히 있어 보았다. 라온이는 "감옥을 만들었어요. 선생님은 나올 수 없어요."라고 하였고, 내가 이유를 묻자 "선생님이 나오면 내가 공부를 해야 할 테니까요."라고 하였다. "튼튼한 감옥을 지어야 해요."라며, 벽돌들을 더 가져와 덧붙여 쌓고는 "완성했어요. 이제 못 나와요."라며 만족한 듯 웃었다. 내가 미리 마칠 시간을 말하자, 라온이는 "잠시만요, 문을 만들어 줄게요."라며 한 면의 벽돌을 문처럼 열어 놓더니 나로 나올 수 있게 해 주었다. 그리곤 음식을 만들어 먹자며 음식 도구들을 꺼내 접시에 담아 나에게 주었다. 내가 마치는 시간을 다시 예고하자, 라온은 자신도 음식을 먹어야 한다며 먹었고, 자신이 모두 정리할 것이라고 했다. 마치는 시간이 지나고 있는 중에도 라온이는 서두르지 않고 천천히 정리를 했고, 나는 시간이 지나고 있으니 서두르거나 나의 도움을 구할 수도 있음을 전했다. 라온은 끝까지 "혼자 할 거예요. 조금만 더 주세요, 조금만 더."라며 정리를 하였는데, 15분이 더 지난 후였다.

'감옥'은 라온이에게 어떤 의미일까? 자기(self)를 견고하게 세우기 위한 심층작업으로 자궁을[3] 새로이 만드는 작업일까? 아니면 공부에 대한 적개심을 투사한 것일까 혹은 감옥 안에 있는 나에 대해 라온이 자신의 투사일까? 또 끝까지 혼자 정리하겠다고 하면서도 서두르지 않고 마치는 시간을 지연시키는 것은 어떤 이유에서일까? 내 안에 여러 질문을 가지며 1

---

3) 정혜자, 『놀이의 언어』, 교양인, 2018, pp. 162-163.

회기를 마무리하였다.

    2회기 때 라온이는 상담실에 들어오자마자 인형 집을 바닥에 내려놓고는 집안에 가구와 소품들을 각 공간의 쓰임에 따라 배열해 넣기 시작했고, 다 되었다며 작은 동물인형 두 개를 가져왔다. 하나를 나에게 건네며 같이 놀자고 했다. "숨바꼭질해요."라고 하더니, 상황이나 규칙의 설명 없이 곧 인형을 얼른 자신의 뒤로 숨기거나 혹은 방 안에 숨기고는 "숨었다. 찾아요."라고 말했다. 나는 라온이가 "찾으려고 하는데 못 찾아요." 혹은 "이번에는 찾아요."라며 지시하는 대로 따랐다. 라온이는 "찾아요. 못 찾겠으면 꾀꼬리 해요."라고 말하기도 했는데 내가 가진 인형이 라온이의 인형을 찾아내면 "찾았다."라고 소리치며 하하하 크게 웃었다. 놀이 중간에 어떤 상황인지, 규칙이 무엇인지 물어보려 하면 듣지 않고 끼어들며 "찾아요, 얼른."이라며 재촉하고, 내가 인형을 들고 무작정 당하는 느낌이 들어 감정을 표현하려 "나 하고 싶은 말이 있어."라고 하면 라온이는 "말하지 말고 얼른 찾아요."라고 말했다. 그 순간 인형이(혹은 나 자신의 감정일 수도 있고) 속상함으로 "우씨~" 입술이라도 삐죽거리면, 라온이는 재미있는 듯 깔깔깔 소리 내어 웃었다. 규칙은 수시로 바뀌었고, 그에 대한 설명은 없었다.

    라온이는 전능한 사람처럼 자신이 원하는 대로 마음껏 이 상황들을 만들어 가길 원하는 것 같았다. 또 나에게 지시하는 자신이 곧 거절할 수 있는 대상이 되고, 나는 지시받은 대로 따르며 내 욕구는 거절 받는 대상이 되는 듯했는데, 라온이의 웃음소리와 얼굴 표정에서 그런 상황이 매우 만족스러운 듯 보였다. 내가 마치는 시간을 예고했을 때, 라온이는 "조금만 더, 한 번만 더 할래요."라며 숨바꼭질을 반복하였고, 나는 "더 놀고 싶을 것 같아. 그래도 시간을 지켜 내는 것도 큰 힘이야."라고 반복해서 전했다. 라온이가 "알았어요."라며 일어섰을 때는 "이거(놀잇감들)는 선생님이 정리하세요."라고 하며 나가려 했다. 나는 "자신이 놀았던 것을 스스로 정리하는 것도 큰 힘이야."라고 전하였고, 라온이는 "싫어요."라고 했다. 나는 지난 회기에는 스스로 정리했지만 시간을 지키지 못했던 상황을 표현하며, 오늘은 나의 도움을 받아 시간을 지켜보자고 전하였고, 라온은 정리할 놀잇감들을 지시하고 나는 그에 따라 정리를 도왔다. 그리고 다음 회기부터는 스스로 놀잇감을 정리하면서 시간도 지켜보기로 했다.

이번 회기에서 나는 라온의 자기(self)가 안착할 태내 자궁을 준비하는 듯 혹은 내면의 질서를 세워 가기 위한 준비로 '인형 집'을 정리하고, 아기가 태내에서 혹은 태어난 후 엄마와 교감을 나눌 때 하는 까꿍 놀이처럼 '숨바꼭질'을 하면서 '나'라는 대상과 관계 맺기를 시도하려는 듯 혹은 관계를 맺을 안전한 대상이 될 수 있을지 시험해 보는 시간은 아니었을까 생각했다.

3회기 때 라온이는 "소풍놀이 해요."라며 천을 꺼내와 바닥에 펼치곤 돗자리라며 그 위에 음식들을 가져와 놓아두었다. 사람 인형을 가져와 나에게 하나를 주곤 돗자리에 앉으라고 했고, 라온이도 사람 인형을 들고 돗자리에 앉은 후 음식들을 먹으라며 건넸다. 갑자기 라온이 일어나더니 반대편 선반에 있던 아이언맨과 공룡 인형을 가져와 악당이 쳐들어왔다며 나에게는 피해 있으라고 하고, 라온이가 들고 있던 인형은 악당들과 때리고 밟으며 격렬히 싸워 무찔렀다. 돌아온 라온이의 인형은 내가 들고 있는 인형에게 먹을 것을 만들어 주겠다며 접시에 음식들을 담아 주었다. 내가 마치는 시간을 예고했을 때, 라온은 다시 "조금만 더."를 말하며 놀이를 더 하려 했고, 또 정리를 혼자 해 보겠다며 10분을 늦게 마쳤다. 나는 좀 더 단호하게 시간을 지키도록 해 볼까 생각도 들었지만 라온이 스스로 지켜 내도록, 생각과 마음 그리고 행동을 일치시켜 가는 과정이 필요할 것 같아 좀 더 기다려 보기로 했다.

라온이의 '혼자서 정리하려 하거나 혹은 상대에게 시키려 하는 것' 또 '시간을 지키지 않아 자신과 나의 일정이 지체되도록 하는 것'은 어째서 일까? 부모님과 학교 상황 등 타인과의 관계에서 습득하게 된 모습일까? 그리고 만남의 초기부터 '심층작업'은 시작되고 있는 것일까? 심층작업을 하기 위해 '안전한 공간과 시간 그리고 관계(치료자와 아이 사이)'를 만드는 중일까? 이런 과정을 위해 특별한 장소로 '소풍'을 떠난 것일까? 내 안에 여러 질문들이 올라오는데 아직은 어느 것도 정확히 알 수는 없었다. 다만 라온이 스스로 심층작업을 위한 준비를 하고 있다고 느껴졌는데, 우주적인 존재에서 개별적인 자기(self)[4]로 분화해 갈 수 있도록, 외부의 침입을 물리쳐 안전한 공간을 만들었다고 느껴졌다. 그리고 그 안전한 곳에서 음식을 먹으며 힘을 비축하는 것 같았다.

4회기 때 라온이는 상담실에 들어와 놀잇감을 살펴보더니, 가면을 꺼내 쓰고는 막대기를 들고 "나는 마술사다."라고 말하며 흔들었다. 그러다 자

---

4) 정혜자, 『놀이의 언어』, 교양인, 2018, pp. 47-54.

동차 도로 조각들로 길을 만들겠다고 조립을 하였는데, 한참 동안 집중하더니, 갑자기 길게 붙여진 조각들을 들고 나에게로 다가왔다. 그리곤 내가 앉은 둘레에 둘 것이라고 하더니, 슬쩍 내 허리에 둘러놓는 척하다가 세게 휘감아 묶었고 머리와 얼굴에도 둘러 묶으려 시도하였다. 또 가늘고 기다란 천을 가져와 나의 손을 묶었다. 그리곤 "넌 시끄러워. 말을 못하게 할 거야. 보지도 못하게 할 거야."라며 천으로 입과 눈을 가리려 했고, 그때 나는 라온이가 하는 대로 몸을 맡겨 볼까 생각도 했지만, 순간적으로 두려움이 올라왔다. 그래서 "눈이 가려지면 무서울 것 같아 날 무섭게 하지는 말아 줘."라고 말하자, 라온이는 재빨리 그 행동을 멈추곤 천으로 나의 몸을 둘둘 말아 두었다. 순간적으로 빠르게 일어난 상황이라 나는 라온이의 욕구에 대해서는 공감의 말을 하지 못했다. 늦게라도 해야겠다 싶어 적절한 말을 찾으려는데, 곧 라온이는 뿅망치를 들고 와 "나는 나쁜 사람이에요. 그래서 선생님을 때려요."라며 때리는 시늉을 했다. 똥 인형을 가져와 나의 머리에 올려두며 "나쁜 사람은 아프다고 해도, 하지 말라고 해도 멈추지 않고 계속하는 거예요."라고 했다. 배가 고파서 나를 고기로 만들어 먹을 것이라고 했다. 라온이와 내가 눈이 마주치자 고개를 높이 들어 올리며 단호한 소리로 "지금 내가 하고 있는 것은 내가 하는 게 아니에요. 내 손이 하는 거예요."라고 말했다. 나는 생각할 틈도 찾지 못하고 당황스러운 마음으로 라온이가 하는 대로 끌려갔다. 휘몰아치듯 뭔가 진행되고 있는 것 같았지만 나는 무엇을 말하고 어떻게 행동해야 할지 알 수 없어 무력해졌고 불안했다.

　라온이는 나에게 아무런 방법이 없으니 그대로 당하고 있어야 한다고 했다. 자신은 저주에 걸렸고, 아무도 자신을 이길 수가 없을 만큼 나쁜 사람이 되었다고 했다. 그러면서도 라온은 "나쁜 사람이 내가 아끼는 것을 빼앗아 갔어요."라며 억울한 듯 말하기도 했다. 그러다 라온은 "방법이 없대."라며 혼잣말을 하는 듯하다가, 하하하 웃으며 나를 둘러싼 천을 벗겨 내었다. 나에게 "나쁜 사람이 그렇게 할 때는 가만히 있지 말고 신고를 하거나 도망을 쳐야죠! 왜 그렇게 가만히 있어요! 다 풀어 줄 거예요!" 외치듯 말하며 도로 조각들과 천들을 모두 풀어 주었다.

풀리고 나자 갑자기 괴물이 나타났다며 천 속에 숨어야 한다고 했다. 라온은 괴물이 지나갈 때까지 "완전히 작아지게 해서 가만히 엎드려 있어요."라며 웅크렸고 나에게도 따라 하게 했다. 잠시 후 벌떡 일어나더니, "나는 태권도를 할 수 있어요. 괴물이 오면 이렇게 발로 차요."라며 발차기를 보여 주었다. 내가 마칠 시간이 되었음을 전하자, 라온이는 정리할 것이 너무 많다며 도와달라고 했다. 도와달라고 말했지만 '이거, 저거 정리 하세요.'라고 하는 말이 나는 지시받는 것처럼 느껴졌다. 그럼에도 도와달라는 말이 반갑기도 했다. 나머지는 라온이 스스로 정리한 후 시간을 지켜 나왔다.

라온이가 우주적인 존재에서 개별적인 자기로 분화해 가는 과정을 보여 주는 듯했다. [5] 마술사[6]가 되어, 도로를 연결하며 자신이 가야 할 길을 만들어 마침내 자궁인 치료자에게까지 도착하고, 외부의 침입에 막아서서 개별적인 자기로 분화하여 만족스러운 자기상(ideal self)에 접근해 가는 모습을 보여주는 듯했다. [7] 또 라온이가 저주에 걸려 나쁜 사람이 되어

---

5)   정혜자, 『놀이의 언어』, 교양인, 2018, pp. 52-58.
6)   위의 책, p. 135.
7)   위의 책, pp. 54-58.

226   어린이 마음치료 사례집

내 손을 대신해 나에게 나쁜 짓을 하면서, 혹 현실에서 착한 사람이 되어야 할 것 같았던 부담감이나 나쁜 사람이 되어 보고 싶었던 욕구 또는 억압시켜 두었던 공격성 등이 표출되고 해소되고 있는 것은 아닐까 생각했다. 한편은 내가 느꼈던 두려움, 무력함, 불안 그리고 말로 표현할 수 없는 힘든 마음들, 그것들이 라온이의 것이었을까? 아니면 내 것이었을까? 하는 물음이 들기도 했다.

5회기 때 라온은 인형 집을 꺼내 오더니 "가구들이 다 바뀌져 있어요. 정리해야겠어요. 선생님은 거기 기다리고 있어요!"라고 하였고 한참 동안 각 방의 가구들과 소품들을 나름의 방식으로 정리해서 넣었다. 그리곤 나에게 "숨바꼭질해요."라고 하더니 동물 인형들을 가져와 나에게 "선생님은 오빠 해요."라며 다람쥐를 주었고, 자신은 동생과 엄마 인형으로 각각 토끼를 가졌다.

이번 회기에서 라온은 숨바꼭질을 하자고 했는데, 지난번의 내용과는 달랐다. 동생이 숨다가 가구가 넘어지면 엄마가 와서 오빠가 했다며 혼을 내었고, 동생은 오빠에게 "가구를 정리해라. 내가 시키는 대로 해라."라고 하는데 오빠가 싫다고 하거나 억울하다는 기색이 보이면 엄마가 와서 오빠가 좋아하는 장난감을 버리기도 하고, 오빠 말은 듣지 않고 무조건 "네가 잘못했어. 네가 잘못한 거야."라며 혼내듯 말했다. 라온은 오빠에게 동생과 엄마가 되어 시키기도 하고, 억울하게 만들기도 하고, 혼내기도 하는데, 말하는 중에도 기분이 좋은지 자주 소리 내어 웃었다. 마치는 시간을 예고했을 때 라온은 스스로 정리한 후 시간을 지켜 마쳤다.

6회기 때 라온은 다른 방에 있던 텐트를 빌려와 달라고 하였고, 나는 빌려 올 수는 없지만 라온이 원하는 대로 만들어 볼 수 있다고 전했다. 라온은 "저는 빌려 와도 부서지지 않게 놀고 가져다 놓을 수 있어요."라며 빌려 오라고 했고, 나는 빌려 오지 않고 우리가 가진 것에서 해결을 해 보자고 하였다. 라온은 뭔가 생각이 난 듯 몸을 움직이는데 종이벽돌을 쌓아 올리고 그 위에 큰 천을 씌워 텐트 모양으로 만들었다. 만드는 도중, 벽돌들이 무너져 몇 번을 다시 쌓아 올려야 했지만, 라온은 넘어지지 않을 다른 방법을 찾아내면서 텐트를 완성하였다. 완성 후 매우 뿌듯한 듯 웃으며 종이를 가져와 '우리 집'이라고 붙여 두고는 그 안으로 나를 초대했다.

그 안에서 함께 그림을 그리자고 했다. 라온은 함께 그림을 그리는 것이 같이 노는 것이라고 하며, 나에게도 그림을 그리라며 스케치북 한 장을 뜯어 주었다. 라온은 자신의 그림을 그리면서도 내가 그리는 그림을 보며 "잘 그렸다, 못 그렸다, 이상하게 보인다."라며 깔깔 웃었다. 라온은 아빠와 그림을 자주 그리는데 그림을 그리지 않고 자신의 이름 한 글자만 적는다며 "글자를 적어 두곤 그림이래요. 하하하."라고 하였다. 라온은 "종이에 오늘 만든 텐트를 그릴 거예요." 텐트를 그리더니, 텐트가 산 모양 같다며 그 옆에 산을 그리고, 다시 산이 똥 모양 같다며 똥을 그렸다.

마쳐야 하는 시간을 예고했다. 라온은 시무룩한 표정으로 입술을 삐죽거리며 그림을 계속 그렸고, 그러면서 "엄마랑 이야기하는 시간을 나에게 주라고 하세요!"라고 하였다. 나는 우리의 약속 시간을 말하며 정리해야 한다고 하는데, 라온은 "그림을 다 그리게 하겠다고 약속했잖아요, 왜 내 말만 다 안 듣는 거야!" 울음이 터질 듯 큰소리로 말했다. 그리곤 "엄마는 내 말을 안 들어요. 엄마는 나를 속상하게 해요. 그래서 지금 그림을 그리는 거예요. 속상한 마음을 풀려고 그림을 그리는 거니까 지금 계속 그려야 한다구요." 또 "지금 그리지 않으면 친구들도 여기에 낙서를 해 둘 거니까 지금 그려야 해요."라고 했다. 라온이가 말하고 있는 지금 이 순간 그림을 그려야 하는 이유들이 너무 당연한 듯 들렸다. 그러면서 마쳐야 하는 시간이 지나고 있었고 라온은 그림을 여전히 그리고 있었다.

나는 혼란스러웠다. 라온이도 그림을 그리고 있지만 진정 그것이 하고 싶은 것인지 알 수가 없었다. 치료공간은 어디인지, 치료시간은 언제인지, 치료의 대상은 누구인지 뒤죽박죽 혼란스러웠다. 나는 이 순간 라온이와 나 사이에 중요한 것이 무엇이며 무엇을 해야 할지 찾아야 했다. '심층작업을 하기 위해선 침범도 방해도 받지 않을 안전한 공간과 시간 그리고 대상이 누구인지 정확해져야 한다.'라고 몇 번을 마음속으로 되뇌었다. 그것을 위해서 '치료실에서 하던 것을 정리한 후 문을 열고 나가는 것' '자신의 치료시간을 지키는 것' '원하는 대로 되지 않을 때 겪게 되는 라온이의 마음에 함께 머물며 견디는 것' 이 세 가지에 집중하면서 라온이가 속상할 마음들이 이해된다고 전하면서도, "스스로 정리하는 것도, 약속 시간을 지키는 것도 큰 힘이야."라고 반복해서 말하였다. 라온은 조금씩 정리하기 시작했다. 20분이 더 지난 후 상담실 문을 나왔다.

7회기 때 라온은 나에게 "텐트를 빌려 왔어요?"라고 물었고, 내가 빌려오지 않았다고 하자, 라온은 "치~" 속상함을 내비쳤는데, 더 표현하지 않고 다른 놀잇감들을 살펴보기 시작했다. 나는 속상했을 마음이 이해가 되었으나 한편으로는 지난 회기에 '빌려와 주세요.'라고 요구를 했거나 '빌려 오자.'라고 약속을 했던 것이 아니기에 라온이 입장에서 내가 텐트를 빌려다 놓았을 것이라고 생각을 했다는 것이 당황스럽기도 했었다. 또 지난 회기에 라온이의 정확한 욕구와 기대를 더 세심히 탐색하고 나누었어야 했는데 놓쳤다는 후회도 되었다. 하지만 별다른 언어적인 표현 없이 곧장 자신만의 텐트를 만들어 가던 모습에, 욕구를 지연하고 포기하기보단 대체 방법을 찾은 것 같아 안심도 했었기에 놀라기도 하고 혼란스럽기도 했었다.

라온은 내가 앉은 맞은편 선반에서 풍선에 바람을 넣는 기구를 들고 내 옆으로 다가오더니 풍선을 불 것이니 풍선을 가져오라고 말했다. 풍선은 선반 안 기구 옆에 같이 놓여 있었다. 나는 라온이가 원하는 것은 스스로 가져올 수 있다고 말했다. 라온은 '무조건 가져다 달라. 다리가 아파서 갈 수 없다. 오늘 상담을 너무 기다렸으니 선생님이 가지고 와야 한다. 시간이 가고 있으니 얼른 가져와라. 선생님 때문에 시간이 간다. 가져오지 않으면 내가 너무 슬프다. 그러면 울 것이며 울고 나면 엄마한테 혼날 것이다. 내가 혼나면 선생님도 슬플 거니까 가져와라. 이 모든 것은 선생님 때문이다.' 등 다양한 이유들을 말하며 소리치고 울었다. 또 화가 나는 순간에는 발로 세게 바닥을 치기도 하고, 기구를 바닥으로 던지기도 했다. 그렇게 거의 40분을 울었고, 마치는 시간이 되었음을 알리자, 라온은 터벅터벅 걸어가 풍선을 스스로 가져왔다.

그런데 나 때문에 놀지 못했으니 더 놀다 가야 한다며 바닥에 앉았다. 나는 상담시간과 공간, 놀이 방법에 대해 약속한 내용을 전하는데, 라온은 약속을 지키지 않을 것이라며 울며 버텼고, 결국 30분이 더 지나게 되었다. 라온이의 감정이 가라앉고 문을 나서기 전, "내가 운 것을 알면 엄마가 혼낼 거예요. 그러니까 절대 말하면 안 돼요." (거울로 뛰어가 자신의 얼굴을 보더니) "운 게 보여요. 어떻게 해요."라며 다시 울었다. 얼마간의 시간이 더 지난 후 마음이 안정되었고, 세수를 하고 거울을 보며 얼굴이 괜찮은지 확인한 후 나갔다. 내가 처음으로 라온이의 끊어지지 않는 질긴 울음을 보았던 회기이다.

나는 왜 그저 눈물이 아닌 질긴 울음으로 느껴졌을까? 나에게 한 라온이의 요구는 '그저 풍선을 가져다주세요!'였는데. 라온이가 갖은 이유를 대며 선생님이 가지고 와야 한다고 말할 때는 '그래 별것 아닌데 가져다줄까?'라는 마음이 올라와 여러 번 마음을 가라앉혀야 했다. 내가 풍선을 가져다주지 않은 것이 그토록 서럽고 서러워 목 놓아 울어야 했던 것일까? 아니면 지난 시간 후 내가 텐트를 빌려 놓았을 것이라고 기대했던 것이 무너져 속상했던 것일까 그것도 아니면 나에게 혼자서 일방적인 약속을 하면서까지 텐트를 갖고 싶었던 마음을 알아주지 않았다고 토로한 것일까? 어쩌면 라온이의 간절함을 내가 알아채지 못한 것일 수도 있다는 생각이 들었다. 하지만 살짝 억울함도 들었다. 라온이는 너무도 능숙하고 재빠르게 다른 놀잇감으로 대체했었고, 심지어 뿌듯해하던 표정과 몸짓을 보았기에, 그런 마음이 있을 것이라 짐작도 못했기 때문이다.

7회기 이후에도 이런 일은 반복되었다. 라온이는 자신이 원하는 것을 자신이 원할 때까지 하기를 원했고 상담시간을 자주 넘겼다. 자신이 하기 싫은 것이나 귀찮은 것들은 나에게 '하세요!'라며 지시하거나 혹은 내가 해야만 하는 이유를 열심히 찾아 표현하는 바람에 '내가 해 줘야 하나' 마음이 흔들리는 일들이 반복되었다.

또 라온이가 나 사이에서 '약속했다.'라고 여기는 것들이, 나는 실제 약속한 적이 없었고, 또 언어로 표현되는 대화를 나눈 적도 없었다. 라온이혼자 생각한 것이 곧 약속이 되어 버린 것 같아 그 순간 당황스럽고 혼란스럽기도 했었다. 그에 대해 이야기를 나눠 보려 하지만 일방적으로 말들을 쏟아 내어 대화를 시도하거나 끼어 들 수 있는 틈도 없었다. 이렇게 될수밖에 없었던 라온이만의 사연이 있었을 것이다.

어릴 때부터 자신의 욕구가 자주 좌절되었던 것인지, 혹은 스스로 거절받거나 혼날 것 같아 피하고 싶은 것인지, 혹은 자기표현을 하고 있는 것인지 아니면 자기표현이 어려운 것인지, 자기(self)의 존재를 드러내려는것인지 아니면 자아(ego)의 자기중심적인 모습을 보이며 자기주장만 하고 있는 것인지 알 수가 없었다. 때때로 나는 알지 못한다는 무력함과 혼란스러움으로 답답하고 힘들기도 했다. 어떤 것이든 때가 되었을 때 치유와 회복 그리고 성장으로 나아갈 것이라 믿으며, 그때가 오기까지 매순간그 길을 닦아 놓자고 생각하며, 내가 할 수 있는 것들을 찾아 실행하면서,그 시간들을 버텼다.

나는 라온이가 '나는 전능한 존재예요. 이 세상과 사람들은 내가 원하는대로 움직여져요.'라고 생각하며, 전능한 자신이 있는 환상세계와 전능할수 없는 현실 세계를 구분하지 못하고 있다는 생각이 들었다. 그래서 나는 '치료시간을 지키는 것'과 '놀잇감을 스스로 정리하는 것'이 라온이에게는 환상과 현실을 구분하게 도와줄 것이라 생각이 들었다. 구분이 되어야안전한 곳에서 자신만의 세계가 펼쳐지고, 그 세계 안에서 자기(self)와자아(ego)를 견고하게 세울 수 있다고 생각했다. 라온이의 행동에 대한 제한은 일관되게 하되, 좌절되고 속상할 마음에 대해서는 놓치지 않고 말로 표현하거나 혹은 말없이 가만히 시선을 맞추며 라온이의 감정에 머물기를 집중했다. 차츰 구분이 되어 가면서 라온이는 스스로 시간을 지키고 놀잇감을 정리할 시간도 따로 챙겨 두었다. 그러면서 치료시간에 위와 같은 울음은 일어나지 않았다. 어머님께서도 집과 학교에서 우는 일이 있었지만 울음을 길게 끌고 가지는 않았다고 하셨고, 언어재활 선생님도 같은 얘기를 하셨다.

그렇다면 라온이가 전능해지고 싶은 마음은 어떻게 되었을까? 라온이는 방법을 찾은 듯했다. 나에게 인형을 가져와 역할 놀이를 하자고 하거나 혹은 풍선이나 보드 게임들을 가져와 같이 하자고 하면서, 나에게 부여한 역할에게 마음껏 지시하고 명령하며, 때론 아프게도 하고 놀리기도 하면서 전능한 자기를 마음껏 펼치는 듯했다. 치료실에서 마음껏 자신만의 규칙을 만들고 그 규칙에 따라 대상과 세상은 움직여 갔다.

8회기 때 라온이는 풍선을 불고 나서 나에게 끈으로 연결해 달라고 하였다. 끈을 들고 한참 동안 춤을 추듯 움직였다. 그리곤 나에게 풍선치기를 하자고 했고, 나와 라온이 사이에 방석과 종이벽돌들을 두어 경계를 세웠다. 풍선치기의 규칙은 수시로 바뀌었다. 내가 풍선을 쳐서 라온이에게 보낼 때, 라온이의 머리에 맞아도 탈락, 어깨에 맞아도 탈락, 배에 맞아도 탈락, 벽에 부딪쳐도 탈락! 온통 탈락! 탈락은 지는 것이었다. 내가 하는 모든 것은 탈락이고 라온이가 하는 것은 이기는 것! 점수를 얻는 것이었다. 마침내 나는 완전히 탈락하고 라온이만 살아남아 승리하였다. 라온이는 종이를 가져와 풍선치기 했던 장면을 순식간에 그렸고, 유리벽에 붙여 달라고 하였다. 내가 붙여 주자 매우 흐뭇하게 바라보다가 방석과 벽돌을 정리한 후 나갔다.

　나는 온전히 져야 하는 상황에서 라온이가 얄밉기도 했었다. 하지만 한편으로는 대단히 멋진 환상의 세계를 경험한 듯 심장이 두근거리기도 했다. 그동안 개별적으로 분화되었던 이상적 자기는 아직 정신만 갖춰진 상태였고, 이제 정신과 신체를 결합한 온전한 존재로 나아가는 모습을 보여주는 듯했다.[8] 신체의 형성을 위한 엄마의 자궁으로의 항해! 끈이 달린 풍선이 자유롭게 춤을 추는 것을 보면서 나는 정자랑 비슷하게 생겼다는 생각이 스쳤고, 그 이후 나와 풍선치기를 하는 동안은 라온이가 수정될 때 엄마 배 속의 난자를 찾아 떠나는 정자인 것 같다는 상상이 일어났다. 이 방 전체는 엄마의 자궁 안! 수많은 다른 정자들이 어려운 난관에 부딪쳐 탈락하는 사이, 단 하나의 정자가 끝까지 살아남아 난자 속으로 입성! 수정! 찬란한 승리의 임신! 그리고 실존적 존재(existential being)가 됨으로써 자아(ego)의 성장! 그 과정을 환상 속에 재연한 것은 아닐까? 내 안의 흥분과 설렘으로 호흡이 가빠졌고 한참 동안 온몸이 저리는 신비함도 느꼈다. 그때의 순간을 기념하며 한편의 그림이 완성된 것은 아닐까?

8회기 라온이가 그린 그림

---

8)　정혜자, 『놀이의 언어』, 교양인, 2018, pp. 58-72.

위대한 생명을 의미하는 풍선[9]이라는 생각을 했다.

10회기 때 라온이는 나에게 '치킨차차' 게임을 하자고 했다. 본 게임 규칙을 따르는 것이 아니라, 라온이가 원하는 대로 만든 규칙으로 게임이 진행되었다. 라온이가 가진 닭 인형은 반복해서 승리하였고, 내가 가진 닭 인형은 계속 꼴지를 하였다. 라온이의 인형은 비로소 금메달을 따고 수여식을 한 후 날개를 달고 하늘로 올라갔다. 그리곤 내려와 꼴찌였던 나의 인형을 도와주어 일등을 하게 하였다. 다른 닭들은 부러워하고 일등 한 방법을 알려 달라고 하지만 알려 줄 수 없다고 단호히 말하였다. 그리곤 새로이 일등을 한 닭에게 금메달을 수여한 후 날개를 펴고 하늘 위로 올라갔다가 다시 땅에 내려오게 하였다.

11회기 때 라온은 나에게 "달리기해요."라고 말하며 씨익 미소를 지었다. 라온은 나와 자신의 출발선에 방석을 하나씩 두었고, 그 중간에 긴 천을 놓아 공간을 구분하였다. 그리곤 그 중간에 책상을 가져와 그 위에 방석 하나를 올리고, 방석 위에 바비 인형과 먹을 것을 두고 마이크도 올려놓았다. "빨리 달리기해요."라고 말하면서도 "잠시만요."라며 눈에 띄는 놀잇감들을 가져와 라온이와 나의 공간에 배치해 두면서 '꽝'이라며 피해 가야 한다고 하였다. 꽝을 피해서 반환점을 돌아 출발점까지 먼저 들어오는 사람이 이기는 것인데, 라온이는 내가 이길 수 없도록 내 공간에 꽝을 더 많이 두기 시작했다.

내가 꽝 개수가 더 많다고 하니 라온은 입을 막아야겠다며 천을 꺼내

---

9) 정혜자, 『놀이의 언어』, 교양인, 2018, p. 207.

입을 막으려 하다가 멈추고는 내 공간에 길게 늘어뜨려 두었다. 아마 몇 회기 전 입을 막지 말아달라고 했던 것이 생각난 것 같았다. 나에게만 많이 두는 것이 미안한지 "저도 이렇게 두잖아요."라고 했다. 라온은 양말을 한 짝씩 벗어 나와 자신의 공간에 두었다. 나에겐 기다란 줄을 두고 자신에겐 짧은 목도리를 두었다. 나에겐 굵고 둥근 막대기를 두고, 자신에겐 얇은 막대기를 두었다. 나에겐 커다란 천을 두고 자신에겐 작은 천을 두었다. 나의 공간은 온통 쾅들로 들어차서 발 디딜 공간이 없어 보였다. 라온이의 공간에는 여유가 많아 보였다. 달리기는 몇 번을 반복했고, 라온이는 계속 이겼다. 그러다 남자 인형을 가져와 자신에게 두더니, 얼른 나에게로 옮겨 두면서 "내가 남자에서 여자로 바꿀 거야!"라고 했다. 또 커다란 인형 집을 가져오더니 나에게 두고, 매우 작은 인형 집은 자신에게 두었다. 그리곤 라온이가 손 인형을 손에 끼우더니 1등을 하도록 나를 도와주겠다며 날개를 나에게 주었다. 그런데도 나는 졌다!(라온이가 원하는 것은 내가 지는 것이겠지만, 그 순간 나는 지고 싶지 않아 온힘을 내어 뛰었는데도 장애물이 많아 원하는 대로 되지 않았다)

내 공간에 공룡도 두고, 장구도 두고, 커다란 공도 두고, 자신에게는 손 탬버린, 작은 동물, 슈퍼맨을 두었다. 또 나에게 커다란 천 뭉치를 놔두더니, 자신에게는 자그마한 조개껍데기 하나를 두었다. 그리고 마이크를 들고 "선생님이 계속 지고 있네요!"라며 말하더니 몸을 흔들며 노래를 부르기 시작했다. 결국 10대 0! 라온이가 완전히 승리하였고, 손 인형을 가져가 내 공간에 놓으며 "이것도 쾅이 되었어요!"라고 하였다. 그리고 풍선을 가져와 크게 불고는 풍선을 들고 주변을 둥근 모양으로 뛰어다녔다. 내가 마칠 시간이 되었기에 정리해야 한다고 전하자, 라온은 정리하지 않고 가겠다고 하였다. "정리 안 할게요. 선생님이 하세요!" 그러나 이야기를 주고받은 후 라온은 정리할 것이 많아 힘들다고 투덜대면서도 스스로 정리를 했다. 나가면서 자신의 이름 란에 하트 모양 4개[10]를 그려 두곤 인사를 꾸벅 하곤 나갔다.

이번 회기에서는 그전 회기들에서 보았던 자기(self)와 자아(ego) 성장의 심층작업들을 확고히 하기 위해 반복하는 듯했다. 충분한 치유와 회복으로 다음 단계로 나아갈 수 있을 때까지 연속해서 반복할지도 모른다. 혹은 멈추었던 더 깊은 지점까지 들어가기 위한 힘이 모일 때까지 시간 간격을 두면서 몇십 번, 몇백 번 반복할지도 모른다.

마치 나는 라온이와 함께 엄마 배 속의 난자를 찾아 수많은 장애를 넘어가며 마침내 자궁에 입성하고 탯줄로 연결된 태아가 여아로 결정되는 순간까지의 여정을 함께하는 것 같았다. 풍선에 공기가 들어가 부풀려지고 둥근 모양을 그리며 뛰어갈 땐 생명의 힘들이 나를 힘차게 끌어올려 주는 희열이 느껴졌다. 마치는 시간도 아쉽고 정리해야 하는 것도 아쉽다. 오래도록 머물고만 싶다. 그러나 생명은 끊임없이 전진을 선택한다. 각자의 속도가 다를 뿐! 라온이는 아쉬움을 네 개의 하트로 바꾸어 놓으며 세상 밖으로 나갔다.

그 회기 이후 라온이는 자신의 일상과 경험에 대해 자발적으로 표현하기 시작했다. 몇 회기 동안은 무서운 곤충들에 대해 말했는데, 특히 거미가 너무 무섭고, 학교 가는 길에 거미를 발견하고 무서워 뛰어갔다며 그

---

10) 정혜자, 『놀이의 언어』, 교양인, 2018, p.71.

감정에 대해 한참 말하였다. 그즈음 치료실에는 텐트가 생겼고, 라온은 그 텐트 안에서 드러누워 있기도 하고 그림을 그리기도 했다. 텐트 앞에는 자신의 이름을 적어 붙여 두었다. 텐트 안에 자신이 좋아하는 나비 세 마리를 넣어 두며 자신이 안전하게 보살필 것이라며 먹을 것도 주고, 잠도 재워 주며, 놀 수 있는 정원도 만들어 주었다. 무서운 곤충들이 들어오지 못하도록 보호벽을 만들기도 했고, 때론 곤충의 공격에 두려움을 떨기도 했지만, 무기를 만들어 무찌르기도 하였다. 그러면서 곤충들이 있는 선반 앞을 차츰 신경 쓰지 않고 지나갔다. 자신을 지키고 보호하며 먹이고 돌보면서 강해져 갔다.

18회기 때 라온이는 인형 집을 꺼내 오고, 다람쥐와 토끼 인형을 가져 오더니 엄마, 아빠, 오빠, 라온이로 정하고, 나에게는 오빠를 하라며 다람쥐 인형을 주었고, 라온이는 토끼 인형을 가졌다. 엄마는 부엌에서 요리를 하고, 아빠는 침대에서 잠을 자고 있었다. 라온이는 오빠에게 숨바꼭질을 하자고 하고, 오빠에게 규칙을 알려 주지도 않은 채 바로 숨고는 찾으라고 했다. 라온이는 다양한 곳에 숨었다. 굴뚝에 숨기도 하고, 변기에 숨기도 하고, 베트남에 숨기도 하고 서울에 숨기도 하였다. 오빠인 나는 라온이가 지시한 대로 라온이를 열심히 찾다가 결국 찾지 못해 "못 찾겠다 꾀꼬리 도와줘."라고 외치면 라온은 "나왔다."라고 큰 소리로 말하며 웃었다. 몇 번은 오빠를 위해서 술래를 바꿔 주기도 했지만 라온은 오빠를 금방 찾고 오빠는 다시 술래가 되었다.

라온이가 식탁 아래 숨었다가 나오면서 식탁이 넘어갔는데, 라온은 엄마 인형을 들고 와서 누가 그랬는지 묻고는 무조건 오빠가 한 것이니 치우라고 했다. 오빠는 억울해하지만 라온은 오빠에게 "치워."라며 랄랄라 노래를 부르고 오빠는 식탁을 치웠다. 라온은 다시 숨바꼭질을 하자고 하고 "숨바꼭질을 하지 않으면 감옥에 가야 해."라고 했다. 라온은 토끼 인형을 자신의 뒤에 숨겨 두고는 기저귀를 찬 아기 인형을 가져와, 오빠에게 쉬를 싸는 시늉을 했다. 토끼가 아기 기저귀 안에 숨은 것이라 아기가 쉬를 싸서 오빠에게 알려 주는 것이라며, 토끼 인형이 눈앞으로 나왔다. 오빠는 쉬를 맞아서 샤워를 해야 한다고 했고, 라온이는 욕조를 만들어 주었다.

오빠가 씻는데 라온이는 토끼 인형을 들고 다람쥐 인형 앞에 서서 "오빠 고추 보려고 서 있어요."라고 말하였다. 그리고 자전거를 탄 토끼 인형을 가져오더니 토끼를 뻥 차서 날려 보내고, 오빠에게 수영복을 입고 욕조에 들어가라고 했다. 이때 엄마가 나팔 장난감을 사오고 라온이는 나팔을 불어 오빠를 욕조에서 날려 버렸다. 그리곤 엄마가 욕조에 들어가고 "우리 딸 어디 갔지? 우리 딸 하늘나라 갔나 봐." 그리곤 "예~" 하고 소리치면서 "하늘나라에 가서 좋다."라고 말했다. 그러다 다시 오빠가 돌아오고 오빠에게 놀이를 하자고 했고 "누가 젤 많이 부시나 하는 거야."라며 화장실을 부서뜨렸는데, 이것이 놀이라고 했다.

라온은 마치 영화배우 이소룡처럼 "아뵤~" 소리를 내며 화장실을 부서뜨렸다. 그리곤 "나는 100점. 선생님은 0점, 오예 내가 이겼다!"라고 외치는데 다시 토끼가 나타나 "오빠. 우리 집이 무너졌어."라며 옆에 있던 인형 집을 무너뜨리자 가구들이 쏟아져 나왔다. 가구들을 쓸어 담아 집 안에 넣고 선반에 정리하고는 "이사를 갈 거야!"라고 하였다. 라온은 혼자 텐트 집으로 들어갔고, 텐트 집 안에서 문으로 갑자기 튀어나오며 나를 놀라게 하기를 반복하였다. 또 곤충들을 들고 와 자신의 집 앞에 두곤 무섭다고 소리를 지르더니, 곧 슈퍼맨으로 변신하여 곤충들을 물리쳤다.

이 회기 즈음 어머님께선 라온이가 오빠와 자주 싸운다고 하셨다. 라온이가 오빠를 먼저 건드려 갈등이 일어난 상황일 때도 오빠가 먼저 했다며 억울해할 때가 있다고 하셨다. 라온이는 나에게도 몇 번 오빠가 좋지만 오빠 때문에 억울하고 화가 날 때가 있다고 했다. 숨바꼭질을 통해 라온이 자신의 존재를 확인 받기를 원하며 자신과 다른 성을 가진 오빠에 대한 호기심과 좋은 감정이 있으면서도 오빠로 인해 화나고 싫은 마음 그리고 부러운 마음들이 놀이 안에서 표현되었다는 생각이 들었다.

라온은 현실 세계에서 두려웠던 것, 관계에서 화가 나고 억울했던 것 등을 놀이라는 언어를 통해 경감시키고 있는 듯했다.

그 이후 라온은 나를 초대해 놀이하기보다는 혼자 놀이가 많아졌다. 혼자서 만들고 싶은 것들을 만들고 꾸미며 그리는 것에 집중하였다.

22회기 때 들어오자마자 그림을 그릴 것이라고 했고, 말없이 그림 그리는 것에만 집중하더니 완성한 후, 벽에 붙여 두곤 흐뭇한 듯 웃으며 나갔다. 마치 라온이의 자기(self)와 자아(ego)의 성장을 선명하게 보

22회기 그림

여 주는 듯했다. 어디에 꽃피워야 할지 알 수도 찾을 수도 없었던 혼돈과 불

안에서 안전한 땅을 찾아 자기의 씨앗을 심고, 거름과 물을 먹이고, 태양과 구름의 보호 아래 새싹들과 줄기가 뻗어 오르는, 특히 생명 탄생을 알리는 음과 양 합일의 색을 의미하는 보라색[11] 물주전자! 그 안에서 쏟아지는 생명의 물들을 먹고, 마침내 자신의 존재를 명확히 드러내어 활짝 웃는 꽃, 바로 라온이 꽃!

이즈음 언어재활 선생님과 이야기를 나누었다. 라온이가 과거 글씨 쓰기를 극도로 하지 않으려 했는데, 이젠 곧잘 시도하고 틀리거나 모르는 글자가 있어도 피하거나 부끄러워하기보단 적극적으로 물어보며 알려 달라 한다고 하셨다. 언어재활 수업에서도 한결 안정된 느낌이라고 하셨다.

33회기 때 라온은 자신이 가지고 싶은 장난감이 있다고 하였다. 그 장난감을 엄마가 사 주지 않아서 너무 속상하다며, 유리칠판에 검은 색연필로 자신이 얼마나, 왜 속상한지에 대해 마치는 시간까지 토로하듯 말했다.

33회기 그림

---

11)   정혜자, 『놀이의 언어』, 교양인, p.176.

34회기 때 라온은 나를 보자마자 "장난감 사 뒀어요? 약속했잖아요!"라고 하였다. 나는 당황스러웠는데, 어찌된 상황인지 이야기를 나눠 보자고 했다. 라온은 많이 속상한 듯 울먹이는 소리로 "약속했잖아요, 내가 그렇게 말했는데~"라고 하였다. 나는 7회기 즈음 때 반복되던 울음들이 떠올랐다. 어머님은 요즈음 라온이가 울음을 터트리는 일이 거의 줄었고, 우는 시간도 줄었다고 하셨다. 나도 라온이가 글씨를 써서 자기표현을 하기도 하고, 일상 경험에 대해서도 더 자발적으로 많이 표현한다고 여겨졌다.

그런데도 라온이는 말보다 눈물이 먼저 올라오는 듯했다. 하지만 뭔가 다르다고 느껴졌다. 터져 오르는 울음이라기보다는 서서히 차고 흘러내리는 눈물이라고 느껴졌다. 내 안에 긴장과 불안이 올라왔지만 숨을 고르며 침착해지도록 다스렸다. 그리고 라온이가 조금씩 자신의 욕구와 생각 그리고 감정에 대해 말로 표현할 수 있도록 대화를 이끌어 갔다. 네가 원하는 것이 무엇인지, 네가 얼마나 간절히 원하는지, 왜 원하게 되었는지, 원하는 것을 현실에서 얻는 것이 가능한지, 안 된다면 어떨지, 혹 안 된다면 이유가 무엇인지, 대체할 수 있는 것은 어떤 것이 있을지 생각해 보자고 말했다. 라온이는 순간순간 올라오는 눈물들을 참기도 하고, 참기도 전에 흘리는 눈물을 닦기도 하고, 넘어갈 듯 힘겨운 숨을 잡기도 하면서 말로 표현해 갔다. 라온이와 마주한 내내 나는 가슴이 아프고 저리기도 했다.

하지만 이 말은 해야 했다. 대화 마지막 즈음 "라온이가 원하는 대로 안 될 때도 있어!"라고 말했다. 어찌나 마음이 아프던지 그 말이 참으로 잔인하게도 느껴졌다. 그런데 라온이는 편안히 받아들이는 듯 찡긋 웃고는 곧 그것을 대처하는 방법을 스스로 찾아 실현해 가는 것에 집중하였다. 새로운 집을 만들 것이라며 텐트를 뒤집고 테이프를 붙여 튼튼한 문을 만들어

두었다. 위험한 동물들이 오지 못하게 하는 것이라고 하면서 뒤집어진 집을 보며 만족하는 듯 깔깔깔 웃었다. 분명 7회기 때 텐트를 벽돌로 만들었던 때와는 다른 편안함이었다. 집을 만들면서 즐거운 듯 몸을 흔들며 가사를 만들어 노래를 부르기도 하고, 자신이 찾아낸 대처 방법에 대해 나에게 뽐내듯 자랑하기도 하였다. 나는 라온이가 한결 평안하고 자유로워진 느낌이 들었다. 라온이는 "다음에는 이 집에서 같이 놀아요."라고 말하더니 가벼운 발걸음으로 걸어갔는데, 나는 가벼운 듯 무거운 듯 한참을 멍하니 아니면 수많은 감정과 생각에 사로잡혀 있어야 했다.

나는 라온이가 표현했던 말들을 되짚어 보았다. 과거에 비해 분명 자기 표현이나 대화의 양은 늘었는데 이번 회기의 눈물은 무엇이었을까? 과거의 울음에서 오늘의 눈물은 어떤 변화를 의미하는 것일까? 과거에도 이번에도 '네가 원하는 것이 안 돼! 할 수 없어!' 같은 거절인 것 같은데, 오늘 느낀 편안함은 분명 과거와 달랐다. 이것은 무엇일까? 한참을 생각했다.

그동안 라온이는 자기가 진정 하고 싶은 것이나 갖고 싶은 것을 정확한 말로 표현하지는 않았던 것이다. 특히 누군가에게 혼날 것 같은 일, 잘못했다거나 틀렸다는 반응이 올 것 같은 일, 욕구가 거절될 것 같은 일, 자기가 원치 않은 것을 강요받을 것 같은 일 등은 더더욱 말하지 않았고, 혹 말해야 하는 순간에도 다른 놀잇감으로 시선을 돌리거나 대화 주제를 바꾸어 표현하지 않고 피하려 했었다. 직접적인 언어로 욕구를 표현하거나 자신의 감정과 생각에 대해 이야기를 나눠 보려는 시도는 거의 없었다.

끝나지 않을 듯 우는 울음으로 표현해 오고 있었다. 울음으로 상황과 대상을 조종하기도 하고 공격하기도 하고, 자신의 억울함이나 화를 표현하기도 했다. 울음이 라온이에겐 의사소통 방식 중 하나였던 것 같다.

또 라온이가 자신의 욕구를 표현할 때(뭔가 하고 싶은 것이나 갖고 싶은 것이 있을 때, 어떤 것이 하고 싶지 않을 때, 스스로 하지 않고 나에게 지시하거나 시켰을 때 등) 자신이 원하는 대로 반드시 이뤄져야 한다고 여기는 것 같았다. 그것을 성취하기 위해 혹은 거절되었을 때라도 끝까지 얻기 위해, 이뤄져야만 하는 이유를 쏟아 내듯 말하면서 울음을 그치지 않았다. 말을 하다가 과거의 설움까지 겹쳐지면서 더 울게 되고 그러면서 스스로 울음을 달랠 수도 없고, 누군가에 의해 달래지지도 않는 상태로 시간은 계속 지나고 결국 자신과 타인의 일정에 방해가 되는 결과를 맞았다. 이를 통해 라온이는 원하는 것을 얻기도 했지만, 어쩔 때는 무참히 거절당하기도 했다. 거절당한 마음을 어찌할지 몰라 혼자 질긴 울음으로 울다 눈물이 더 이상 나오지 않으면 혹은 혼이 날까 억지로 눈물을 멈췄을지도 모르겠다. 또 상대에게는 라온이가 고집스럽고 얄밉게 느껴지기도 하고 때론 문제행동이라고 여겨지기도 했을 것이다.

이런 일들이 반복되면서 라온이에겐 대상과 의사소통하는 방식으로 혹은 자기 욕구를 성취하거나 거절에서 자신을 보호하는 방식으로 점점 익숙해졌을 것이다.

또 언어재활이 필요했던 부분들이 간과되어 오면서 언어로 표현하거나 대화를 나누는 것에 부담을 가졌을 수도 있을 것이다. 또 아직 자신의 경험들을 언어로 능숙하게 표현하기엔 어린 나이일지도 모른다.

어쨌든 이런 모습이 자아(ego)가 발달하면서 항문기에 이른 자아 중심적이며 이기적인 모습[12]일까 생각했지만, 좀 더 세밀히 탐색해 보면서 라온이가 우주적 존재에서 명확한 자기(self)로 개별화되지 못했을 때,[13] 환상과 현실사이에서 혼돈으로 불안하고 무서웠던 마음이, 또 누군가 자신의 존재를 발견해 주고 알아봐 주길 바라던 간절함이 그렇게 표현되었구나 생각되었다. 왜냐하면 나는 라온이가 울면서도 나의 눈치를 보기도 하고, 자신의 고집을 관철시켜 상대를 이기려는 욕구보다 억울한 심정을 표현하고 나누는 것에 더 집중되어 있다고 여겨져, '이제까지 자신의 억울함이나 간절함을 들어줄 대상이 없었을까, 아니면 자신에게 욕구나 욕망이 있다는 것조차 모르고 있던 것일까, 아니면 나에게 있는 무언가를 인식하기 위해서 누군가의 허락이 있어야 했던 것일까?'라는 생각과 불안하고 외롭고 슬픈 때론 공허하거나 존재하지 못하는 느낌들이 더 들었기 때문이다.

34회기 때 라온이는 혼돈과 불안 그리고 간절함의 울음에서 안전한 공간(치료실)과 시간(약속된 치료시간), 대상(치료자)이 있음을 알아차려 가면서, 주거니 받거니 나누는 이야기로 그리고 눈물로 자신을 달래고 돌보며 회복시키는 듯했다.

나는 라온이의 말을 듣고 있는 중에 라온이가 무엇을 원하고 기대하는지 대략 짐작이 갔다. 라온이의 말을 들으며 서러운 울음을 보고 있으면 간절함이 전해져서. 짐작된 대로 내가 먼저 행동으로 라온이의 요구와 기대를 채워 주고 싶은 마음이 계속 올라와 힘들었지만 나는 행동하지 않고

---

12) 정혜자, 『놀이의 언어』 교양인, 2018, pp. 86-88.
13) 정혜자, 『놀이의 언어』 교양인, 2018, pp. 47-54.

버텨 냈다. 라온이의 자기(self)와 자아(ego)가 그 간절함 속에서 성장을 위한 선택을 하도록 함께 머물되, 행동은 하지 않았다.

　그날 이후 34회기의 내용과 비슷한 상황들이 계속 반복되었다. 그동안 자신이 얼마나 아프고 속상했는지 모두 말하려는 듯, 들어줄 누군가가 없어 외로웠던 자신을 달래고 위로하려는 듯, 힘들었던 과거를 애도하려는 듯 흐르는 눈물로 대화는 반복되었다.

　어느 날은 그렇게 갖고 싶다던 마이크를 종이로 만들고 반짝이 풀과 리본을 붙여 멋지게 완성하였다. 마이크를 들고 밝게 큰 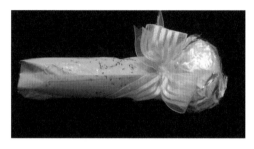 소리로 말하고 노래하더니 치료실을 나갈 땐 작은 화분 옆에 마이크를 놓아두곤 나갔다.

　47회기에서 라온이는 오자마자 목욕놀이를 하고 싶다고 하였고, 욕조 장난감에 물을 가득 담고 목욕시킬 인형들을 찾아오더니 하나씩 물에 넣어 씻겨 주었고, 마칠 때 젖은 것이 마를 수 있도록 햇빛을 찾아 그 빛 아래 놓아두었다.

　마치 질긴 울음으로 표현해야 했던 과거의 자신을 엄마의 양수 안에서 씻기고 돌보아 주어 새로운 빛을 만나게 해 주는 듯 느껴졌다. 치료실 문을 열고 나와 자궁의 방 안에 따뜻하고 밝은 빛이 선명하게 드리우는 것을 확인한 후 라온은 웃으며 걸어 나갔다.

라온이처럼 어머님 또한 조금씩 자신의 내면을 살펴보며 보살펴 주셨다. 64장의 그림들이 모였고, 앞으로도 더 쌓여 갈 것이다. 1회기부터 49회기까지는 만다라 도안들 중 원하는 것을 선택해서 색을 칠하고 떠오르는 단어들이나 글들을 적어 보기로 했었다. 50회기부터는 원 모양 하나가 그려진 도안을 드리고 그 안에 자유롭게 그리고 색을 칠하며 글을 쓰기로 했다. 초기 대부분은 내 안의 경험들이 혼합되어 무엇이 무엇인지 알 수 없는 상태로, 분화되지 못한 자신을 천천히 달래고 풀어내는 시간이었다면, 시간이 지나면서 조금씩 자신의 정서와 연결된 단어들과 그림들이 채워지고 있다.

만다라 작업을 통해 조금씩 어머님의 내면이 분화되어 가면서 심리 변화과정에 대한 이해가 생기는 듯하며, 후에 어머님과 라온이 사이에 정서적 대화를 만들어 갈 수 있는 자원이 되어 줄 것이라 기대한다. 어머님과 직접적인 개인 상담이 아닌, 라온이를 기다리는 동안 홀로 했던 작업이며, 부모 면담 때 조금씩 대화를 나눠 가고 있는 중이라 구체적인 해석을 붙이기가 무리가 있다고 생각한다. 어머님의 자기(self)가 출현하고 개별화되어 자라는 모습을 짐작해 볼 수 있는 그림들만 몇 가지 보여 주려 한다.

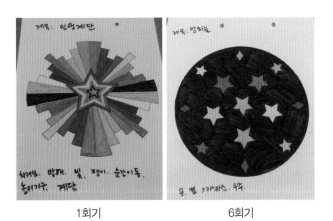

1회기   6회기

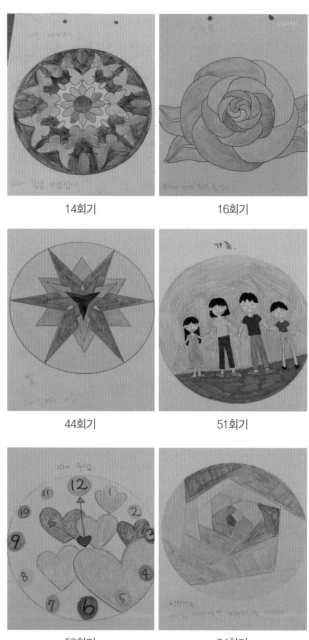

14회기   16회기

44회기   51회기

52회기   54회기

55회기

59회기

61회기

63회기

최근 몇 달간 질기게 끌어갔던 울음은 보이지 않는다. 자신의 감정과 생각에 대해 자유롭게 표현하는 순간들이 늘어나고 있다. 원하는 대로 되지 않는 상황에서도 편안히 받아들이는 모습이다. 혼자서 몰입하며 놀이하는 순간들이 늘어나고 있다. 과거에 하지 않으려 했던 일들에 대한 도전도 늘어나고 실수와 실패도 기꺼이 만나 가고 있다.

하지만 또 어느 때에 고단하고 지루하며 혹은 격렬한 순간들을 만나 가야 할지도 모른다. 자신의 삶이 꼬이기 시작한 시기, 멈추었던 그 지점으로 되돌아가 온전한 치유와 회복을 위해 심층작업을 몇 번이고 반복할지도 모른다.

앞으로 우린 어떤 순간들을 만나게 될까, 시간이 쌓여 가면서 우리는 어떤 변화를 갖게 될까, 어떤 모습으로 이별을 맞이하게 될까 두렵기도 하고 설레기도 한다. 무엇이든 나는 기꺼이 응한다.

나는 라온이를 통해 자기(self)와 자아(ego) 성장을 위한 '심층작업'을 매 회기 체감하고 있다. 멈춤도 곧 성장이었던, 매순간 자라고 있는 라온아 나를 초대해 주어 고마워.

* 각주로 적은 것은 심층작업을 짐작해 볼 수 있는 단어들이라 생각했으며, 선생님 책의 내용으로 이해를 더 돕고자 제시하였다. 더 많은 단어들이 있다고 생각하지만 분량과 시간의 부족으로 모두 제시하지는 못하였다.

만일 어떤 치료자가 어린이의 마음의 흐름을 존중하고, 그 마음의 흐름에 동반자가 되어 주면서 어린이와 같은 공간에 있어 주되, 그 자신의 계획대로 치료를 이끌어 나가지 않음으로써 도리어 어린이의 인격이 최대한 잘 성장할 수 있도록 촉진한다면 아마도 그 치료자는 꽃을 피우는 봄처럼 무의로써 만 가지를 행하는, 세상에서 가장 본받을 만한 최상의 치료자일 것이다.

- 어린이 마음치료 p.408~409

이상향을 찾아가는 강욱이의 성장 여행

성고은(햇살정신건강의학과 아동발달센터(www.saysaysay.co.kr))

현재 71회기를 앞두고 있는 진행 중인 사례로 강욱이의 엄마는 강욱이를 상담실에 데려오기까지 소심한 모습에 대한 속상함이 컸던 것으로 보인다. 집에서는 조잘조잘 얘기를 잘 하는데 학교에선 말을 하지 않고, 심지어 지나가던 친구가 먼저 인사를 해도 엄마 뒤로 숨고는 어쩔 줄 몰라 하는 모습에 걱정이 커져 상담을 시작하게 된다.

치료자와의 첫날, 강욱이는 단 한마디도 언어로 나누지는 않는 모습을 보여 줬다. 대부분 웃음으로 표현하며 말 한마디 없었지만 하고자 하는 놀이들은 주도적으로 행하는 모습이었다. 승부욕이 강했으며 치료자와의 관계에 있어서도 치료자 것도 자신이 움직이는 등 경계 없이 활보하는 모습이 힘 있게 느껴지기보다는 전반적으로 몸에 힘이 많이 들어가 경직되어 긴장된 모습으로 부자연스러웠으며 치료자와도 상호적이기보단 일방적이고 자기중심적으로 다가왔다. 따라서 치료자는 말하고 싶지 않는 모습 그대로를 수용하며 강렬한 욕구는 느껴지나 뜻대로 되지 않는 현실에 힘들었을 강욱이를 지지하고 위로하는 데 주력하였다.

상담이 진행될수록 강욱이의 놀이들은 더욱 강렬하게 펼쳐졌다. 대부분 무작위 싸움으로 진행되며 결말은 늘 아무도 존재하는 대상 없이 모두 죽고 마무리된다. 이는 강욱이가 현재에 마땅찮은 나로부터 스스로 만족할 만한 나로 거듭나기 위한 '영웅 놀이'의 과정으로 판단되며 이러한 싸움 놀이 중에 꾸며진 19회기-20회기 '집 꾸미기'는 다음과 같다.

그림 1   그림 2

두 회기 모두 대가족이 등장하며 처음 꾸며진 그림에서 의미 있는 존재는 변기에 앉아 있는 할아버지(그림 1 왼쪽 위)와 침대에 누워 있는 아버지(그림 1 오른쪽 아래)로 코브라와 같은 무서운 대상이 집에 침입하자 맞서 싸우는 대상이 되어 준다. 그러나 결국엔 이 강한 코브라를 이길 수는 없으며 모두 죽게 된다. 마지막에 할아버지의 무덤을 만들어 주며 이야기는 끝이 나고 다음 주로 이어진 꾸미기에서도 같은 상황이 반복되었으며 마지막에 전 회기에 할아버지에 이어 소파에 앉아 있는 할머니(그림

2 가운데)와 아기(그림 2 오른쪽 아래)의 무덤을 만들어 주고 끝이 난다.

이는 원하는 '자기 존재'의 재탄생을 위해서 그 뿌리라 할 수 있는 할아버지와 할머니, 그리고 결국엔 성장한 나의 탄생을 위한 준비의 과정으로 펼쳐지는 마음으로 여겨지며 '우주적 존재로 존재하는 과정'의 시작을 보여 주는 것이리라!

자기 욕구를 충족시키고자 하는 강욱이의 '영웅 놀이'가 무르익어 갈수록 치료자를 대하는 태도 또한 공격적이며 날카로운 모습 그대로 편히 드러나게 된다. 이는 강욱이가 경험한 인간관계가 믿음직스럽지 못했을 것으로 예측되기에 치료자로서 현재 모습 그대로를 인정하고 수용하는 데 더욱 힘을 기울였던 것 같다.

6개월여의 시간이 흐르자 날카롭던 강욱이의 태도가 다소 부드러워짐을 느낄 수 있었다. 엄마는 늘 상담을 마치고 헤어질 때 치료자에게 인사를 하라 권하지만 강욱이는 쭈뼛거리며 고개도 못 들기 일쑤였다. 놀이실에서의 자유로운 모습과는 대조되는 일상의 모습이리라. 이런 강욱이가 25회기를 마치고는 치료자에게 인사를 하기도 하는 등 치료자와의 관계가 친밀해지고 편안해졌음을 알 수 있었으며 이러한 시점에 강욱이의 '영웅 놀이'는 더욱 더 자유롭게 펼쳐지게 된다. 다음은 당시 38회기-39회기 놀이의 한 장면이다.

그림 3

치료실에 거의 모든 동물들을 무찌르고 제일 위에 선 사자와 그 사자의 새끼는 성장한 만족스런 나로 선택된 캐릭터로 보인다.

그러나 이 사자와 새끼 사자는 더욱 강한 캐릭터인 아버지(그림 4 아래)에게 죽임을 당한다. 이 아버지는 상담 초기 '집 꾸미기' 당시 집에 침범한 악당들을 무찌른 아버지로 강욱이가 넘지 못할 큰 산과 같은 느낌의 강한 존재로 등장한다. 치료자는 사자와 새끼 사자가 우뚝 섰을 때 속으로 쾌재를 불렀다! 강욱이의 성장에 대한 고군분투를 고스란히 느낄 수 있었기 때문이다. 그러나 결국 더 강한 대상 앞에서 좌절하는 사자와 새끼 사자로 이야기가 끝나는 걸 보고는 '갈 길이 멀구나!' 다시 힘을 냈던 기억이 있다. 그리고 또한 쾌재를 불렀다! 강욱이가 이렇게 조금씩 조금씩 성장해 가고 있음에 말이다.

그림 4

이 시기는 강욱이한테 더욱 힘든 시기로 4학년 새 학기를 한 달여 앞둔 시점이었다. 엄마가 말하길 강욱이는 늘 새 학기의 시작을 힘들어했다고 한다. 이 후 놀이에서 이런 마음들이 반영이라도 되듯 자유롭고 힘 있던 놀이 모습에서 의기소침하고 시무룩한 모습이 많이 관찰되었으며 '영웅 놀이' 또한 힘겨워 보였다. 마치 무찌를 수 없을 것 같은 저 강한 아버지 존재가 강욱이가 체감하는 '외부 환경'을 말해 주고 있는 듯 다가와 상담자의 마음 또한 안타까움이 컸으며 언젠간 저 존재를 뛰어넘을 강욱이를 상상하며 치료자 또한 함께했다.

개학을 코앞에 둔 2월 한 달간 유독 힘들어하던 강욱이는 새 학기가 시작된 이후로 캐릭터끼리의 싸움이 아닌 치료자를 상대로 게임을 통해 겨루기에 몰두하게 된다. 강욱이가 치료자를 상대하게 됐다는 건 내적으로 더욱 단단해졌음을 말해 주기에 치료자 또한 강욱이의 도전을 성심껏 상대하고 있다.

이처럼 고군분투하는 강욱이를 더욱 자유롭게 해 주기 위해 치료자는 어느 날 강욱이에게 이런 말을 해 주었다. "강욱아~ 선생님 마음이 바뀌었어. 널 처음 만났을 땐 네가 밖에서는 말하지 못하는 마음들을 여기서는 편히 말 할 수 있길 바라고, 선생님이 네가 잘 말할 수 있도록 연습도 시켜 주고, 도와줘야 한다고 생각했었어. 그런데 이젠 그런 생각 안 하려고. 오히

그림 5

려 여기서 만큼은 맘 편히 말하지 말고! 여기서 편히 말 안 해서 생긴 힘으로 네 일상에서 말하는 데 힘이 되게 하자!" 하고 웃어 주었다. 치료자의 마음이 닿은 듯 아주 격렬하게 고개를 끄덕이던 강욱이. 이후 강욱이의 '영웅놀이'가 더욱 분명히 제 마음을 표현해 준다. 60회기였던 이날 처음으로 무찌를 수 없던 아버지를 무찌르는 강욱이 캐릭터가 등장했다.

더욱 강한 캐릭터의 등장으로 강욱이의 내적 성장이 '우주적 존재로 존재하는 과정'으로부터 '개별적 존재로 분화하는 과정'에 더욱 가까워져 감을 알 수 있었다.

더욱 강한 캐릭터를 등장시킨 후 강욱이의 놀이는 '집 꾸미기'로 이어졌다. 초기에 꾸며진 이후 1년 만에 표현된 강욱이의 마음이다(60회기-61회기). 2주에 걸쳐 표현된 마음은 다음과 같다.

그림 6

이를 좀 더 자세히 보면 우주적 존재로부터 개별화된 정신적 자기가 몸과 마음을 이루는 실존적 자기로 거듭나기 위한 새로운 잉태를 알리는 표현이 등장했다. 즉, 모래 상자의 표현에서 미뤄 짐작할 수 있듯 모성 공간에 등장하는 아기(그림 6 오른쪽 아래)와 아기 주변에 꾸며진 성장과 섭생을 위한 준비의 의미인 주방이 상자 안에 표현되었다. 더불어 실존적재탄생을 위해 등장하는 음양 화합의 과정이 침대 위에 나란히 누운 남녀(그림 6 오른쪽 위)로 표현되었다. 한편 실존적인 자기 존재의 근원인 원형적 할아버지와 할머니 사이에 자기의 이상향인 아버지 모형(그림 6 가운데)을 배치시켰다. 또한 엄마의 자궁에 잉태하고 자기 정화작업과 자기 성찰작업을 거쳐 이상향을 향해 나아가는 미래의 자기상을 표현하고 있는데 이를테면 TV 보는 나(그림 6 가운데), 거울 보는 나(그림6 왼쪽 위), 씻는 나(그림 6 왼쪽 아래)가 그 예이다.

다음 회기에서는 좀 더 자세히 자기의 성장 과정을 표현한다!

그림 7

모래 상자 꾸미기의 시작은 욕실에서 씻고 있는 나(그림 7 왼쪽 위)였다. 아마도 양수에서 자라는 자기 또는 정화작업을 진행하는 자기를 나타내려 그런 것 같다. 그 다음에 이어서는 성장과 섭생의 은유로 주방이 꾸며지고(그림 7 왼쪽), 또 그 다음으로 음양 화합의 과정인 남녀(그림 7 오른쪽 위)가 침대에 나란히 등장한다. 강렬했던 강욱이의 마음은 아마도 유전자를 전승해 줄 침대의 남성으로 아버지 모형을 선택한 것이 아니었나 여겨진다. 강욱이에게 선택된 아버지 모형은 자신의 이상향이며 막강한 존재의 상징이었기 때문이다. 그리고 강욱이는 모성 공간에 있던 아기를 침대 곁으로 이동시켰다.

시공간을 넘나든 잉태의 분위기 구성을 위해 강욱이는 TV, 식물, 정신적 지주인 할아버지, 할머니(그림 7 가운데)를 꾸미고, 앞으로의 성장을 분명히 하기 위해 식탁(그림 7 왼쪽 아래)을 더욱 정교하게 꾸민다. 좀 더 정교한 자신의 성장을 알리기 위해 남은 공간에다가는 할아버지, 할머니 사이에 안전하게 존재하는 나(그림 7 가운데), 식탁에서 자라고 있는 나(그림 7 왼쪽 아래), 사다리를 타고 자궁을 떠나 세상 밖으로 나가는 나(그림 7 오른쪽 가운데)를 덧붙여 표현했다. 강욱이의 이런 표현은 현재도 진행 중인 자신의 커 가는 마음이어서 아련하기도 하고 경이롭기도 하다. 이러한 현실을 더듬어 가는 강욱이의 내적 성장이 또한 반가웠다.

71회기를 앞두고 있는 현재 강욱이는 담임 선생님의 격려에 힘입어 삶에 전반적 의욕도 커 가고 있다. 그러나 아직은 자신이 원하는 만큼의 주도성과 적극성으로 자신의 삶을 이끌어 갈 성장의 여정이 남아 있기에 앞으로도 치료자로서 동행하며 응원할 것이다.

놀이치료는 긴 시간 어린이와 함께 감정을 공유하고 온몸과 온 마음을 하나로 일치시켜 인간애를 체득하는 마음 수련 작업이다.

- 어린이 마음치료 p.10

야경증 사례

정현기(새순심리상담센터)

아직 진행되고 있는 사례이지만 야경증을 해결하기 위해 놀이치료를 선택하는 치료자와 함께 고민해 보고 싶은 마음에 서툴지만 정리해 보았다. 우선, 외형적으로 관찰되는 야경증은 REM 수면이 깊어지는 새벽에는 악몽을 많이 꾸고, 보다 깊은 수면에 접어든 무렵에는 수면경악, 수면보행이 나타난다.

야경증이라는 증상을 드러내는 이유와 치료과정은 각 이론마다 입장이 다른 것으로 알고 있다. 야경증을 일정한 발달 시기 동안 일시적으로 나타났다가 사라질 수도 있는 현상으로 보는 입장도 있고, 방치하여 아동의 뇌 발달에 지속적인 지장을 주었을 경우 장애가 생길 수 있는 가능성을 우려하기도 한다. 따라서 수면의 질을 높이기 위한 환경적인 개선과 낮 수면시간의 제한이 필요하다. 또는 심리적으로 스트레스를 받는 요인을 파악하여 증상을 완화할 방안을 찾기도 한다. 이때 치료과정은 크게 치료자가 주도하는 경우와 아동이 주도하는 경우로 나눌 수 있어 그 지향에 따라 놀이치료과정도 차이가 있다.

치료자는 아동중심놀이치료를 지향하고 있으며 놀이치료에 의한 심리변화 과정을 중요시 여기는 입장이다. 따라서 사례 정리도 야경중 놀이치료 과정에서 나타났던 아동의 심리변화 흐름을 더 주목하여 소개하고 싶었다.

가람(가명)이는 초등학교 입학을 앞두고 놀이치료를 받으러 왔다. 지난여름 무렵부터 매일 밤 일어나 집안을 배회하다가 두려움에 떨며 간절하게 '살려주세요.'라고 말하며 울기 시작했다고 한다. 애타는 부모는 가람이를 깨웠으나 가람이는 꿈에서 깨어나지 못했다. 그러고는 아침에 깨어나면 아무런 기억도 하지 못했다. 야경증 증상을 보인 것이다.

가람이는 우선 심리적 안정을 통해 실존적 위기감을 해소하는 것이 필요해 보였다. 그래서 가람이가 들려주는 마음속 이야기에 귀 기울일 필요가 있었다. 현실에서는 밝고 배려심 많은 아이가 어떻게 다른 세상인 꿈속에서는 살려달라는 절박한 심정으로 두려움에 떠는 아이가 되었는지 알아야 하기 때문이다. 치료자가 선불리 판단하거나 앞서서 끌고 나가지 않으면서 가람이의 놀이에 마음을 기울이니, 기특하게도 가람이는 스스로 퍼즐처럼 나누어진 자신의 존재감을 하나하나 확인하고 하나의 존재감으로 통합해 나가는 놀이과정을 보여 주었다. 자신의 성장 잠재력을 주도적으로 이끌어 내어 스스로의 치유를 경험하면서, 가람이는 자신이 원하는 자신을 놀이에서 만나고 단단하며 새로운 인격을 형성하고 성장해 나갔다.

1회기에 처음 만난 가람이는 호기심도 많고 하고 싶은 것도 많은 아이였다. 치료자에게 한없이 다정하게 말하기도 하고 두 눈이 마주치면 쑥스럽지만 기분 좋은 웃음을 지었다. 그러다 툭 던지는 말이 예사롭지 않게 여겨져 치료자 마음을 머물게 했다.

놀이장면에서 가람이는 **잠자는 불독** 장난감[1]에 호기심을 보이며 탐색했다. 으르렁거리는 불독을 겁내기는 했지만 천연덕스럽게 먹이를 빼 보려다가 '무서워서 못하겠어요. 가슴이 터질 거 같아요.'라고 두려운 마음을 드러내며 정리를 했다.

이후 여러 장난감을 두고 고민하다 공구함을 꺼내 설명서를 읽기 시작했다. 설명서에 나온 대로 차를 만들어 보려고 한참을 애쓰다가 '그래서 어쩌라고.' 혼잣말과 함께 깊은 한숨을 반복하여 내쉬었다. 뜻대로 안 되는지 '실패는 없지만 실패를 할 수밖에 없어요.'라고 울적한 모습을 드러냈다. 선택을 망설이고 마음을 내어 선택을 해도 좌절하다 시간이 다 흘러 버렸다. 종료를 예고하니 가람이는 인정할 수 없다는 듯이 '안 끝났죠? 아니에요.'라고 말하면서도 믿을 수 없을 만큼 재빠르고 성실하게 공구함을 정리했다. 치료자는 가람이의 말과 행동을 지켜보면서 어느 것이 진심일까 의문이 생겼지만 곧 알게 되었다. 한없이 느릿느릿 움직이는 몸짓으로 헤어짐을 지연시키고 있는 가람이의 아쉬운 마음이 치료자에게도 전

---

1) 잠자는 불독 장난감을 대하는 가람이의 정서는 양가적이다. 잠자는 불독 장난감이 두려웠으나 치료자에게 인정받고 싶은 마음에 용기 내어 놀이를 진행하려 했다. 하지만 억압한 만큼 두려움이 커져 잠자는 불독 장난감에게 공포를 느꼈으며 만지지도 못했다. 그저 장난감일 뿐 위협적이지 않다는 것을 가람이도 인식하였으나 부정적 감정을 해소하지 못하고 놀이를 포기하였다. 이런 부정적 감정을 결국 꿈에서 직면하게 되는 가람이의 심정을 상징적으로 드러내는 장난감이 잠자는 불독이다.

해졌기 때문이다.

　1회기에서 보여 주듯 가람이는 이후 진행되는 놀이에서도 자신의 능력을 믿지 못하고 미리 포기하고 좌절하는 모습을 반복적으로 보였다. 스스로 괜찮은 사람으로 자신을 인식하지 못하는 답답함과 속상함이 깊이 저장되어, 그런 억울한 마음을 드러내고 표현하는 것이 꿈이 아닐까 하는 생각이 들었다. 즉, 야경증이 가람이에게는 그동안 쌓인 억압된 울분들을 해소하는 유일한 출구처럼 보였다.

　이 무렵 현실에서는 가람이의 이런 마음이 잘 드러나는 일이 있었다. 두 돌을 넘긴 동생이 고열 감기를 앓자 엄마는 혹시라도 전염이 될까 봐 가람이를 외할머니에게 보냈다. 어쩌다 보니 형은 집에 남게 되고 혼자 외할머니 댁에 보내진 그날 밤 가람이는 엄마 곁에 있을 수 없었던 자신의 처지가 서러웠는지 한참을 대성통곡했다. 시간이 흘러 13회기를 넘어설 무렵 이번에는 자신이 고열이 오르면서 감기가 들자 가람이가 말했다. '동생이 할머니한테 가는 거지요?' 잊은 듯 보였지만 가람이는 그날 밤의 서러움을 잊을 수가 없었던 것이다.

　엄마는 속마음을 이렇게 말로 표현하는 가람이의 변화에 놀라고 반가워했다. 말도 못하고 울기만 했던 가람이가 많은 시간 동안 정말로 하고 싶었던 말이 있었음을 느끼면서 엄마는 가람이의 사정을 들어주었다. 아빠를 의지하고 싶었지만 자기주장이 분명한 형과는 힘과 능력에서 비교되고, 무엇보다 형에게 애틋한 아빠의 모습에 자신감이 떨어져 주변을 맴돌다 울던 순간들이 쌓이며 지금의 가람이 모습으로 나타났던 것이다. 가람이로서는 당시 맞벌이하였던 엄마, 아빠의 고단함을 알 리 없었고 이해하기도 어려웠을 것이다. 더욱이 동생이 태어나면서부터 엄마 품이 더 멀게만 느껴졌을 것이다. 그런 상황에서 가람이는 자신의 존재감을 인정받기 위해 무엇이든 거절하지 않는 착한 아이가 되기로 결심했던 것인지도 모르겠다. 그러나 지난여름 이후의 현실은 가람이가 감당할 수 있는 무게를 넘어선 시기였고, 그래서 밤마다 꿈속에서 두려움에 떨면서 울었을 것이다. 따라서 놀이치료 안에서 가람이는 '깨어 있는 나'와 '꿈속의 나'를 하나로 통합하여 실존적 존재감을 드러낼 수 있는 과정을 지나갈 것이라고 예상했다.

이후 회기에서 가람이는 각 회기 종료를 예고하면 '선생님, 제가 좋다면서요. 더 있을래요.'라고 조르기 시작했다. 어쩔 수 없이 이별을 인정해야 하면 인사도 안 하고 훌쩍 나가 버리거나 외투를 두고 나가기도 하고, 치료실 바닥에 떨어진 고무줄이라도 가져가고 싶다고 조르는 것으로 서운함을 달랬다. 이 서운한 마음을 달래 주기 위해 엄마 상담 시간을 가람이에게 허용하기로 엄마와 합의하였다. 치료자와 더 오래 함께 있고 밖에서 엄마를 기다리지 않아도 되도록 가람이의 마음을 채워 주기 위해서였다.

놀이를 통해 가람이가 들려주는 이야기를 귀 기울여 듣는 동안, 해결방안은 가까이에 있는 작은 것들로 시작되었다. 초반 놀이가 진행되는 과정에서 현실 속 가람이는 유치원 졸업식에 형이 반드시 와야 한다는 자기주장을 하기 시작했다. 왜냐하면 가람이도 형의 행사에 참석했었기 때문이다. 아마도 가고 싶지 않았는데 따라나선 듯했다.

20회기가 진행되는 동안에 가람이가 전처럼 밤중에 꿈을 꾸며 일어난 일은 두 번 정도 있었다. 형과 놀다가 형한테 장난감을 던져 엄마에게 혼났던 날, 사정이 생겨 치료실에 오지 못했던 날. 그날 밤에 가람이는 다시

악몽을 꾸며 울었다. 세상에 내 편이 없어지는 순간들이 두려웠던 것일
까. 안쓰러운 마음이 들었다.

21회기

얼음 깨기 놀이를 먼저 시작하였다. 가람이는 '남자가 주먹인데.' 하
며 호기롭게 가위바위보를 제안했으며 주먹으로 이겼다. 농구 게임으로
이어 가면서 스케치북에 점수판을 만들었다. **'선생님은 무슨 색 좋아해
요?'**[2] 물어보기도 하고, **상담자 점수가 너무 없다고 점수를 추가해 주면
서**[3] 자신의 점수도 슬쩍 추가시켰다. **미니농구**[4]를 한동안 치료자와 같
이하기도 했다. 그렇게 조율과정을 지나 크고 작은 굴삭기 한 쌍을 꺼내
'쌍둥이'[5]로 명명하였다. 가람이는 치료자가 어른이니 제일 중요한 임무
가 주어질 거고 가람이는 아이라 쉬운 임무가 주어질 거라 예고했다. **아**

---

2) 가람이가 그동안 치료자에게 품었던 경계심을 내려놓고 신뢰감과 관심을 드러내는 표현이다.
어쩌면 엄마에게로 가는 징검다리인 '선생님의 태아가 될지도 몰라요.'라는 암시적 예고일지도
모른다.

3) 가람이는 치료자에게 관대한 태도로 친밀감을 보여 주었다. 이러한 신호를 기점으로 가람이의
악몽이 드러나지 않았다.

4) 미니 농구 게임은 치료자와의 관계를 통해 성장하고 새롭게 태어나길 바라는 가람이의 바람을
보여 준다. 농구의 바구니와 공이 자궁과 입태할 아기는 아니었을까? 또 게임에서 유능감을 키
우고 자신을 상징하는 영웅상을 뚜렷하게 만들고 실존적 존재감을 확인하는 놀이과정이 진행될
것임을 예고하는 것 같다.

5) 가람이는 큰 굴삭기와 작은 굴삭기를 '쌍둥이'라고 명명하였다. 이것은 두 가지의 의미로 보인
다. 첫째, 가람이 자신의 양가적인 정서와 태도로 인한 갈등을 해소하기 위한 표현이다. 놀이장
면에서도 두 굴삭기의 싸움이 일어나는 이유이다. 둘째, 같은 크기의 굴삭기가 있음에도 작은
굴삭기를 가람이로 정한 것은 치료자와의 일심동체의 친밀감을 표현하기 위함이다. 즉, 치료자
를 징검다리 삼아 엄마와의 새로운 애착 형성을 위한 놀이를 예고하는 것이다.

이를 지키는 것[6]이 임무였다. 이후 가람이와 치료자의 굴삭기는 싸우게 되었다. 이기면 **에너지가 충전**되고 진 굴삭기는 **목숨을 충전**할 수 있었다. 싸움 끝에 **가람이를 대신하는 작은 굴삭기가 이기게**[7] 되었다.

21회기에 이르러 가람이는 치료자가 좋아하는 것을 궁금해하고 마음이 후해지기도 하면서 **어른 굴삭기, 아이 굴삭기 한 쌍**을 등장시켰다. 치료자와 마음이 가까워지면서 일심동체가 되어 함께하고 싶은 심정을 드러낸 것으로 여겨졌다. 이를 징검다리 삼아 엄마와 더 친밀해지고 싶은 가람이의 바람이 현실에서도 드러날 것을 예고하는 것이다.

놀이에서 가람이의 존재감을 드러내는 영웅 캐릭터 등장이 뚜렷하지는 않았지만 그간 억눌러 왔던 억울한 심정을 해소하며 성장하는 과정은 꾸준히 진행되었다.

64회기

델피노 게임의 **돌고래**를 마음 닿는 대로 움직이다가 모래 속에 진주와 보석을 숨기기 시작했다. 그러고는 구석구석 숨긴 진주를 찾아 트럭에 담

---

6) 가람이는 그동안 엄마를 지켜 주고 싶어 했다. 그래야만 엄마에게 인정받을 있을 것이라 믿었기에 보호받고 싶은 가람이의 바람을 숨겨야 했다. 치료자에게 가람이를 지키는 임무를 준 것은 이러한 바람을 표현한 것이다.

7) 가람이는 상처를 극복하고 왜곡된 인격구조를 재구성하기 위한 격랑의 시기를 맞이하게 될 것이다. 가람이가 이 시기를 잘 이겨 내기 위한 에너지를 애착관계에서 얻고 자기 존재감을 강화하여 성장을 지속할 것임을 표현하였다.

아내었다. 다시 **모래 속에서 찾아낸 보석들**을 만지며 **'역시 난 부자야.'**[8] 하고 만족스러운 모습을 드러냈다.

66회기

66회기에서는 작은 구슬이 가득 들어 있는 장난감을 기울여 내려 보내기를 반복했다. 상담자와 공을 주고받으며 시간을 보내다가 기찻길 만들기로 놀이가 이어졌다. 가람이는 프로펠러를 날려 보내며 활기에 찬 모습을 보였다. 잠시 휴식시간을 가지다 스케치북과 색연필을 꺼내 뭔가를 그리기 시작했다.

---

8) 돌고래와 모래 속에서 찾아낸 보석들은 가람이의 통합된 자기를 만들어 내는 모습이다. 그런 자신의 모습을 긍정적으로 바라보고 있으며 자아를 찾아가는 여행을 본격적으로 시작하게 될 것이다.

그림 속 20개의 캐릭터는 각자의 역할이 있으며 그중 **주인공인 마리오는 악당에게 잡혀간 공주를 구하기 위해 성을 향해 가고 있었다.**[9] 마리오 옆에는 조력자인 피노키오가 함께했다. 가람이는 그림을 그리고 마치 마리오 게임을 하는 듯 흉내 내며 그림에 만족감을 드러냈다.

67회기

얼음 깨기 놀잇감을 선택하였다. 얼음 위에 놓인 펭귄이 떨어지면 탈락하는 것을 규칙으로 정하였다. 가람이는 주중에 있었던 체육대회가 생각났는지 '우리 백팀이 이겼어. 계주 형아, 누나가 엄청 빨랐거든.'이라고 말하며 뿌듯함을 전했다. 얼음 위의 펭귄이 떨어지면 살리기 위해 떨어진 얼음을 안전하게 받쳐 두었다.

놀이는 윷놀이로 이어졌다. **윷놀이**는 게임의 진행보다 춤추듯 던지고 말을 움직이는 과정을 더 중요하게 여겼다. 가람이의 놀이는 **장기게임**[10]으로 이어졌다. 가람이는 파란 장기 알을 선택하고 자신은 게임을 모르니 상담자에게 알려 달라고 말했다. 상담자의 설명을 유심히 듣고 차분히 말을 움직여 가는 가람이의 모습이 진지했다.

---

9) 그림 속 마리오가 성을 향해 나아가듯 가람이는 자궁 속으로 다시 들어가길 바라고 있다. 20개의 캐릭터는 그동안 복잡했던 가람이의 마음을 드러내는 것이다. 조각처럼 나뉘었던 자기의 존재감을 마리오로 통합하였으며 새로운 영웅적 자신으로 업그레이드를 하고자 다시 잉태되는 경험을 원하고 있는 것이다.
10) 윷놀이는 자궁으로 돌아가는 과정을 드러내는 게임이며 장기 게임은 머무를 자궁을 짓는 놀이이다. 즉, 자궁 속으로 들어가 새롭게 자신을 재구성하는 의미가 있다.

64회기에 이르러 숨겨진 진주를 찾아 트럭에 가득 담는 것으로 통합된 자신을 예고하는 놀이를 보인 이후 복잡한 마음을 정리해 나가는 모습이 드러났다.

66회기 마리오 게임에서 나타난 20개의 캐릭터처럼 가람이의 꿈은 속상하고 억울했던 순간순간의 자신을 상징하는 것으로 보인다. 각각의 캐릭터가 일체감을 느끼지 못했기에 이를 통합할 새로운 영웅적 자신이 필요했던 것이다. 그 모방의 대상이 놀이장면에서는 마리오였고, 현실에서는 형이었다. 놀이를 하다가도 밖에서 들리는 형의 목소리에 귀 기울이고 형이 잘하는 것을 가람이가 더 잘해 낸다는 것을 치료자에게 알리고 싶어 했다.

가람이는 현실에서도 끊임없이 형에게 싸움을 걸고 형이 하는 것을 자신도 해내고 싶어 했다. 거기에서 오는 좌절감으로 시무룩해지는 순간들이 쌓일수록 여려지고 위로받고 싶은 마음이 생겼는데 이는 오히려 엄마와의 친밀감을 강화시키는 기회가 되기도 했다. 이 무렵 치료자는 가람이가 자신이 원하는 것을 표현하기를 바랐다. 하지만 현실에서는 매번 가람이의 심술궂은 행동에 엄마의 인내심이 바닥날 지경이었다. 그럴 때면 엄마는 치료자와 마주 앉아 수동적이고 다른 사람을 배려하느라 정작 자신을 챙기지 못했던 가람이가 있었는지조차 기억나지 않는다고 말했다. 그럼에도 기쁜 마음이 드는 건 왜인지 모르겠다고 했다. 사실 엄마는 이날을 참 많이 기다렸다. 엄마도 알고 있었다. 가람이가 보여 줬던 착한 아이의 모습 이면에는 자신의 마음을 있는 그대로 표현하지 못하는 괴로움이 있었다는 것을. 엄마도 야경증이라는 표면적 문제 이면에 엄마 자신의 존재감에 대한 가슴 아픈 사연이 있었기에 가람이를 치료자에게 데려왔던 것이다. 어쩌면 가람이의 변화에 대한 엄마의 기쁨은 곧 엄마 자신의 변화와 그에 따른 기쁨이었을 것이다.

치료과정에서 치료자와 엄마는 야경증이라는 증상에만 초점을 두고 가람이를 바라보지 않았다. 겉으로 드러난 문제를 넘어 가람이가 해결하고자 홀로 외롭게 싸워야 했던 어려움이 무엇인지 그 이야기를 듣고 싶어 했다. 다만 말로 표현하기에는 부족하여 놀이라는 언어를 사용했던 것이다. 아직도 치료자는 놀이언어를 충분히 이해하는 데 부족함이 많다. 그래서인지 놀이 장면에서 스승의 그늘이 날마다 느껴진다. 머리에 새겼지만 미처 헤아리지 못한 설익은 배움이 가람이를 만나면서 비로소 익어 가기도 했다. 놀이치료를 하다 보면 아이도 엄마도 치료자도 함께 성장한다는 것을 느낀다.

70회기

지난 회기에 이어 장기 게임을 하기로 했다. 가람이는 파란 말을 선택하고 장기 자리를 기억해 제자리에 두었다. 가람이가 이길 예정이라 치료자가 봐주지 않아야 한다고 당부했다. 장기를 두다가 찻잔을 챙겨 **함께 차도 마시고**[11] 가람이가 상담자에게 맥주도 챙겨 주었다. 장기를 두다가

---

11) 안정된 안식처가 될 자궁을 완성해 나가면서 그동안 고단했던 놀이과정과 달리 여유로운 가람이의 모습이 나타났다. 치료자와의 친밀감 표현이자 동시에 자궁을 제공할 엄마와의 일심동체의 표현이기도 하다.

기사인형과 칼을 챙기더니 곧 마음이 바뀌어 모래 상자 놀이를 시작하게 되었다. 모래 위에 해적과 기사 레고를 3대 3으로 세워 대결할 준비를 하고 해골 안에 불을 켜 두었다. 그 옆으로 그네를 탄 해골, 해골 문, 해골이 담긴 수레, 비석을 세워 두었다.

해골 문에는 비밀번호[12]가 설정되어 있으며 문 앞에는 고양이가 지키고 있었다. 기사가 해골 문으로 들어가서 해적들을 물리친 후 해골이 담긴 수레를 해골 문 밖으로 가지고 나왔다. 이 기사들을 모아서 모래 상자 중앙에 묻고 그 위에 **비석**[13]을 두었다. 숨어 있던 해적이 등장하여 기사들을 무덤에서 꺼내 다시 싸움이 시작되었다. 기사 중 방어맨 기사는 방패 2개를 장착하였으나 해적의 칼을 맞고 쓰러졌다. 그리고는 핼러윈 놀이 동산을 만들었다. 가람이는 '유령이 있어 아이들은 출입을 금합니다.'라고 근엄하게 말했다. 놀이동산의 이름은 **'죽음의 월드'**[14]로 정해졌으며 문 앞에 있던 고양이에게 입장료를 내야만 들어갈 수 있었다.

75회기

놀이실에 들어선 가람이는 마치 처음 보는 듯 불이 켜지는 촛불 장난감

---

12) 가람이에게 실존적 존재감이 생겨나면서 무의식 세계와 의식 세계의 경계를 구분하고 있다. 더 이상 무의식의 세계가 의식 세계를 침범하지 못하도록 문을 두고 적절히 조절할 수 있게 비밀번호를 설정하였다. 즉, 현실검증 능력이 향상되고 건강한 자기조절 능력도 생겨나고 있는 것이다.

13) 그동안 놀이과정에서 속상하고 억울했던 가람이의 마음을 위해 싸운 기사들이다. 긴 시간의 격렬하고 지루했던 싸움들을 의식으로 전환하여 애도하는 가람이의 마음을 드러내고 있다.

14) 가람이는 실존적 위기감을 해소하고 성숙해지면서 그동안 누려움에 떨었던 삶속의 세상을 현실 세계와 구분 짓게 되었다.

을 반가워했다. 서둘러 **촛불을 손에 쥐고 테이블 밑으로**[15] 들어가 웅크리고 앉았다. **치료자의 발을 툭툭 건드리고**[16] 두드리며 장난을 쳤다. 촛불 장난감을 켜 놓고 가만히 지켜보기도 했다. 잠시 칼싸움을 하다 시큰둥해진 듯 놀잇감을 구경하다 오르골에 관심을 두었다. 지난 회기에 오르골 소리를 듣고 너무 무서워했던 기억을 떠올리며 '그때 너무 무서웠는데.' 하고 그대로 제자리에 두고는 상담자와 느긋하게 **공을 주고받았다.** 클레이로 **국수를 만들고**[17] 국수 한 가닥 한 가닥을 세다 '동생이 독감이어서 집에 있어요. 저도 걸려야 했어요.' 엄마와 단둘이 집에 있었던 동생에 대한 부러움이 묻어났다.

70회기에서 방어를 상징하는 기사를 죽이고 무서운 세상을 놀이동산으로 변화시켰다. 또한 상상의 세상과 현실 사이에 경계를 두어 구분하는 모습이 나타났다. 이후 75회기에 이르러 가람이는 퇴행을 통해 돈독한 애착 관계를 만들고 싶다는 신호를 보냈다. 이때 놀이는 마치 '나 여기 있어요.' 하며 자신의 존재감을 알리는 신호로서 태아가 태동을 하듯 느껴졌다.

현실에서 드러나는 모습도 동생보다 어려져 질투를 노골적으로 드러내기도 했다. 그리하여 마음껏 어려지도록 놀이실과 집에서 함께 퇴행을 자극할 방법을 고려해 보기로 했다. 엄마의 자궁처럼 편안한 혼자만의 공간을 가질 수 있도록 엄마와 의논했다. 엄마는 집으로 돌아가 침대에 천을

---

15) 가람이의 심장을 상징하는 촛불을 들고 자궁 속으로 들어간 것을 표현하였다.
16) 치료자에게 자궁 속으로 들어간 가람이가 존재함을 알리는 신호로 태동과 같다.
17) 가람이가 자궁 속에서 성장하기 위한 음식을 마련하는 의미와 동시에 탯줄과 같이 치료자와의 연대감을 위한 끈으로도 표현되었다. 따라서 퇴행이 예고되며 이를 통해 엄마와의 애착을 재형성할 것이다.

둘러 가람이의 공간을 마련해 주었다. 가람이의 허락 없이는 아무도 들어갈 수 없는 공간 안에는 자신이 아끼는 10개의 인형이 있었다. 가람이는 그중 엄마가 사 준 브라우니 인형을 소중히 돌보고 키우기 시작했다.

80회기

인형을 안고 치료실로 들어와 '브라우니예요. **2살이예요.** [18]'라며 소개를 시켰다. 브라우니의 모자를 벗겨 보여 주고 조심스럽게 테이블 위에 브라우니의 자리를 마련하였다. 이후 치과병원놀이 세트를 가져와 치아를 틀에 넣어 만들었다. 가람이는 치아를 뽑다 남은 뿌리를 집게로 뽑아내느라 더 아팠다고 말했다. '피 묻은 칫솔로 치카할 거예요. 피가 나서 가글했거든요.' 드릴로 치료하고 집게로 뽑다가 피가 난 것도 똑같이 표현했다.

브라우니가 자신의 팔에 부딪쳐 테이블에서 떨어지자 얼른 챙겨 안고 토닥토닥 다독여주었다. 그 모습을 지켜보는 치료자를 살피더니 갑자기 아기 어투의 작은 목소리로 중얼거리듯 말했다. '선생님, 화났어요?' (선생님이 화나 보였니?) '선생님, 팔짱 꼈잖아요. 전에는 그러지 않았어요. 화가 나 보였어요.' 치료자가 화나지 않았음을 확인하고 안심하는 모습을 보였다. 다시 치아 만들기를 시작하며 영화 '주만지'를 본 이야기를 들려주었다.

---

18) 가람이는 치료실뿐만 아니라 집에서도 퇴행 작업을 병행하였다. 엄마와 직접 애착 관계를 이루어 보상을 받게 되면서 가람이는 자신과 엄마의 결속을 상징하는 브라우니 인형을 탄생시켰다. 또한 가람이 자신을 성장시키기 위해 브라우니를 돌보고 키우는 과정을 거쳐 2살이 된 것이다.

오르골을 물끄러미 보며 '오르골 소리가 좋을 때와 나쁠 때가 있다는 걸 알았어요. 분위기 조용한 데서 들으면 좋고, 불이 안 들어오는 곳에서 들리면 무서워요. 선생님도 그럴 걸요.'

놀이는 모래 상자로 이어졌다. '불만 들어오면 모래 그림을 그리는 것처럼 보여요. 학교에서 해 본 적 있어요.' 하고는 아트 모래 그림처럼 그리려고 모래를 한쪽으로 밀어 바닥이 보이도록 했다. '고래를 그려 볼게요.' 고래 그림을 그리다 엘리베이터에서 만난 아이가 한 이야기를 꺼냈다. 뽑기가 안 됐는지 투덜대는 모습이었다며 '나는 엄청 잘해요. 아빠랑 같이 했거든요.'라고 자랑을 했다. 고래 옆에 사람처럼 그리려다가 '순간 사람이라 생각했네. 사람 아니에요.' 하면서 그림을 정정해 로봇을 그렸다. 고래를 손으로 치우고 손으로 모래를 문지르다가 '구름 같다.' 하고 다시 모래로 그림을 그리니 바람이 되었다. 바람의 이름은 '바람둥이'.

81회기

리코더를 잘하고 싶은데 백 번 중 열 번만 성공해서 속상하다고 시무룩한 표정을 지었다. 선물 뽑기 놀이를 하지 않고 치료자의 박수 소리만 반복적으로 듣고 위로를 삼았다. 그러다가 기운이 났는지 만들기 재료를 준비하기 시작했다. 스티로폼에 커터 칼로 모양을 잘라내다 소리가 안 나는 걸 느끼고 '동생이 소리가 안 나면 베일지도 몰라요. 그런 위험이 있을지도 몰라요. 그래서 집에 소리 나는 칼이 있는 거예요.' 하면서 만들기를 이어 가다가 '엄마가 스트레스 풀러 여행을 간대요. 같이 안 가서 속상한데 우리가 따라가면 말썽 피우니까 안 갈 거예요. 동생이 점프해서 저한테 떨어져서 저 울었어요. 저 하는 게임을 뺏으려다 안 돼서 그런 거예요.' 동생이 때리기 시작해서 결국 싸움이 시작됐다고 한다. '때리는 걸로 시작하면 때리는 걸로 끝나요.' (엄마가 여행 가면 가람이 서운해서 어쩌나.) '그래도 엄마 일요일에 돌아오니까 괜찮아요. 그래서 오늘은 옛날 통닭하고 타코야끼 먹을 거예요.'

동그란 원통 모양의 스티로폼 위에 자르면 체리, 꽃, 과일 모양이 나오는 장식품을 잘라 꾸미기를 완성했다. 완성한 작품을 보며 가람이는 '신전 같다.'라고 말하고는 만족스러워했다. 제목은 '미니 세상'으로 정했다.

덩크슛을 하기 위해 농구대를 최대치로 올렸다. '형아는 골을 10개도 넘게 해요.' 공을 넣고는 '내가 형아보다 더 커.' 하면서 너무 쉬운 듯 으쓱하며 덩크슛을 넣었다.

이전 회기에 그렸던 모래 그림을 다시 그려 보며 **로봇에 심장을 그려 넣었다.**[19] 그리고 꽃게 가슴에 식스팩을 그렸다가 식스팩을 지우고 보석을 놓고 '입이에요.' 하고는 위에 모래를 뿌리며 자연스럽게 '저, 여기 8살 쯤에 왔어요. 내가 이렇게 많이 다녔나?' 기억을 더듬어 보았다. 모래그림을 엄마에게 보여 주길 당부하며 치료실을 나섰다.

80회기에 가람이는 2살이 된 브라우니를 치료자에게 소개시켜 주었다. 10개의 인형의 대표이며 엄마가 사 준 브라우니는 가람이를 상징하는 인

---

19) 성장한 가람이가 종료를 생각하며 놀이에 존재했던 자신의 과거를 회고하는 장면인 것 같다. 즉, 생명이 움직이는 영웅이 되어 엄마와 일심동체로서 자궁에서 자라난 닝태의 시설의 채현으로 여겨진다.

야경증 사례 **277**

형이었다. 자신을 소중히 돌보고 성장하면서 가람이는 상황에 대한 이야기를 말로 직접 하기도 하고 놀이로 표현하는 것이 더욱 명확해지고 있다. 80회기에서 치료자가 잠시 팔짱을 낀 모습을 보고 화났다고 여겼는데 이는 엄마가 화가 나기 시작하면 팔짱을 끼면서 말하는 습관이 있었기 때문이다. 또 다른 변화로 아빠 등장이 잦아지고 함께하는 것에 대한 자부심이 묻어났다. 엄마를 향했던 애정이 **아빠에 대한 관심과 애정으로 넓혀져 가고**[20] 있는 것이다. 형이 잘하는 것이 아닌 자신이 잘하는 것을 시작하고 싶었는지 **일본어를 배우고 싶다**는 기특한 마음을 내기도 한다. 가람이는 날마다 통합하고 성장하고 있는 중이다.

갈등구조의 자기를 하나로 통합해 나가면서 형제 사이에서 일어났던 그간의 서운함을 상담자와 이야기를 나눔으로써 해소해 나가고, 무언가 하고 싶은 동기와 계획과 자신감을 보이며 현실에의 적응능력을 배양해 나가는 가람이가, 자신의 치유작업을 언제 마칠지 아직은 내다보기 어렵다. 그러나 8살쯤에 왔으며 많이 다녔다는 자신의 성장기간 회고가 치료자에게는 멀지 않은 시점의 종료를 예고하는 참 반가운 신호로 여겨졌다.

참고로, 가람이의 여러 마음이 함축된 놀이언어라고 생각되는 부분은 밑줄 친 굵은 글씨로 구별했음을 밝힌다.

또한 놀이치료과정을 함께하며 생각하고 느낀 바를 진솔하게 정리한 가람 엄마의 글을 수정 없이 첨부하였음을 밝힌다.

---

20) 가람이 자신의 존재감을 부여한 브라우니 인형 이후 아빠가 사 준 인형으로 변경되었다. 아빠에 대한 관심이 늘어나면서 아빠에 대한 이야기가 자주 등장하였다. 아빠를 자랑스러워하는 마음을 표현한 것이다. 사회적인 자신감의 출현이기도 하며 남성에 대한 정체감을 형성해 가는 과정에서 드러나는 모습이기도 하다.

놀이치료의 과정을 함께하며

갑작스런 아이의 야경증은 나를 정말 당혹스럽게 했다. 자신의 의견이나 욕구보다 상황이나 상대에게 맞춰 가는 모습은, 사회적 상황에서는 칭찬의 대상이었지만 엄마의 입장에서는 달가운 일만은 아니었다. 그때 나는 시댁과의 문제로도 머리가 아팠는데, 아이의 야경증은 마치 더 이상 아이를 이대로 둘 수 없다는 신호처럼 느껴졌다. 물론 당시에도 아이는 유치원에서 생활을 매우 잘하고 있었고, 담임 선생님 상담에서도 상담할 것조차 없이 너무 잘하고 있다는 말을 들을 때였다. 나는 왠지 이 아이의 속이 어떨지 정말 궁금해졌다. 그래서 놀이치료를 시작하게 되었다. 사회적으로 인정받는 것도 좋지만, 아이가 자신의 감정을 솔직하게 표현해도 괜찮다는 것, 부정적인 것과 긍정적인 감정을 모두 다룰 줄 아는 아이로 커 주길 바라는 마음이었다. 그렇게 시작되었고 2년여의 시간 동안 아이는 몸과 마음이 모두 변신하고 있는 중이다.

엄마로서 불안함을 느낄 때가 나로서는 이 아이의 속마음을 모른다고 느껴질 때였다. 치료의 과정을 함께하며 그 의문을 하나씩 풀어 갈 수 있었고, 내 품에 안고 키운 아이지만 내가 진면목을 잘 알지 못했다는 사실도 알게 되었다. 내 아이를 내 틀 안에서 해석하는 것이 아니라 보다 객관적으로 알아간다는 것 자체 그리고 아이 말과 행동이 전과 다르게 보다 세밀하게 전달되는 그 느낌들은 놀이치료가 준 가장 큰 선물이 아닐까 생각한다.

아이의 놀이치료가 진행되면서 나도 자연스럽게 개인상담을 받게 되었다. 이 경험을 통해 내가 갖는 감정과 변화를 아이도 함께하고 있다는 것을 여러 차례에 걸쳐 반복적으로 경험하면서, 마치 태중에서 아이와 함께 호흡했던 시기를 떠올리기도 했다. 어떻게 이렇게 비슷한 흐름을 탈 수 있을까……. 놀라울 만치. 이런 경험은 내가 엄마로서 긍정적으로 성장하면 아이도 그 흐름을 자연스럽게 따라와 줄 것이라는 효능감으로 연결시켜 주기도 했다.

아이의 치료과정 중 가장 기억에 남는 것은 남 보기에 착하고 수용될 수 있는 자기 모습과 두려움, 공포, 수용 받지 못할 것 같은 자기 모습을 분리하고 있었다는 것을 알았고, 그것 때문에 아이의 야경증이 나타날 수밖에 없었다는 것을 이해한 점이다. 치료가 진행되면서 아이는 무의식에 몰아넣은 부정적인 요소들을 꺼내 어둠의 도시를 하나 건설했고, 거기로 통하는 문은 비밀번호를 풀어야만 들어갈 수 있게 해 놓았다. 최근에는 그 세계를 스스로 파괴하고 장례까지 치러 주었다. 그 과정에서 아이는 베트맨을 의미 있는 자신의 모습으로 설정했고, 자신의 모습을 보다 정교하게 다듬어 갔다. 이런 과정을 지켜볼 수 있다는 점이 감동적이었다.

베트맨의 존재는 아이와 치료자 그리고 나만 아는 내용이었다. 그런데 한 가지 흥미로운 점은 큰아이가 최근 어느 날, 동생이 자는 머리맡에 베트맨을 올려 둔 것을 보게 되었다. 예사롭게 지나쳐 볼 수가 없었다. 가족 모두가 이 과정을 함께하고 있다는 느낌을 받게 되었다. 언어와 의식의 너머로 통하고 있는 가족을 만나는 느낌. 내가 성장과정에서 부모에게 말로 전해 듣지 않아도 알 수 있었던 어떤 것들이 있었다는 사실을 떠오르게 하는 장면이었다.

놀이치료는 양육자로서 아이의 성장과정을 함께 동행하고 있다는 느낌을 갖게 해 주었고, 그것은 양육 자신감으로 이어지고 있다.

아이를 사랑하는 마음의 밑바탕에 내가 이 아이를 과거의 기억에 묶어 두지 않고 지금 이 순간의 모습으로 보고 있다는 현실감은 선물과도 같다. 그리고 삼형제 중에 둘째아이의 치료과정이다 보니, 형제관계를 보다 입체적으로 볼 수 있게 된 점도 양육 스트레스를 많이 줄여 주었다. 여전히 많은 사건과 감정이 일어나는 삼형제를 키우고 있고, 치료과정 중의 변화를 버텨 내야 하는 고단함도 공존하지만, 놀이치료를 진행하면서 그 흐름을 보게 된 것만으로도 나는 참 많이 편안해졌다.

2018. 4. 25. 14:10 가람 엄마

물이 생명의 원천이듯 치료자도 어린이의 성장 원천이라 할 만큼 손색없

는 존재여야 한다.   - 어린이 마음치료 p.422

틱을 보인 내담아동의 자궁경험 재건

이선아(맑은 눈 사람들 심리상담센터)

아래에 소개하는 내담 아동은 본인이 관심 있는 것에는 적극적이나 다른 것에는 무관심하고 무기력하며, 고집이 세고 시간 개념이 없었다. 그리고 음성 틱과 운동 틱을 보여 놀이치료를 받게 되었다.

초등학교 4학년 때 처음 놀이치료실을 찾게 된 이 아동은 남아이고 임신했을 때 전치태반이어서 임신 8개월부터는 엄마가 병원에 입원해 있었고 피가 터지면 산모와 아이 둘 다 위험할 수 있다는 말에 분만실 바로 옆 병실에서 조기 분만을 지연시키는 링거를 맞았다고 한다. 임신 38주 3.2 kg의 정상아로 제왕절개로 태어났고 출생 후 잘 먹지도, 잘 자지도 않는 까다로운 아이였으며 다른 발달은 정상으로 진행되었다. 유치원에 다니면서 친구들과 어울리는 것을 힘들어했으며, 자기 생각을 발표하는 것도 힘들어했다. 틱을 처음 보인 연령은 초등학교 2학년이었고, 출생 후 줄곧 엄마가 돌본 아동이다.

상담자는 아동이 태내에서부터 불안했던 정서가 모와의 안정된 애착이 형성되지 않음으로써 긴장, 불안, 좌절감, 분노의 감정으로 발전했고 더 나아가 지속적인 스트레스 상황아래 놓여 있으면서 대인관계에서도 위축되고 자신감도 떨어졌다고 판단했다. 그리하여 아동중심 놀이치료를 통해서 안정된 애착을 경험하게 하고 정서적인 불편함을 줄여서 자신감을 회복시키고 틱을 해결하고자 하였다. 덧붙여 치료자와의 놀이 속에서 대인관계 기술도 발달시켜 또래 관계도 좋아질 것을 기대했다.

상담 전반부(1회기~26회기)

상담 전반부는 상담자와 밀월관계를 보이고 증상이 호전되는 시기로 구분해 보았다. 이 아동은 상담이 시작된 초기 3회기부터 텐트 속에 들어가서 문을 닫고 "10분이 지나면 알려 주세요."라며 누웠다. 그리고 26회기에 이르는 동안 6차례나 놀이 시간 도중 텐트에 들어가 이불을 깔아 달라고 요청하여 잠을 청했다. 13회기부터는 음성 틱이 줄기 시작했고, 14회기부터는 놀이실에 들어오고 나가는 시간에 대한 민감성이 사라짐과 동시에 안면 운동 틱도 사라졌다.

보충 설명

상담 초기에는 아동이 음악의 서곡에서처럼 자신이 풀어나갈 전체적인 심리적 문제의 핵심내용을 보여 주기 쉬운데, 이 아동은 텐트 안에서 잠을 청하는 일이 많았다. 이것은 아동이 자신의 생의 조율에서 아쉬움을 남긴 자궁 경험을 다시 재건하고 싶

다는 의미로 여겨졌다. 또한 동시에, 누우면서 10분이 지나면 알려 달라는 요구에서의 10분도, 어쩌면 38주에 태어난 아동이 자신의 자궁 속 삶 10달을 다시 꼭 채워야 한다는 것을 강조한 것처럼 여겨졌다.

상담 중반부(27회기~137회기)

상담의 중반부는 아동이 해결하고자 하는 심리적 문제를 차근차근 풀어 나간 시기로 구분했는데 아주 긴 시간에 걸쳐 진행되었다. 초반에 구축하기 시작한 치료자와의 신뢰관계가 다져진 이후 개방되는 무의식의 활성화와 자존감의 상승으로 공격성과 퇴행이 자유롭게 출현된 시기였다. 이 시기에 이르러 사라졌던 아동의 틱이 다시 나오고, 놀이 규칙을 지키지 않고 우기면서 자기 맘대로 게임 규칙을 바꿔 버리는 것과 일방적 행동, 상담자를 때리는 직접적 공격성을 노출시켰다. 집에서도 엄마의 말을 안 듣고 자기 맘대로 행동하는 것, 공부하지 않는 것, 엄마가 가지 말라고 하는 PC방 가기, 맘대로 돈 쓰고 엄마 속이기, 안 씻기 등등 엄마를 화나게 하는 반항적 행동을 보였다. 아빠랑도 노는 척하면서 뺨을 때리는 직접적 공격행동을 보인 적이 있다. 그리고 애기 소리로 말하고, 잘 때도 재워 달라고 조르고, 식탐을 부리는 행동들이 나타났다. 텐트 속에서 잠자기는 40회기까지 세 차례 등장했다.

성작작업을 위한 상징적 놀이가 본격적으로 출현하기 시작한 것은 60회기 이후였다. 의미가 있다고 여겨지는 놀이를 회기마다 간략하게 정리

해 보면 다음과 같다.

61회기

지점토로 뱀을 만들었는데 여기서의 뱀은 범우주적 존재로부터 개별화된 아동 자신의 표상으로 여겨졌다. 뱀이 정신적 자기를 표상한 존재다.

62회기

뱀 한 마리를 두 마리로 나누어 이무기를 만들고, 이무기 입에 여의주를 물려준 후 날개를 달아 주더니 텐트에 들어가 갔다. 여기서의 두 마리 이무기는 남녀의 만남, 여의주는 아동의 중심핵인 자기(self)의 표상, 텐트는 자궁의 표상으로 여겨졌다.

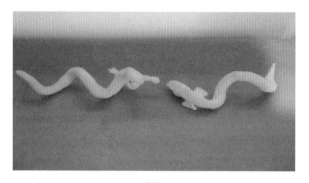

사진 1

이는 자신이 지점토로 뱀을 만들었는데 다음 시간에 와 보니 뱀이 갈라져 있었다. 그러니까 한 마리의 뱀을 두 마리의 이무기로 다시 만들어서 입에 여의주를 하나씩 물려주고 날개를 달아 주었다.

63회기에서 90회기

주로 텐트에 들어가 책을 보거나 잠을 청한 활동이 많았다. 이 아동은 초유는 먹었지만 젖을 안 빨았고 분유도 잘 못 빨아서 6개월이 되어서도 180cc 정도밖에 못 먹었다고 한다. 그래서인지 이 중반부에는 유독 식탐을 많이 부리고 토할 때까지 먹곤 했다. 놀이치료 92회기쯤부터는 틱도 많이 줄어들었는데 엄마가 야단 칠 때만 틱이 나타났다.

95회기에서 97회기

회기순 대로 구슬 목걸이, 팔찌, 반지를 만들어서 자신의 존재를 드러냈다. 62회기에서의 여의주가 일반적으로 표상된 자기(self)라면, 여기서의 목걸이나 팔찌나 반지는 자기의 신분과 정체감이 더 구체화된 것, 즉 자신이 다른 사람과 구별되는 개성을 지닌 태내의 존재가 되었음을 드러내는 것으로 여겨졌다.

100회기

모래 상자에서 이물질을 걸러내고 모래를 곱게 만들었다. 아마도 자신이 자랄 자궁을 새롭게 재건하는 것 같았다.

107회기

자궁을 재건해서였을까? 여성의 생식기처럼 보이는 대왕 거북이 저금통을 만들고 나서 남녀의 만남처럼 총 쏘기, 활쏘기, 다트 던지기를 했다. 공교롭게도 이 시기에 집에서는 남성으로서의 자기를 자랑하고 싶어서였는지 엄마 앞에서 고추를 내놓고 다니는 행동을 보였다.

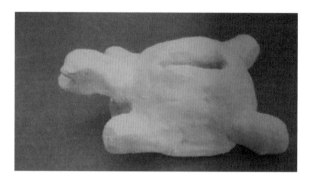
사진 2

105회기에 골판지로 큰 대게를 만들더니 106-107회기에 걸쳐서 지점토로 대왕 거북이 저금통을 만들었다. 저금통을 모두 만든 후에는 다트 총 쏘기, 활쏘기, 다트 창 던지기를 했다.

108회기에서 113회기

아동은 연속해서 이무기를 만들었다. 그러면서 "이무기가 용이 되려면 입이 더 크고 몸도 더 길어야 되는데. 그래서 이것은 용이 못 돼요. 그냥 이무기예요."라고 말했다. 상담자는 용이 못되고 이무기로 멈춘 아동의 마음이 안타까웠다. 어쩌면 용은 이상향의 자기 표상일 것이다. 아동은 좀 더 자기의 존재감을 길러야겠다는 의지를 드러낸 것이라 할 수 있다.

이무기를 용으로 만들어 주겠다고 용의 뿔도 만들더니 결국 뿔은 붙이지 않고 그냥 따로 말리고 용이 못된다고 한다.

사진 3

114회기

상담자와 함께 공기놀이를 하면서 자신의 차례를 기다리는 동안에 고추를 양손으로 모아 감싸고 있었다. 107회기의 놀이에서 남녀의 만남이 이루어졌으니 그 다음으로는 태아가 되어 자랄 차례다. 여기서 보여 준 공기놀이는 자궁에서 자라는 태아를 표상한 것으로 여겨졌으며 상담자와 함께 놀이를 즐겼다는 것은 태아로서의 아동이 임산부인 엄마와 탯줄을 통해 교감하는 것의 상징적 행동으로 여겨졌다. 이즈음 일상생활에서는 자신의 일을 스스로 할 줄도 알게 되고 학업성취도 나아지고 있었으며 공격적인 언행도 줄었다.

115회기

사탕을 물고 놀이실에 왔지만 텐트에 들어가지 않고 바닥에 누워서 이불을 덮고 책을 봤다. 텐트에 들어가지 않았다는 것은 자궁 바깥세상으로 나왔다는 의미처럼 여겨졌고, 사탕을 입에 물었다는 것은 아기가 되어 젖을 빠는 구강기적 욕구를 충족시키는 행동으로 여겨졌다. 앞에서 소개한 것처럼 이 아동은 아기시절에 젖을 잘 빨지 못했었다.

116회기에서 118회기

주로 음식을 만들어 먹는 놀이를 즐겼으며 생일을 축하하는 놀이도 등장했다. 이즈음 가정에서 아동은 부모의 마음에 드는 행동이나 춤을 추는 것과 같은 예쁜 짓을 보여 주거나 가사를 거들기도 했다. 학교생활도 나름 잘하며 지냈다.

119회기

1차 성장작업이 끝난 것일까? 아동은 자신을 승격시키기 위한 2차 성장작업을 위해 다시 퇴행하는 것으로 여겨졌다. 상담자와 함께 리버시 게임을 정리한 후에 텐트에 들어가 문을 닫고 이불을 덮은 채 잠을 청했다.

120회

자기 방식의 규칙대로 마법의 성을 진행했고 활쏘기, 다트 던지기와 펀치백을 때리기를 즐겼다. 이 회기의 놀이는 자궁으로의 입성을 위해 남녀가 만나는 놀이였다고 느껴졌다.

121회기에서 124회기

세계 콘도여행과 체커, 주차장 놀이, 바둑과 오목놀이로 이어지다가 텐트에 들어가서 자는 놀이가 등장했다. 여기에 등장한 일련의 놀이는 자궁에 들어가는 것부터 시작하여 착상을 거쳐 자궁에 안착하여 태아가 자라는 과정을 암시한다고 여겨졌다. 그리고 1차의 성장작업보다는 좀 더 세밀해진 성장과정을 보여 주는 것으로 판단되었다.

125회기

건담이나 에바처럼 생존능력과 변신능력이 뛰어난 캐릭터들을 그렸다. 생존능력과 변신이 자유로운 여기서의 캐릭터 그림은 건강한 태아로 자궁에서 성장하는 아동 자신의 표상으로 여겨졌다.

사진 4

처음에 그린 캐릭터는 아주 단순한 캐릭터에서 시작해서 점점 그림이 정교해지고 강한 캐릭터로 바뀌었다. 사진에 나온 건담이 중간 단계의 그림으로 이 그림 이후에는 건담 에바보다 몇 배나 에너지가 더 센 로봇들이 등장한다.

126회기에서 137회기

상징 놀이는 거의 하지 않고 아주 오랫동안 지속적으로 텐트 안에서 잠을 청했다. 무기력감과 불안이 깊어지고 퇴행도 더 심해져서 생활 주변에서 일어났던 일에 대한 불평불만과 하소연이 많아졌고 자기개념의 평가절하는 물론 상담자와 부모의 인내가 매우 필요할 만큼 가정에서나 학교에서도 공격적이거나 규범에서 빗나간 행동을 많이 했다. 일상적 행동이 좋아졌다 나빠졌다를 반복하며 엄마의 사랑을 수시로 확인했고 식탐을 표현하는 일도 많았다.

138회기

오랜 퇴행에서 벗어나 다시 상담자와의 교감을 즐기는 놀이를 통해 성장하려는 조짐을 보이기 시작했다. 자기 방식의 규칙으로 인생 게임과 오목두기를 하여 아동이 승리했다. 집에서는 부모와 함께 잠도 자고 엄마 말을 잘 들었으며 식탐 없이 잘 먹었다.

139회기에서 143회기

체스, 세계일주 여행, 다이아몬드 게임, 오목, 인생 게임, 월드컵 축구 등등 주로 상담자와 함께 정감을 교류하는 놀이를 즐겼다.

144회기

상담자와의 교감에 어느 정도 만족했는지 다시 좀 더 정교한 상징을 동원한 놀이로 성장작업을 진행했다. 레고를 조립했는데 성문 위에 감시 초소를 만든 다음 깃발을 꽂고 남자가 초소를 지켰다. 성안은 드래곤 오리가 지켰다. 상담자에게 요청하여 사진을 찍은 후 입구를 다시 만들더니 비밀기지라고 위장해 놓고 함정도 만들었다. 함정에 걸리면 워터 드래곤이 물을 뿜는다. 놀이에서 잉태작업을 하기 때문인지 엄마의 보고에 의하면 집에서 고기반찬을 엄마에게 나눠 주며 함께 먹었다고 했다.

145회기에서 148회기

세계 콘도 여행, 젠가 블록, 팔씨름, 메이플 스토리 게임, 스매싱 축구 등 상담자와 함께하는 게임 놀이와 자신의 영웅심을 기르는 펀치백 차기, 고무공 벽치기 등의 놀이를 즐겼다.

149회에서 151회기

외모가 멋있거나, 금발을 지녔거나, 멋진 모자를 쓴 영웅 캐릭터의 그림을 그렸다. 이전의 영웅 캐릭터는 힘의 과시나 변신에 능한 것에 비해 여기에서의 영웅은 멋진 외양에까지 관심이 기울여졌다.

152회

영웅 캐릭터와 용을 그렸다. 그리고 그 영웅은 영혼의 계약자이며 동시에 영혼으로 소통하며 용을 다루는 능력을 가졌다. 이전의 113회기까지에서 자신의 상징으로 등장한 이무기가 용이 못되어서 안타까워했는데 드디어 용이 등장해서 상담자는 내심 기뻤다. 그러나 아동은 다시 용 그림이 뱀 같다며 버렸다. 아직도 아동은 자신이 용이 되기에는 모자라다고 느꼈나 보다.

153회기에서 159회기

간간이 펀치백을 차거나 상담자와 보드 게임을 하면서 자신의 주변 이야기 내지 자신의 미래나 꿈에 관한 이야기를 많이 들려줬다. 더 나아가 잘 그려진 캐릭터 그림을 보여 주며 치료자로 하여금 다른 친구들에게 그 그림을 자랑해 주고 피드백을 받도록 요청했다. 이즈음 엄마의 보고에 의

하면 옛날보다 융통성이 생겼으며 아빠에게도 친밀감을 느낀다고 했다.

160회기에서 164회기

160회기에 이르러 처음으로 측면을 향한 캐릭터에서 정면의 캐릭터를 그렸다. 게임도 하다가 수다를 늘어놓기도 하다가 최상의 권위를 지닌 용을 다루는 캐릭터도 그렸다. 아마도 용을 다루는 영웅 캐릭터는 그간의 자신보다 더 승격된 자신의 표상일 것이다.

상담 후반부 성장한 모습(171회기 이후)

171회기에서 184회기

171회기에는 처음으로 혼자서 상담실에 왔다. 그 이후로 내내 상담자와 여러 종류의 보드 게임도 하고, 캐릭터도 그렸다. 천하무적 불사조에 관한 캐릭터 이야기도 들려주었다. 시험을 잘 봤다는 자랑도 하고 친구를 초대해 놀기도 했다. 일상의 다른 또래들처럼 핸드폰 게임도 하고 웹툰도 보여 주며 수다스럽게 이야기도 했다. 놀이실 바깥생활에 대한 이야기가 많이 늘었다.

상담 후반부의 무기력감(185회기 이후)

185회기

상승곡선을 그리던 아동의 성장은 현실감각이 살아나면서 주춤해지는 듯했다. 놀이실에서의 작업에는 흥미가 사라지고, 현실과 마주하며 느끼는 자신의 한계를 인정하면서 겪는 무기력감 때문에 힘들어하는 모습을 보이기 시작했다. 그리고 그간의 놀이실 작업을 회고하듯 시간을 뒤로 돌렸다. 아동은 놀이실에 들어오자마자 종종 엎드려 누웠다. "심심해 심심해." 하면서 뒹굴거리다가 머리는 텐트 속으로 넣고 발은 밖으로 쭉 뻗더니 "자려고요." 했다.

186회기

놀이실에 들어오면 자주 눕고는 할 게 없다며 뒹굴거리거나 판타지 소설 이야기를 들려준다. 때때로 지는 것을 받아들이는 보드 게임도 하고 핸드폰 게임 이야도 들려주고 친구랑 노는 것보다 아빠랑 노는 것이 더 재미있다고 했다. 가끔은 숙제를 들고 오기도 했는데 학업에 대해 좌절감을 느낄 때는 생활 속 잡다한 이야기들을 더 수다스럽게 말하거나 엎드려 눕거나 자기도 했다. 어리광을 부리고 싶을 때는 놀이실 게임들을 이것저것 살폈다.

207회기

아동은 현실에서 겪는 좌절의 위안이 필요하면 오아시스처럼 놀이실을 찾는 듯했다. 놀이실에서의 작업이 별다른 의미가 있어 보이지 않는데도 오랜 시간 종료할 생각을 하지 않았다. 머리가 아프다고 호소하며 쉬거나 자신의 행동을 못마땅하게 여기는 엄마에 대해 불만을 표하거나 과거에 놀았던 놀이를 간간이 다시 하면서 즐겼다.

종료 준비(219회기 이후)

219회기

오래 진행된 무기력감에서도 어느 정도 벗어난 듯했다. 아동은 잠은 오지만 놀이실에서 자는 일을 안 하겠다고도 말했으며, 갖고 싶은 게임기가 있었지만 그것도 안 살 거라고 말했다. 상담자에게 반갑게 느껴지는 이야기도 들려주었는데 친구랑 자전거 타고 북한강을 일주할 것이며, 자신이 쓴 소설을 정리할 것이며, 일본어 공부를 시작했으며, 영어공부도 부지런히 하고 있으며, 학교에서는 상을 받았다는 이야기였다. 생활 주변 이야기로는 엄마랑 다툴 일이 별로 없고 자신이 할일을 알아서 한다는 것이었다. 그림 그리기에서의 변화로는 그동안 애먹던 눈을 그릴 수 있으며 손과 발도 그릴 수 있게 되었다는 것이다. 또 놀이실 수업의 종료를 생각하고 있다고도 했다.

로봇 그림 시리즈가 끝나고 등장한 그림이 팬텀 그림이다. 처음에 그린 팬텀은 크기가 아주 작았다. 눈도 연습하고 손과 발을 여러 번 그리면서 그림이 바뀌어 갔는데 마지막으로 완성된 팬텀이 위 사진이다.

사진 5

242회기

자신이 작업했던 작품들을 다시 살피며 갖고 갈 준비를 했다.

243회기

틱이 사라진 것은 길게 걸리지 않았지만, 일상으로의 복귀까지 유별나게도 긴 치료기간의 막을 내리고 피자 파티를 열었다. 이 회기에서 엄마가 보고한 아동의 변화에 대해 살펴보면 다음과 같다.

1. 엄마의 마음을 알아준다.
2. 듬직하다.
3. 2-3시간 정도를 견디고 앉아서 숙제를 다 한다.
4. 틱은 전혀 안 한다.

5. 친구 관계가 많이 좋아졌다.

후기

틱이라는 문제 때문에 놀이치료에 의뢰된 이 아동은 생애 초기에 먹지 못하고 잠자는 것이 어려워 아기도 엄마도 꽤나 많이 애먹었다는 생애사를 가졌기 때문인지, 초등학교 4학년에 놀이치료를 시작하여 중학생이 되어서야 종료가 가능했을 만큼 꽤 긴 시간 동안 치료 작업에 노력을 기울여야 했다.

아동의 성장작업을 관찰하다 보면, 자신의 생존에 있어서 안전한 자궁 경험과 마음껏 먹고 편하게 잠자는 것이 얼마나 중요한 과업이었기에, 치료과정 전체의 흐름 가운데서 식탐을 보인 행동과 텐트 안에 들어가 잠자는 놀이행동의 비중이 그렇게 컸을까 싶을 정도다.

아동에게는 자신의 트라우마 극복을 위해 자궁 경험의 재건이 가장 중요했던 것 같다. 종료에 가까워진 시점의 아동의 성숙 정도에 비춰 보았을 때, 아동이 태어난 이후의 발달과업 중 일부는 상징적 놀이의 측면에서는 비교적 가볍게 가볍게 스쳐 지나갔다. 즉, 구강기적 욕구 충족과 엄마와의 애착형성이 중요한 시절에 보여 줄 수 있는 어리광, 항문기적 시절에 보여 줄 수 있는 반항이나 자기중심성, 오이디푸스시기에 해당되는 남성성의 과시 등은, 상징을 동원한 놀이보다는 치료자와의 게임 놀이를 통해 보다 많이 해결했고, 일상생활 주변인들과 마주하는 관계에서 더 많이 직접적으로 해결했다. 그리고 그런 발달과업의 해결에 소요되는 시간은 비록 길었지만 표현하는 강도는, 상징 놀이에서 보여 주는 자궁경험의 재건에 비해 크거나 세지 않았다.

이 사례를 점검해 본 후에 드는 상담자의 판단은 틱과 같은 행동의 문제도 심리치료의 뒷받침이 매우 중요하다는 것이며, 표면적으로 거론된 어린이들의 문제 행동이 사라진 이후에도, 그들의 전인적 성장은 그들 자신이 원하는 만큼의 시간이 필요하다는 점이다.

세월이 흘러 대학교 1학년이 된 내담자는 치료자에게 다음과 같은 소감을 전해 주었다.

"저는 지금 제가 인격적으로 완성되어 가고 있다고 생각합니다. 이러한 성격과 자신감은 선생님 덕분인 것 같아요. 의존할 수 있는 친구가 있고, 누군가에게 의존의 상대가 될 수 있는 사람이 되는 것이 바로 제 바람이었는데 선생님 덕분에 그 바람을 이룰 수 있었어요."

어린이
마음치료 사례집

ⓒ 맑은 눈의 사람들, 2020

초판 1쇄 발행 2020년 4월 13일

지은이   맑은 눈의 사람들
펴낸이   이기봉
편집   좋은땅 편집팀
펴낸곳   도서출판 좋은땅
주소   서울 마포구 성지길 25 보광빌딩 2층
전화   02)374-8616~7
팩스   02)374-8614
이메일   gworldbook@naver.com
홈페이지   www.g-world.co.kr

ISBN   979-11-6536-258-4 (03180)

이 도서의 국립중앙도서관 출판예정도서목록(CIP)은 서지정보유통지원시스템 홈페이지(http://seoji.nl.go.kr)와 국가
자료공동목록시스템(http://www.nl.go.kr/kolisnet)에서 이용하실 수 있습니다. (CIP제어번호: CIP2020012303)